내가
알고 있는 걸

당신도
알게 된다면

• 코넬대학교 '인류 유산 프로젝트'의 참가자 모두는 이 책에서 가명을 사용했음을 밝힌다.

전 세계가 주목한 코넬대학교의
인류 유산 프로젝트

내가
알고 있는 걸

30 LESSONS FOR LIVING

당신도
알게 된다면

칼 필레머 지음
박여진 옮김

프롤로그

만약 네가

"앞으로 어떻게 하면 좋죠?"라고 묻는다면

뭐라고 답해주면 좋을까?

찬란하게 달렸던

눈부신 경주 이야기를 해줄까?

아니면
숨 가쁘고 고통스럽고 두려웠던
경주 이야기를 해줄까?

삶이 네게 건네주는

역경과 시련

그리고 땀

모든 삶이 정각에 출발하는 건 아니야
모든 삶이 정각에 도착하는 것도 아니지

그래도 용기를 낼 수 있겠니?
불리한 패를 쥐고도
두 배로 내기를 걸 수 있겠니?

"좋은 것도 나쁜 것도 다 삶의 조각들이고 그 조각들이 맞춰져 온전한 삶이 만들어지는 거야. 그 삶은 그 무엇과도 바꿀 수 없지. 자네도 알겠지만 희망은 지금 이곳에서, 자네가 만드는 거야. 불행할 게 뭐 있어? 오늘, 이곳에서, 가능한 행복해지는 것, 그것이 내가 해야 할 일이라네."

"그이가 떠나기 2주 전 밤에 이야기를 나눴어요. 남편이 무슨 말을 해서 내가 웃음을 터뜨렸더니 그이가 나를 지그시 보면서 만족스러운 표정을 짓더군요. 그러고는 이렇게 말했어요. '이렇게 오랜 세월이 흘러도 난 당신을 여전히 웃게 만들 수 있다고.' 그이는 늘 나를 웃게 하는 사람이었죠."

"사랑하는 일을 찾게. 잘할 수 있는 일을 하게. 행복한 일을 찾게.
돈 때문에 직업을 선택해서는 안 되네. 나는 돈은 얼마 벌지 못했
어. 30년 동안 내가 얼마를 벌었는지 말한다면 다들 못 믿을 걸.
가장 중요한 건 말이야, 사랑하는 일, 매일 하고 싶어 설레는 일이
무조건 직업이 되어야 한다는 거지."

"아이들은 나를 성숙하게 하고 도전하게 하고 변화하게 만들어.
나도 세 아이가 있다네. 그 아이들은 마치 가위바위보처럼 모두
다르고 전혀 예측할 수 없지. 아이들 없는 내 삶은 상상도 할 수
없어. 가능한 아이들을 키우면서 즐기게. 잘만 하면 그 아이들도
자신을 닮은 아이들의 부모가 되지 않겠나!"

"누구나 하나의 길에 서 있게 된다네. 그 길에서 만약 빨리 뛸 수 없다면 더 천천히 달릴 수도 있겠지. 하지만 절대 멈춰서는 안 돼. 물론 한계를 인정해야 할지도 몰라. 그럴 때는 '그래. 내가 할 수 있는 건 이 정도야.' 하고 생각하는 거야. 그러고는 한계의 끝을 아주 조금 늘리는 거지. 그래야 계속 달릴 수 있거든."

"정직은 우리 삶을 이끌어줄 단 하나의 귀중한 가치관이지. 나는 정직이 모든 것을 지배한다고 생각하네. 자신에게 정직하다면 아내와 가족에게도 정직하겠지. 주변 사람들에게 정직하다면 아침에 거울을 보며 이렇게 말할 수 있어. '난 아무것도 잘못하지 않았어.'라고."

1장

8만 년의 인생에게 묻습니다

그들은 자신의 삶을 살았고 젊은 사람들은 가보지 않은 곳을 가보았다. 물론 그렇다고 해서 그들이 누구보다 첨단기기를 빨리 습득하거나 최신 예능프로그램을 훤히 꿰고 있는 것은 아니다. 그러나 이 시대의 노인들은 병, 실패, 억압, 상실, 위험 등 갖가지 힘든 산을 넘어왔고 어쩌면 우리가 앞으로 겪어야 할 한계보다 훨씬 더 큰 한계 상황으로 내몰려왔다. 그들은 그 속에서 살아남았고 헤아릴 수 없는 통찰력과 초월적인 지혜를 얻었다. 우리가 살아가면서 삶의 방향을 제대로 잡기 위해서는 넓은 길, 샛길, 막다른 길, 한 치 앞도 가늠할 수 없는 굽은 길을 이미 지나온 이들의 조언이 필요하다.

좋은 배우자 만나 평생 행복한 결혼생활 유지하기, 바르고 건강하게 아이 키우기, 진정으로 좋아하는 일 찾기, 근심 없이 멋지게 나이 들기, 후회할 일 하지 않기, 만족감과 성취감을 품고 생의 마지막 순간 맞이하기……. 하나같이 알찬 인생을 위해 삶의 과제나 목표로 삼을 만한 항목들이다. 그런데 이러한 목표를 이루기 위해서는 무엇을 어떻게 해야 할까.

제목이 눈에 들어와 이 책을 고른 사람이라면 이런 문제들에 대해 아마 한 번쯤은 자문해보았을 것이다. 이 책은 바로 그런 사람들에게 잘사는 방법에 대해 구체적이고 실질적인 답을 제시해주는 지침서다.

나는 독자들에게 과연 누가 우리에게 그런 해답을 제시해줄 수 있는지부터 먼저 말하고 싶다. 읽다 보면 알겠지만, 이 책은 절대 어디선가 들었거나 읽었을 법한 내용이 아니다. 수천 년 동안 존재했지만 현대사회에서는 거의 잊힌 지혜의 정수들을 바탕으로 한 책이기 때문이다.

현대인들은 삶의 답을 찾아 이리저리 헤맨다. 인간관계, 재정 문제는 물론이고, 심지어 부부관계까지 삶의 온갖 문제에 대한 해결책을 얻을 수 있으리라는 희망을 품고 TV나 라디오 등 각종 대중매체의 전문가 상담코너나 강연에 귀를 기울인다. 도움이 될 만한 칼럼을 읽거나 세미나에 참석하기도 하고 자기계발 웹사이트에 상담도 한다. 책 또한 빼놓을 수 없는데 그 덕분에 오늘날 서점마다 자기계발서가 넘쳐나며 사람들이 이런 책을 사들이느라 쓰는 돈도 만만치 않다.

결국 삶의 길을 찾는 사람들만큼이나 그 길을 제시하는 전문가도, 해답들도 넘쳐나는 셈이다. 그런데도 뭔가 허전한 느낌을 떨칠 수 없는 것은 왜일까? 전문가들이 이토록 많은데 어째서 사람들은 여전히 불행을 호소하는 것일까? 잔칫집 음식처럼 온갖 조언들이 넘쳐나는데도 왜 사람들은 여전히 삶의 해답에 목말라하는 것일까?

철학자나 심리학자, 영적 지도자들은 삶의 답을 찾는 현대인들에게 먼저 불만의 근원에 주목하라고 지적한다. 현대인들은 풍요의 시대에 살면서도 늘 더 많은 것을 원한다는 것이다. 우리는 시간이 충분하지 않다고 생각하면서도 컴퓨터 게임을 하고, 문자 메시지를 주고받고, 별 도움이 되지 않는 유명인사의 책을 읽고, 불필요한 것을 살 돈을 버느라 귀중한 시간을 낭비한다.

혹은 살아가는 내내 건강, 아이들, 결혼, 직업 등 온갖 걱정거리로 골머리를 앓는다.

나는 문득 궁금해졌다. 현실에 기반을 둔 조언, 세월의 시련을 견뎌낸 조언, 잘사는 데 진정으로 도움이 되는 조언은 어디서 찾을 수 있을까? 6년 전 50세가 되던 해, 나는 몹시 간절하고 절박하게 이 질문에 대한 답을 찾았다. 50세가 되면 인생은 새로운 국면을 맞이한다. 적어도 나는 그랬다. 50대에 접어든 사람들은 한쪽 발은 여전히 결혼, 직장, 양육, 미래를 위한 야심찬 계획에 디디고 있으면서도 한편으로는 다가올 일에 두려움의 냄새를 맡는다. '아이들은 자라서 집을 떠나겠지', '어쩌면 부모님 중 한 분, 혹은 두 분 다 돌아가실 텐데', '건강하던 몸도 이제 쇠약해질 거야.'

하지만 가장 큰 변화는 이제부터 살아야 할 시간보다 되돌아볼 시간이 길어지기 시작했다는 사실이다. 그리하여 전과는 조금 다른 눈으로 세상과 삶을 바라보게 된다. 그래서 사랑의 고통 속에서 힘들어하는 스물세 살의 청년에게 이런 말을 해줄지도 모른다. "나도 다 겪었어. 괜찮아. 나아질 거야." 사소한 일로 치고받고 싸우는 젊은이들을 보며 옆에 있는 친구에게 이렇게 말할 수도 있다. "저렇게 소란을 피우다니. 도대체 왜 저러는 거야?"

내 경험에 비추어보면 인생에는 완벽한 성공도, 절망뿐인 실패도 없다. 나이를 먹다 보면 하나하나의 사건들을 더 넓은 맥락 속에서 파악하는 분별력 즉, 폭넓은 시각으로 사리분별을 하는 능력이 생기게 된다. 그러다 보면 점차 타인에게 관대해지고 좀 더 느긋하게 살고 싶은 욕망이 생기고 현재 삶에서 소소한 즐거움들을 발견하게 된다.

그러고보면 나이가 든다는 것은 더 나은 삶의 방법을 찾을 수 있는 열쇠를 손에 넣게 되는 것일지도 모른다. 이 책을 집필하게 된 계기도 바로 그런 생각에서 비롯됐다. '나이가 많은 사람들이야말로 삶의 진정한 해답을 알려주는 전문가, 즉 인생의 현자는 아닐까?', '그들의 지혜를 빌리면 삶을 좀더 훌륭하게 꾸려가는데 필요한 도움을 얻을 수 있지 않을까?'

이 사실을 깨닫고 놀랐다고 말하자니 조금 부끄럽다. 나는 명색이 노인을 연구하는 노인학자이기 때문이다. 나는 30년 이상 노년세대와 관련해 많은 연구를 했고 '알츠하이머를 앓고 있는 부모를 부양하며 생기는 스트레스', '만성적 통증과 장애가 있는 노인들을 돌보는 방법', '요양원의 간병체계 개선하기' 같은 글을 쓰기도 했다. 연구를 진행하면서 노화과정을 이해하기 위해 과학적인 연구 방법, 엄정하게 선별한 사례, 검증된 수단 등을 이용했다. 하지만 뭔가 허전했다. 수십 년 동안 노인 문제를 연구

해왔지만 어떻게 하면 더 나은 삶을 살 수 있는가에 대해 노인들이 해줄 말이 더 있을 것만 같았다.

그러던 어느 날 우연한 계기로 나는 연구의 새로운 방향을 잡게 되었고 5년 동안 머릿속을 떠나지 않던 생각을 현실화시키기 시작했다. 일종의 전환점이었던 셈이다. 그리고 마침내 '인류 유산 프로젝트'를 통해 '삶을 위한 30가지 해답'을 찾게 되었다.

연구 중에는 요양원을 자주 찾았다. 요양원이 지구상에서 가장 즐거운 장소가 아님은 분명하다. 물론 대부분의 요양원에서는 노인을 잘 돌본다. 그럼에도 현관문을 들어서는 순간 사람을 절망케 하는 요양원 특유의 분위기가 있다. 거기로 들어가는 길은 일방통행이다. 거의 예외 없이 출구는 죽음뿐임을 입주자도 직원들도 잘 알고 있다. 요양원에서 보살핌을 받는 사람은 모두 병들고 쇠약한 이들이다. 그들 중 대부분은 사랑하는 사람을 잃었거나 자신을 돌볼 능력은 물론 심지어 기억, 자아감마저 상실한 경우도 종종 있다. 어느 날 나와 대화를 나누던 간호사가 다음과 같은 제안을 했다.

"잠깐 시간 내실 수 있나요? 준 드리스콜 할머니를 소개해드리고 싶어서요. 재미있는 노인분들을 만나고 싶어 하신다고 들었는데, 선생님이 좋아하실 만한 분이에요."

준을 만난 곳은 요양원에서 흔히 볼 수 있는 2인실이었다. 준은 창가에 있는 안락의자에 앉아 있다가 몸을 돌려 간호사를 맞았다. 비쩍 마른 준의 얼굴을 보드라운 백발이 후광처럼 감싸고 있었다. 핏기 없이 창백한 피부를 보니 나이가 아주 많은 듯했다. 간호사는 준이 양로원에서 생활하며 '전인적 치료'를 받는 중이고, 아주 개인적인 것을 비롯해 모든 일상생활에 도움이 필요한 상태라고 귀띔해주었다.

"시력이 안 좋아지고 있으니 가까이 가셔야 선생님이 보일 거예요."

아흔이 다 된 쇠약한 준의 신체는 마지막 단계를 거치는 중이었다.

"오늘은 어떠세요?"

간호사는 지극히 일상적인 인사를 건넸다.

"아주 좋아!"

준의 대답을 듣고는 나는 머리를 망치로 맞은 기분이 들었다. 준은 놀랄 만큼 팔팔한 목소리로 대꾸했다.

"지금까지는 좋아! 목욕도 했고, 점심밥도 맛있었거든. 이제 내가 챙겨보는 프로그램 보려고."

준은 대답을 하자마자 숨도 돌리지 않고 간호사에게 아기의 안부를 물었다. 간호사의 아기는 2년 동안 집에서 투병을 하고 있다고 했다. 아기의 안부를 확인한 후 준은 나를 쳐다보았다.

어떻게 설명해야 할지 모르겠지만 그 순간 준은 정말 행복해 보였다.

버거운 육체를 이끌고 삶의 끝자락에 와 있는 준의 활기찬 태도는 어디에서 나오는 것일까? 나는 생각을 채 정리하지도 못한 채 불쑥 준에게 물었다. 그녀는 머리를 끄덕이고는 온화한 미소를 지으며 말했다.

"글쎄……. 젊은 시절 나는 판잣집에서 살았어. 더러운 마루에 욕실도 없었지. 아이들은 6명이나 있었고, 남편은 몸이 불편해 직장에도 못 나갔어. 나는 매일 뼈가 빠지도록 일을 했어. 겨우 먹고살 만해졌는데 경제대공황이 닥친 거야. 그것도 고스란히 겪었지. 살다보니 여기까지 오게 되더군. 그런데 지금 여긴 얼마나 좋아. 지붕도 있고, 하루 세끼 꼬박꼬박 먹여주고, 날 돌봐주는 친절한 양반들이 있으니 말이야. 여기선 할 일도 많아. 아침에 일어나면 창밖에 해가 빛나고 있어. 난 아직 살아 있잖아. 귀도 잘 들리고, 아직까지는 그럭저럭 눈도 쓸 만하고."

준은 몸을 앞으로 숙이더니 나를 불렀다.

"이보게 젊은이-내 나이에 '젊은이'로 불렸다는 것이 내심 기분이 좋았는데 이젠 그런 기분이 들었다는 사실도 그다지 쑥스럽지 않다-, 자네도 알겠지만 희망은 지금 이곳에서, 자네가 만드는 거야. 불행할 게 뭐 있어? 여기 사람들은 늘 불평만 해. 하지만 난 불평하지 않아. 오늘, 이곳에서, 행복해지는 것, 그것이 내가 해야 할 일이라네."

준은 마지막 말을 반복했다. 마치 내가 그 말에 담긴 지혜를 제대로 이해했는지 확인이라도 하듯. "오늘, 이곳에서, 행복해지는 것, 그것이 내가 해야 할 일이야."

그러고 나서 준은 즐겨보는 시사 프로그램이 곧 시작된다고 했다.

"시대 흐름에 맞춰 사는 게 좋아."

요양원을 방문한 이후 내 머릿속에서는 의문이 떠나지 않았다.

'생의 끝자락에서 육체에 괴로운 병들을 잔뜩 짊어지고 도대체 어떻게 그토록 긍정적이고 낙천적인 모습을 할 수가 있을까?'

나는 지금을 살아가는 이들에게 필요한 지혜를 찾아나섰다. 세상을 여행하거나 치료사들을 찾아다니거나 심오한 종교수행 같은 '평범한' 방법은 아니었다. 내가 선택한 길은 세상을 더 오래 산 이들에게서 삶의 지혜를 구하는 것이었으니까.

나는 노인들의 지혜가 우리 삶에 놓인 고비들을 넘는 데 특별한 도움을 준다고 믿는다. 노인들은 경험으로 보여준다. 그들은 우리가 걸어야 할 길을 지나온 이들이고 거기에서 교훈을 얻은 이들이다. 명확한 해답이 보이는 듯했다.

'더 많은 노인들을 만나면 어떨까? 그들에게서 보편적인 지혜

를 얻을 수 있지 않을까?'

다양하고 풍부한 연륜과 삶에서 얻은 해답을 기꺼이 타인과 나누려고 하는 노인들은 지혜의 원천이다. 설령 힘든 시기를 겪고 있다 해도 노인들의 지혜가 있다면 더 나은 삶을 살 수 있다. 나는 독자들이 이 책을 통해 삶의 주요 문제들을 극복하고 역경 속에서도 즐거움을 발견할 수 있게 해주는 실질적인 방법과 확신을 얻게 될 것으로 믿는다.

그들의 삶이 곧 답이다

지금 우리는 무엇과도 바꿀 수 없는 귀중한 자원을 잃어버리기 직전에 있다. 바로 노인세대다. 1차대전에 참전했던 병사 중 마지막 남은 노병이 죽었다. 2차대전에 참전했던 사람들도 이제 80대. 1929년 세계경제대공황 당시 가장 어렸던 아이들도 어느덧 여든 줄에 접어들었다. 이 세대들이 죽고 나면 그들의 경험에서만 얻을 수 있는 삶의 답은 어디에서 얻을 것이며 위기에 빠진 세계를 회복하기 위한 생존과 번영의 지혜는 어디에서 얻을 것인가?

이 책에 등장하는 인터뷰 내용들이 보여주듯 노인 한 사람 한 사람은 더 잘사는 방법을 알려주는 경험의 보고다. 그러나 그들 생명의 빛은 어느 날 갑자기 스러진다. 이 책을 펴내게 된 배경에는 이러한 절박함이 있다. 나는 노인들이 사라지기 전에 그들이 들려주고 보여주는 행복에 이르는 법, 삶을 살아가는 법을 정리하고 보존하고 나누기 위해 이 책을 썼다.

나는 노인들이 가장 현명한 사람들이라 믿는다. 그래서 이 책을 쓰면서 노인들을 지칭하는 특별한 용어를 사용했다. 바로 '인생의 현자'다. 왜 노인들이 인생의 현자인가? 몇 가지 이유가 있다.

노인들은 다른 연령대 사람들에게는 없는 지혜의 원천을 가지고 있다. 그들은 자신의 삶을 살았고 젊은 사람들은 가보지 않은 곳을 가보았다. 물론 그렇다고 해서 그들이 첨단기기 작동법을 누구보다 빨리 습득하거나 은행 창구를 이용하는 것보다 자동인출기를 더 편안하게 여기거나 최신 예능 프로그램을 훤히 꿰고 있는 것은 아니다. 하지만 삶의 경험만큼은 어마어마하다. 기나긴 인생의 대부분을 산 그들은 삶에 있어 무엇이 효과가 있고 무엇이 그렇지 않은지를 정확히 판단한다. 이 책에 실린 그들의 경험적 지식이 바로 이 사실을 입증해준다. 젊은 사람은 나이든 사람보다 삶에 대해 더 깊이, 더 세세하게 알지 못한다.

인생의 현자들로부터 조언을 들어야 하는 또 다른 이유는 그들이 특별한 사람들이기 때문이다. 이 시대의 노인들은 현대를 살아가는 대부분의 젊은 사람들은 상상도 하기 힘든 경험을 했다. 병, 실패, 억압, 상실, 위험 등 갖가지 힘든 산을 넘어왔고 어쩌면 우리가 앞으로 겪어야 할 한계보다 훨씬 더 큰 한계 상황으로 내몰려왔다. 그들은 그 속에서 살아남았고 헤아릴 수 없는 통찰력과 초월적인 지혜를 얻었다.

노인들, 특히 70세 이상의 노인들은 오늘날 우리와는 매우 다른 삶을 살았다. 그들은 제2차세계대전을 겪었고 세상을 바라보는 더 넓은 시야와 깊은 상처를 안고 고향으로 돌아왔다. 홀로코스트에서 살아남은 이들도 있고, 저항운동을 하며 죽음의 위기를 수없이 넘겨온 이들도 있다. 그들 대부분은 지독한 상실의 시대에서 자란 탓에 부나 물질에 대한 태도도 우리와 다르다. 가혹한 어려움을 겪으며 유년시절을 보낸 이들도 있고, 전쟁의 참상과 가난을 직접 겪은 이들도 많다. 반면에 이들에게는 물과 공기가 더 맑았던 시절, 사람들이 대문을 걸어 잠그지 않던 시절, 이웃에게 도움을 요청할 수 있었던 시절에 대한 기억도 있다. 그들은 다른 시대에서 겪은 경험을 현대인들이 처한 문제에 적용하면서 필요한 시각을 선택한다. 그들만이 지닌, 삶을 꿰뚫어볼 수 있는 혜안 덕분이다.

마지막으로 이 책에서 노인들을 '인생의 현자'라고 부른 또 다른 이유에 대해 말하겠다. 경험에서 우러난 이들의 독창적인 관점은 '좋은 삶'에 대한 현대사회의 진부하고 틀에 박힌 지침을 다시 돌아보게 만든다. 틀에 박힌 지침이란 누구나 알고 있는 것, 사회 구성원으로 자라면서 배우는 그런 것들이다. 그것은 바람직한 삶에 대한 일정한 상을 규정해놓고 보편적인 가치를 강조하면서 삶의 기술들을 제시한다.

그런데 노인들의 조언은 현대의 틀에 박힌 지침을 뒤집고 새로운 해법을 제시하는 경우가 많다. 그들의 해법은 단순한 범주화를 넘어서는 것이다. 그들의 통찰력은 때론 자유로워 보이기도 하고(예를 들어 노인들은 종교적 다양성을 인정하고 물질주의적인 세계관을 거부한다), 때론 보수적이기도 하다(결혼이란 평생의 서약이어야 한다고 믿는다). 때문에 이들의 관점이 오늘날 보편적 가치로 통용되는 것들과는 완전히 궤를 달리 할 때도 있다. 예를 들어 시간을 대하는 태도나 시간을 사용하는 방법 등은 오늘날의 일반론과는 분명 다른 부분이 있다. 그들의 지혜는 현 세대의 틀에 박힌 세계관에 도전한다. 그리고 그것으로 말미암아 우리는 현대사회의 관습에 문제의식을 품고 행복에 대한 답을 조금 다르게 내릴 수 있다. 나는 이렇듯 축적된 노인들의 지혜가 이 시대를 살아가는 모든 연령대의 사람들에게 훌륭한 삶의 지침이 될 수 있다는 믿음으로 이 책을 썼다.

또한 이 프로젝트를 진행하면서 1000명이 넘는 노인들로부터 정보를 얻었고 그것을 정리하고 분류해 이 책을 쓰기까지 5년이 넘는 시간이 걸렸다. 이 작업을 진행하는 동안 나는 수많은 사람들과 기관들로부터 헤아릴 수 없이 귀중한 도움과 지지를 받았으며 용기를 얻었다.

하지만 내가 가장 큰 빚을 진 사람들은 마음을 열고 귀중한 시간과 생각을 나누어준 사람들, 즉 '인생의 현자'들이다. 이 책을 쓰는 데 가장 기본적인 자료를 제공해준 그들에게는 어떠한 보답도 부족하리라 생각한다. 그들이 알려준 삶의 해답이 그들의 뜻대로 이 책에 잘 옮겨졌기만을 바랄 뿐이다.

인생의 현자들에게는 인간이 경험할 수 있는 모든 문제에 관한 깊이 있는 지혜가 있다. 나는 독자들이 1000명이 넘는 인생의 현자들이 들려주는 육성을 그대로 듣고 그분들의 조언을 직접 판단하고 교훈을 얻길 바랐다. 그래서 가능한 한 내 생각을 개입하지 않고 그들의 말을 고스란히 인용했다. 독자들은 그 생생한 육성을 통해 삶을 현명하게 살아갈 수 있는 지도를 발견할 수 있을 것이다. 그 지도는 독자들 개개인이 처한 상황을 새롭게 보여주고 더 행복한 삶을 향한 길로 안내해줄 것이다.

인생의 현자들을 만나다

나는 현자들의 소중한 지혜를 놓치지 않기 위해 무엇보다 그들이 마음을 열고 아주 세세한 부분까지도 이야기할 수 있도록 했다(사회과학자들은 이러한 방법을 '질적인' 연구라고 부른다).

먼저, 내가 하고자 하는 작업에 대해 설명한 다음 두 가지 질문에 대한 답변을 보내달라고 요청했다. 그중 하나는 '살아오면서 배운 가장 중요한 교훈은 무엇입니까?'고, 다른 하나는 '젊은 사람들에게 꼭 해주고 싶은 삶의 조언은 어떤 것입니까?'였다. 정말 놀랍고 기쁘게도 수백 통의 답신이 전국에서 왔다. 그리고 이 프로젝트를 위해 만든 웹사이트에는 더 많은 노인들이 답변을 해주었다.

다음 과정으로, 65세 이상의 300여 명을 대상으로 여론조사를 했다. 조사는 과학적인 방법을 이용했다. 응답자를 무작위로 골라 훈련받은 인터뷰 전문가들이 전화를 걸었다. 그리고 먼저 '삶에서 배운 교훈이 무엇인지'를 물었다. 그 다음으로 결혼, 직업, 육아, 건강, 종교, 영적인 것 등 특정 범주를 제시하고 각 부문에서 가장 중요하게 생각하는 가치나 원칙 등에 대해서 물었다. 또한 살면서 귀중한 교훈을 얻는 계기가 된 특별한 어려움이나 문제가 있었는지도 들려달라고 청했다. 이 밖에도 삶을 이끈 원칙과 성공적으로 나이 드는 방법에 대해서도 물었다.

마지막으로 가장 완성도 높은 그림을 얻기 위해 가능한 다양한 지역에서, 다양한 삶의 경험이 있는 300여 명을 대상으로 세부적이고 깊이 있는 인터뷰를 진행했다. 이들은 65세 이상의 현자들이 현명하다고 추천한 사람들로 나는 그들에게 삶의 가치관에 대해 상세히 말해달라고 부탁하고, 살면서 특별한 교훈을 얻게 된 사건이나 경험에 대한 이야기도 자세하게 들었다.

이리하여 모두 합해 1000명이 넘는 현자들에게서 삶의 해답을 들었고 그 내용은 이 책에 고스란히 담겨 있다.

무엇을 얻을 것인가

이 책의 가장 중요한 목표는 독자들에게 유용한 정보를 제공하는 것이지 그들이 살아온 이야기를 구구절절 들려주기 위한 것은 아니다. 우리가 만난 현자들의 이야기 속에는 살면서 겪을 수 있는 거의 모든 일들에 관한 조언들이 다 들어 있다. 나는 그것을 꼼꼼하게 살피고 정리한 다음 핵심적인 가치들만 걸러내 우리 삶에 가장 중요하다고 할 수 있는 6가지 주제로 분류했다. 이어지는 각 장에서는 각 주제별로 그 내용을 소개한다.

처음으로 만날 주제는 결혼이다. 행복한 결혼생활에 관해 조언을 들려준 이들 대부분은 30년에서 50년 이상 결혼생활을 했다. 그들의 결혼 햇수를 합하면 3만 년이 넘는다. 이 세상 그 어떤 전문가의 조언도 이들의 경험을 뛰어넘을 수는 없을 것이다.

그 다음 주제는 좋아하는 일을 찾고 성취하는 방법이다. 우리가 만난 이들은 특정한 직업이나 계층의 사람들이 아니다. 그렇기에 단순 노동자부터 시인 혹은 기업 CEO에 이르기까지 거의 모든 분야의 직업을 경험한 전문가들이 들려주는 조언을 이 장에서 들을 수 있다.

모두 합해 3000명에 달하는 아이들을 키운 육아 전문가들의 조언도 있다. 그중에는 성공적인 사례도 있고 실패한 경험도 있다. 어떤 것이든 그들의 경험은 우리에게 구체적이고 실용적인 지침을 제공할 것이다.

그 다음은 '어떻게 하면 두려움 없이 건강하게 나이를 먹을 수 있을까'다. 이 주제 관한 한 우리가 만난 인생의 현자들보다 더 생생한 해답을 들려줄 전문가는 어디에도 없을 것이다. 그들 스스로 깊이 고민한 주제이기에 그 조언 역시 울림이 크다.

다음 주제인 '살아가면서 정말 후회할 일들을 피하는 법' 또한 삶의 마지막 고갯마루에 서 있는 이들의 경험적 조언이 빛나는 부분이다.

그리고 마지막에는 앞의 주제들보다 좀 더 큰 범주의 조언을 담았다. '피할 수 없는 상실이나 아픔에도 불구하고 어떻게 살아야 행복하고 만족스럽게 살 수 있는가'가 그것이다. 이는 삶의 근간이 될 철학적인 범주의 주제로, 자칫 추상적으로 흐를 수도 있는 문제지만 인생의 현자들은 삶의 경험을 통해 그 해답을 손에 잡힐 듯 구체적으로 보여주었다.

이렇게 하여 나는 삶을 위한 30가지 해답이 담긴 지도를 만들었다. 우리가 가야 할 인생의 길을 이미 거쳐온 많은 사람들의 경험이 고스란히 축적된 이 지도를 능가할 것은 다시 없을 것이다. 그들의 조언은 우리가 살다 보면 만나게 될 넓은 길, 샛길, 막다른 길, 한 치 앞도 가늠할 수 없게 굽은 길에 이정표를 세워준다. 또한 돌부리나 웅덩이를 피하는 법, 막다른 길에 부딪혔을 때 돌아가는 법까지도 생생하게 알려준다.

이 책에는 유명인사, 인기강사, TV에서 설교하는 사람, 20대 풋내기 비평가, 돈 받고 연설하는 연사는 없다. 대신 가장 현명하고 가장 오래 산 이들의 경험에서 우러나온 조언이 있을 뿐이다. 그리고 그것은 여러분의 삶을 바꿔놓을 것이다. 내가 그러했듯이.

2장

아름다운 동행
잘 맞는 짝과 살아가는 법

루스 햄, 84세

조가 새해 파티를 열었고 난 친구 사라와 함께 조의 파티에 갔어. 그런데 무슨 일이 있었는지 알아? 자정이 가까워지자 조가 내 옆자리에 앉은 거야. 새해를 시작하는 자정에는 모두가 키스를 하잖아. 12시가 되자 조가 나를 안더니 키스를 했어. 그날 밤 나는 사라와 함께 집에 가면서 말했지. "조와 결혼할래!"

우린 사귀기 시작했고 마침내 결혼해 52년을 함께 했어. 그리고 조가 먼저 떠났지. 그 사람이 간 지도 벌써 10년이 지났네. 그래. 조는 내 평생의 사랑이야. 진정한 사랑. 우린 싸우지도 않았어. 서로 미친 듯이 사랑했지. 정신적으로도 육체적으로도. 우린 정말 멋진 한 쌍이었어.

현대사회에서 결혼은 역설이다. 결혼은 가혹한 관습이고 자유로운 삶을 구속하는 제도라고 생각하는 사람들이 많다. 이를 반영하듯 지난 50년 동안 결혼 비율은 줄어들었고 결혼 연령도 늦어졌다. 그런가 하면 결혼한 부부 두 쌍 중 한 쌍이 이혼한다는 말이 나올 정도로 이혼율은 증가했다.

아주 오랫동안 남편, 아내, 자녀로 이루어진 가족은 가정을 구성하는 핵심 요소이자 사회의 기본 단위이며 삶의 안위와 행복의 근간으로 인식되어 왔다. 하지만 오늘날에는 많은 사람들이 '그깟 서류적 절차가 그토록 필요한가?' 하는 의문을 제기하며 결혼에 앞서 동거를 하고, 이와 함께 미혼모도 늘고 있는 추세다.

그런가 하면 이런 현상과는 상반된 면도 보인다. 여론조사 결과를 보면 여전히 대부분의 사람들이 결혼을 당연한 것, 나아가 이상적인 것으로 여긴다. 미국의 고등학교 상급생들을 대상으로 한 여론조사 결과를 보면 10퍼센트 미만의 학생들만이 결혼을 생각하지 않는다고 답했다. 결국 90퍼센트 이상의 학생들이 결혼을 생각하는 것이다.

비록 과거에 비하면 결혼제도가 위협받고 있는 것은 사실이지만 아직도 결혼은 가장 보편적이고 이상적인 삶의 형태로 받아들여지고 있다는 것을 알 수 있다. 게다가 결혼이 나쁜 것은 아니지 않은가? 가족을 연구하는 사람들은 가족이 인간에게 이롭다는 데 대체로 의견을 함께 한다. 주목받는 역사가 스테파니 쿤츠는 《결혼의 역사》에서 자신의 연구결과를 다음과 같이 간결하게 표현했다.

"오늘날 결혼한 부부는 동거하는 커플들에 비해 일반적으로 더 행복하고, 건강하며, 경기 후퇴나 심리적 우울증에도 더 잘 견딘다."

결혼한 사람들은 수입이 늘고 정신적으로 의지할 사람이 있다는 데 만족한다. 이혼을 가리켜 "경험에서 우러나온 희망의 승리"라는 표현이 있음에도 불구하고 굳이 재혼을 하는 사람의 비율이 75퍼센트에 이르고, 이들이 재혼하기까지 걸린 기간이 대부분 이혼 후 4년 이내라는 사실은 결혼에 특별한 장점이 있음을 보여주는 반증이 아닐까?

바로 여기에 역설이 있다. 대부분의 사람들이 결혼을 원하고, 결혼에서 얻는 다양한 이득이 있다는 충분한 증거도 있다. 하지만 결혼식에서 부풀었던 즐거움이 이내 시들어버리는 경우도 많다. 설레는 마음으로 결혼식장에 선 부부 중 거의 절반 가까이가 이혼의 상처를 딛고 새로 시작하는 사람들이다. 도대체 무엇 때문에 어떤 이들은 결혼이 파탄에 이르고 어떤 사람들은 '죽음이 갈라놓을 때까지' 결혼생활을 지속할 수 있는 것일까.

예나 지금이나 사람들은 '진정한 사랑'을 갈망한다. 그러나 만남이나 사랑의 형태는 변한다. 인생의 현자들이 들려준 이야기 속에서 엿본, 마음에 드는 사람을 처음 만났을 때의 설렘, 연애 초반의 서툼과 유치한 장난들, 매일매일 사랑하는 사람에게서 새로운 모습을 발견하며 느끼는 흥분 등은 현대인들이 느끼는 것과 별반 다를 바가 없다. 하지만 현대인들의 연애 형태는 과거와는 확연히 다르다. 현대인들은 인터넷을 통한 만남, 독신남녀 전용 술집, 신혼 이혼, 성급한 성관계 등에 익숙하다.

설사 이런 차이가 있을지라도 인생의 현자들의 조언은 귀 기울일 만한 가치가 충분하다. 나는 결혼생활에 관한 인생의 현자들의 조언을 5가지로 나누었다. 이 장에서는 '결혼'과 '배우자 찾기'라는 말이 자주 언급되는데, 이는 인생의 현자들 가운데는 결혼을 하지 않고 오랫동안 동반자 관계를 유지한 사람들이 극히 적기 때문이다. 하지만 최근에는 결혼하지 않고 동거를 하는 커플이 적지 않다. 어떤 이들에게는 동거가 결혼과 맞먹는 삶의 중

심축일지도 모른다. 또한 동성 커플이 합법적으로 결혼할 권리를 인정하지 않는 곳도 많다.

따라서 이 책에서 말하는 '결혼'이라는 단어는 각자 자신이 처한 '관계'를 위한 충고로 이해하면 될 것이다. 즉 결혼에 대한 조언은 결혼과 동거, 모두에 해당한다.

첫 번째
'끌림' 보다는 '공유'

나는 수백 명이 넘는 인생의 현자들에게 행복한 결혼생활을 위해 가장 중요한 것이 무엇이냐고 물었다. 대답은 거의 만장일치였다.

"나와 성격이 다른 사람에게 매력을 느낄 수는 있다. 하지만 결혼생활을 유지하는 데 그것이 최고는 아닐 수도 있다."

현자들이 들려주는 조언은 논쟁의 소지가 있으며 모든 사람의 상황에 다 맞는 것은 아니다. 하지만 앞서도 이야기했듯 그들이 했던 말을 가감 없이 전하는 것이 이 책의 목표다. 그중에서도 거의 모든 노인들이 이구동성으로 했던 말은 더욱 그렇다.

그들의 오랜 경험에서 나온 행복한 결혼생활을 위한 첫 번째 해답은 바로 이것이다. '배우자와 근본적으로 비슷할 때 더 만족스러운 결혼생활을 할 수 있다.'

생활방식이나 삶에 대한 태도에서 차이가 큰 사람과의 결혼생활은 훨씬 더 어렵다고 그들은 말한다. 이 점은 매우 중요하다. 여러 가지 면에서 배우자와 비슷한 점이 있을 수는 있지만 현자들은 특히 근본적인 부분, 바로 핵심적인 가치관이 얼마나 비슷한가에 초점을 둔다.

몇 해에 걸쳐 나는 이제 막 관계를 시작하려는 수많은 사람들과 이야기를 나누었고 그들이 사랑에 빠지게 된 온갖 이유를 들었다. 20대의 경우 유머감각, 경제적 능력, 수려한 외모 등을 사랑에 빠지는 이유로 들었다. 기억을 더듬어보니 그들 중 그 누구도 가치관의 공유를 사랑의 이유로 들며 "정말 멋진 사람을 만나고 있어요. 가장 좋은 점은 우리가 핵심 가치관을 공유하고 있다는 점이에요." 하고 말하는 경우는 보지 못한 것 같다.

하지만 인생의 현자들은 하나같이 가치관의 공유야말로 오랫동안 행복한 결혼생활을 유지하는 데 가장 중요한 조건이라고 말한다. 이 말은 연륜의 힘이 얼마나 위대한지를 잘 보여준다.

젊은이들이 앞길을 가늠할 수 없이 구불구불한 길의 첫머리에 서 있을 때, 현자들은 그 길 전체를 파악하고 있으며 무엇이 여정을 쉽게 만들고 어렵게 만드는지 혹은 불가능하게 만드는지를 훤히 꿰고 있다. 이러한 통찰력으로 얻은 답이 바로 '가치관의 공유'다.

엠마 실베스터(87세)의 사례를 보자. 58년 동안 결혼생활을 유지해온 엠마는 미소를 지으며 이렇게 말했다.

"이 정도면 꽤 성과를 거둔 셈이지. 결혼할 때만 해도 몰랐어.

그런데 돌이켜보니 가치관이 같다는 건 정말 중요한 일이더군. 생각해봐. 돈을 헤프게 쓰는 사람이라면 그걸 이해해주는 사람과 결혼해야 하고 검소한 사람이라면 그 점을 이해해주는 사람과 만나야지. 돈이 결혼생활에서 걸림돌이 될 때가 많거든. 다행스럽게 우리 부부는 거의 모든 부분에서 가치관이 같았어. 가치관이 같으니 다툴 일도 고민할 이유도 없었지. 뭔가를 결정할 때면 우리 둘의 목표가 같다는 사실을 새삼 깨닫곤 했으니까. 또 우리 부부는 교육의 힘을 믿는다네. 우리는 아이들을 훌륭한 시민으로 키우기 위해 우선 우리부터 사회적 기준에 어긋나지 않고 좀더 도덕적인 사람이 되고자 애를 썼지. 그리고 경제적인 부분에서도 책임감 있는 사람이 되려고 노력했고."

여기서 눈여겨볼 것은 "다툴 일도, 고민할 이유도 없었다"는 대목이다. 흔히 사소한 문제로 다툰다고 말하지만 그 사소한 일들이라고 말하는 부분들 역시 근본적인 가치관을 반영한다. 따라서 다툼의 핵심적인 이유도 실은 가치관의 차이 때문이다. 가령, 아내가 비싼 골프채를 사거나 남편이 최신 전자제품에 욕심을 내는 것이 싸움의 핵심 쟁점은 아니다. 오히려 돈이 어떤 의미인지, 어떻게 사용해야 하는지, 가정경제와 개인의 욕망 가운데 어떤 것을 더 중요하게 생각하는지 같은 근본적인 생각이 핵심이다. 그러고보면 가치관을 공유하는 것이야말로 다툼과 논쟁을 미리 방지할 수 있는 가장 근본적인 예방책인 셈이다.

벤 샌토렐리(75세)의 사례도 보자. 벤은 브롱크스에서 나고 자랐으며 그의 가족들은 경제대공황 당시 어려움을 함께 극복했다. 벤과 가족들은 아버지가 운영하던 가게에 딸린 방에서 살았다.

"형과 나는 거실에 있는 소파 겸용 침대에서 잤어. 그렇지만 우리가 가난하다는 생각은 한 적이 없어. 우리 가족은 행복했으니까. 우리는 대가족이어서 주변에 친척들도 많이 살고 있었지."

그는 은퇴한 후에도 다양한 분야에 관심을 갖고 활동하고 있다. 그에게 가장 큰 기쁨을 주는 사람은 아내이며 결혼생활 역시 아내와의 폭넓은 공감대에 기반을 두고 있다.

"아내와 나는 늘 우리 삶에 일어난 일들이 어마어마한 행운이라고 생각한다네. 수호천사가 늘 지켜주는 것 같거든. 우리는 일을 하다 만났어. 내가 9월에 입사했는데 일을 시작한 지 얼마 지나지 않아 같은 사무실에서 일하던 비서가 내 눈에 들어온 거야. 정말 예쁘더군. 마치 하늘에서 천사가 내려와 있는 것 같았어. 알고보니 그녀도 내가 다니는 학원에 다니더라고. 그래서 내가 먼저 함께 학원에 가자고 제안했고 같이 다니기 시작했어. 그러고는 함께 밥을 먹고 차를 마시고 뭐 그런 식으로 한 단계씩 발전했지. 그러다가 사귀기 시작했고 마침내 그녀에게 청혼했어. 그녀도 승낙했고. 결혼하고는 마치 모든 일들이 예정된 듯 잘 돌아가더군. 우린 서로 많이 닮았어. 나는 문화생활을 즐기는 편이어서 그녀를 사귀기 전에는 혼자 연극이나 발레 공연을 보러가곤 했지. 함께 즐길 누군가가 있으면 좋겠다고 생각하면서 말이야. 내 바람대로 그녀를 만난 후론 그녀와 함께 다녔지. 또 나는 클래식 음악도 정말 좋아했는데 그녀도 좋아하지 뭐야. 정말 기뻤지. 결혼하길 참 잘했어. 우린 서로 꼭 닮았거든. 공감하는 것이 참 많아. 정치관부터 같으니까.”

결혼생활에서 두 사람의 유사성을 강조하는 것은 지나치게 자신의 모습을 고수하려는 태도가 아닌가 반문하는 사람도 있을 것이다. 하지만 이는 결혼뿐 아니라 모든 분야에 해당된다. 경제, 정치, 지리, 인종 등 모든 분야에서 유사성은 매우 중요한 문제다.

에이프릴 스턴(71세)의 이야기도 들어보자. 에이프릴은 내가 만났던 인생의 현자들 중 가장 급진적인 인물이다. 그녀는 1940년대 사회주의자였던 가족들 틈에서 자랐고 성장해서는 페미니즘과 1960년대 저항문화운동의 영향을 깊숙하게 받았다. 그런 에이프릴 역시 행복한 결혼생활의 비밀을 묻자 단호한 어조로 부부의 유사성을 강조했다.

에이프릴과 그녀의 남편 스티브는 47년 동안 결혼생활을 유지했고 인터뷰를 하기 한 해 전 남편 스티브가 세상을 떠났다. 에이프릴은 특정 단체에서 존경받는 지도자로 여러 지역 단체들도 함께 이끌고 있었으며 남편 스티브는 그 지역에서 유명한 정신과 의사였다. 그들은 서로 깊이 사랑했고 에이프릴은 남편이 떠난 후 혼자 살아가는 삶에 적응하고 있는 중이다.

"스무 살이었죠. 스티브와 열렬히 사랑에 빠졌던 때가. 아직도 그 사람 이야기를 할 때면 눈물이 나요. 스티브와 함께한 날들은 참 좋았어요. 나는 우리가 훌륭한 결혼의 모범을 보였다고 생각해요. 아이들도 우리 결혼생활에 큰 영향을 받았다고 말하니까요."

에이프릴의 말을 좀더 들어보자.

"단순하게 들릴지는 모르겠지만 부부는 서로 좋아해야 해요. 친구가 되어야 하지요. 마음속 깊은 곳에서 우러나는 진정한 우정을 나누면서 한편으로는 처음 만났을 때 느꼈던 그 설렘과 떨림을 다시 찾으려고 노력해야겠죠. 반드시 관심사가 똑같아야 할 필요는 없지만 가치관은 공유해야 해요. 이 점은 아주 중요해요. 암, 중요하고말고요. 어쩌면 가장 중요한 것인지도 몰라요. 우리 부부가 함께 사랑하던 특별한 것들이 있었죠. 우린 영화를 사랑했어요. 좋은 영화 말이에요. 잉그마르 베르히만 영화에 대해 이야기하며 밤을 새우기도 했죠. 둘 다 독서를 좋아해서 책을 읽고 이야기를 나누곤 했고요. 우리는 급진적인 저항문화가 한창이던 1960년대에 만났지만 일부일처제에 대해서는 매우 강한 신념을 갖고 있었어요. 그 신념은 우리에게 매우 중요했어요. 우리와 다른 생각을 하는 사람도 있겠죠. 하지만 우리는 정직하게 살고 서로에게 진실하기 위해 최선을 다하는 것이야말로 부부의 의무라고 생각했답니다."

두 사람이 어떤 가치관을 공유했는지 묻자 에이프릴은 말했다.

"남편도 나도 과시하지 않고, 다른 사람에게 성심을 다하고, 자신에게 충실하려고 노력했지요. 우린 서로 다른 분야에서 활동했지만 사회에 갚아야 할 것이 있다는 생각은 같았어요. 비단 물질뿐 아니라 시간으로도 사회에 환원해야 한다고 굳게 믿었지요. 또 둘 다 여행도 좋아했고 모험심도 강했어요. 같은 사람을 좋아하는 경우도 많았고요. 그 점도 중요한 것 같아요. 친구 문제로 생각을 달리하는 경우는 거의 없었으니까요. 당연히 아이들을 양육하는 방식에서도 잘 통했어요. 아이들을 어떻게 대하고 키울 것인가에 대한 생각이 거의 비슷했답니다."

에이프릴은 잠시 회상에 잠기는가 싶더니 아련한 미소를 지으며 말을 이었다.

"부부가 공유해야 할 것 또 있어요. 바로 유머감각이에요. 우리에겐 유머도 매우 중요한 부분이었지요. 그이가 떠나기 2주 전 밤에 이야기를 나눴어요. 남편이 무슨 말을 해서 내가 웃음을 터뜨렸더니 그이가 나를 지그시 보면서 만족스러운 표정을 짓더군요. 그러곤 이렇게 말했어요. '이렇게 오랜 세월이 흘러도 난 당신을 여전히 웃게 만들 수 있다고!' 그이는 늘 나를 웃게 하는 사람이었죠."

그런데 간과해선 안 될 것이 있다. 배우자와 가치관을 공유하려면 먼저 자신의 가치관에 대해 잘 알아야 한다. 존 포드햄(83세)은 아내 앨레인과 33년 동안 결혼생활을 했다. 백년해로의 비결을 묻자 그가 답했다.

"음, 자기 자신을 잘 알아야겠지. 그래야 불완전하나마 비슷한 사람을 가려내는 데 필요한 태도나 가치관의 목록이 생기는 것 같아."

포드햄은 자신의 가치관과 신념이 무엇인지 먼저 알아야 한다고 말한다. 자신을 알아야 다른 사람과 더불어 지낼 수 있는 방법도 찾을 수 있다는 것이다.

제럴드 핸드릭스(82세)의 사례도 있다. 핸드릭스의 이야기는 뒤에서도 나오지만 결혼에 관한 그의 조언도 들어보자. 그는 매우 구체적이고 체계적인 방식으로 이 문제에 접근했다.

"나는 결혼하기 전에 이 문제에 대해 매우 진지하게 생각했다네. 나는 두 번 결혼했는데 처음 결혼해서 44년 동안 행복하게 살다가 아내가 암으로 세상을 먼저 떠났어. 이후 훌륭한 여성과 재혼을 했고 지금까지 아무런 문제 없이 잘살고 있네. 내가 두 번이나 만족스러운 결혼생활을 할 수 있었던 건 내가 원하고 지향하는 것을 확실히 해두었기 때문이야. 나는 결혼 전에 부부관계에서 내가 가치 있다고 생각하는 것과 원하는 것들을 정리해 목록을 만들었어. 그게 벌써 60년 전이네. 그러고는 결혼을 생각하고 있던 여성에게 동의할 수 있느냐고 물었지. 물론, 만약 동의하지 않는다 해도 이해하며 나를 받아들이지 않아도 좋다는 말도 같이 했어. 그런데 동의하더군. 초혼 때도 재혼 때도 모두."

포드햄에게 그 목록을 좀더 구체적으로 말해달라고 했다.

"첫째는 '가족 위주의 삶'이야. 나는 가족의 가치를 아주 중요하게 생각하거든. 또 나는 섬세한 사람이 좋아. 감동도 잘 받고 또 남을 감동시키기도 하는 그런 사람 말이야. 이 문제는 아주 중요해. 섹스 이야기가 아냐. 감동을 말하는 거야. 셋째는 독립적인 생활의 가치를 인정해주는 거야. 그것은 내 일부이기도 하지. 자유가 없는 나는 진정한 내가 아니니까. 이러한 것들은 삶의 방식에 관한 문제니까 먼저 이야기해서 동의할 수 있는지 확인하는 게 중요하지. 분명 효과도 있고. 나는 두 번 다 최고로 행복한 결혼생활을 했으니까."

관계를 맺는 과정에서 상대의 가치관을 탐구해보는 것은 분명 나쁘지 않은 일이다. 관계가 진전되면 어느 시점에서 서로의 핵심 가치관에 공감할 수 있는지를 분명히 해두는 것이 좋은데,

그럴 때 이 같은 목록을 활용하면 효과적이다.

두 사람 사이에 생기는 문제는 가치관의 차이에서 비롯하는 경우가 많다고 인생의 현자들은 입을 모은다. 사회과학자들의 연구 결과도 이와 다르지 않다. 사회과학자들은 대개 두 가지를 기준으로 연구를 진행했는데, 그 중 하나는 결혼이 얼마나 오래 지속되느냐 하는 결혼의 안정성이고 다른 하나는 배우자를 통해 만족감과 행복감을 얻고 있느냐 하는 결혼의 질이다. 사회과학자들은 '유사성' 대신 좀더 전문적인 용어인 '동형배우자생식(Homogamy)'이라는 표현을 사용하는데, 이는 비슷한 배우자와 결혼하는 경우를 말한다. 그 반대의 경우가 '이형배우자생식(Heterogamous)'으로, 주요한 특질에서 서로 차이가 있는 경우다.

연구 결과는 아주 명료하다. 경제적 배경, 종교, 연령대 등을 기준으로 보았을 때 비슷한 동형배우자를 만나서 결혼한 경우 결혼의 안정성이나 질적인 부분에서 모두 우위를 점했다. 즉, 인생의 현자들이 말해주는 지혜와 학문적 연구 결과 모두 핵심 가치관이 비슷한 동반자와 함께할 때 행복하다는 데 맥을 함께한다.

그런데 여기서 딜레마가 생긴다. 과거와는 비교도 되지 않을 만큼 가치가 다원화되고 다양성이 확대된 현대사회에서 가치관을 공유하는 사람을 찾기가 과연 말처럼 쉬울까.

앞서 인생의 현자들이 들려준 삶의 지혜를 좀더 깊이 이해하면 이러한 딜레마를 해결할 새로운 관점이 보인다. 인생의 현자들이 전하고자 한 메시지는, 자신과 다른 사람과는 무조건 결혼하지 말라는 것이 아니라 깊이 사랑하는 사람과 결혼하라는 것이다. 인생의 현자들은 단지 자신과 아주 다른 사람과 결혼하면, 특히 가치관이 다른 사람과 결혼하면 복잡한 문제에 부딪힐 확률이 높아진다는 사실을 이야기한다. 그들은 설령 부부가 인종이나 경제적 여건 등에서 차이가 크더라도 가치관과 삶에 대한 견해를 함께한다면 결혼의 질과 안정성을 모두 높일 수 있다고 말한다.

인생의 현자들의 조언에서 한 가지 더 짚어봐야 할 부분이 있다. 언뜻 보면 그들은 배우자가 비슷한 경우가 아니라면 결혼이 지속되기 힘들다고 말하는 것처럼 보인다. 그렇다면 결혼한 후 배우자를 변화시킬 수 있다고 믿는 것은 어떨까? 유명한 브로드웨이 뮤지컬의 제목 〈사랑해. 당신은 완벽해. 그런데 좀 변했으면 좋겠어(I love You. You are Perfect. Now Change).〉처럼 말이다.

인생의 현자들은 그런 일은 아예 꿈도 꾸지 말라고 못박는다. 결혼을 하면서 배우자를 변화시키겠다고 마음먹는 것은 어리석은 짓이며 결혼하기도 전에 관계가 파탄에 이를 것이라고 조언한다.

엘리슨 헨리(72세)는 13년 동안 결혼생활을 했다. 그리고 그 결혼생활을 통해 재혼은 꿈도 꾸지 않겠다고 굳게 결심하게 되었다. 엘리슨은 다음과 같은 조언을 들려준다.

"일단은 상대를 잘 알아야 하겠지. 그리고 절대 어린 나이에 서둘러 결혼하지는 말라고 하고 싶군. 난 너무 어려서 결혼을 했어. 때로는 조금만 더 나이가 들어서 결혼했더라면, 자존감이 좀 더 강했더라면 하는 생각도 하지. 아마도 그랬더라면 내게도 도움이 되었을 테고 더 행복한 결혼생활을 꾸려갈 수 있었을 거야. 결혼할 당시만 해도 배우자를 변화시킬 수 있다고 믿었지. 하지만 불행하게도 그러지 못했어. 나는 결혼하자마자 바로 임신을 했어. 아이가 생기니 가족에 대한 집착도 강해지고 경제적인 여건도 허락하지 않고 해서 자유로워지기는 틀렸다는 생각이 들더군. 내가 결혼을 통해 배운 게 뭔지 아나? 절대 다른 사람은 변화시킬 수는 없다는 사실이야. 바꿀 수 있는 건 나 자신뿐이지."

티나 올리버(88세)의 결혼생활은 풍요로웠다. 행복한 결혼생활을 47년 동안이나 유지했을 뿐 아니라 5명의 자녀들도 모두 결혼해서 하나같이 잘살고 있다. 티나는 젊은 사람들과 함께 봉사활동을 하면서 그들이 연애를 하고 관계를 이어가는 모습도 많이 봐왔다.

티나는 인터뷰를 하러 간 우리 팀의 한 젊은 여성에게 남자친구가 있는지, 결혼할 생각은 있는지 물었다. 그 여성은 이렇게 대답했다.

"남자친구는 있어요. 그 사람과 결혼할 수도 있겠지만 글쎄요, 아직은 확신이 들지 않아요."

그러자 티나가 대답했다.

"확신이 들지 않으면 하지 마! 그 사람을 바꾸지는 못해. 그 사람이 사는 방식이 마음에 들지 않는다면 결혼은 꿈도 꾸지 말아야 해. 그 사람은 바뀌지 않을 테니까. 그 사람은 최소한 20년 이상 그렇게 살아왔어. 결혼하고 나서 사람이 바뀌는 경우는 아주 드물어."

변했으면 하는 부분이 있는 상대라면 결혼 전 숙고해봐야 한다. 신혼여행을 떠나면 이미 늦다. 만약 그 사람이 변하지 않는다면 두 사람의 관계가 어떻게 될지 자신에게 물어보라. 사람은 변하지 않는다. 상대가 변하기를 바라는 것보다는 스스로 변하는 것이 쉽다.

결혼은 그 자체로도 충분히 어려운 일이다. 그런데 하필이면 견딜 수 없는 태도나 행동을 하는 상대를 골라 결혼생활을 더 어렵게 만들 필요가 있을까? 상대를 변화시키겠다는 마음가짐으로 관계를 시작한다면 이미 잘못된 길로 들어선 것이다.

두 번째
평생의 친구를 찾아라

인생의 현자들을 만나 "오랫동안 행복한 결혼을 할 수 있었던 비결이 뭡니까?" 하고 물었을 때 가장 많이 나온 대답은 바로 "제일 친한 친구와 결혼을 했지."였다. 반대로 결혼에 실패한 사람들 중에는 이렇게 대답한 사람이 많았다. "우린 연인으로서는 좋았지만 친구가 되는 법은 알지 못했어."

일반적으로 우정과 사랑은 다르다고들 생각한다. 영화 〈해리가 샐리를 만났을 때〉를 떠올려보라. 이 영화는 친구와 연인의 역할 차이를 극명하게 보여준다. 〈윌 앤 그레이스〉나 〈섹스 앤더 시티〉 같은 미국 드라마들도 이성간의 우정은 상대가 게이일 때만 가능하다는 사실을 일반화해서 보여준다. 결혼하고 나면 친구와 배우자의 차이는 더욱 뚜렷해진다.

우정의 특별한 점은 무엇일까? 아마 결혼과는 대조적인 가벼움일 것이다. 친구들과는 함께 즐거운 시간을 보내며 서로 위안을 얻고, 공통의 관심사를 나누거나 소소한 것들에 대해서도 자주 이야기를 한다. 하지만 배우자와는 대화가 잘 통하지 않는다는 사람들이 적지 않다. 실제로 근사한 식당에서 저녁식사를 하면서도 두어 시간 내내 고작 몇 마디만 나누는 부부들을 흔히 볼 수 있다. 인생의 현자들은 편안하게 함께 시간을 보낼 수 있는 친구 같은 사람을 배우자로 택하라고 충고한다.

"어렸을 적 놀던 운동장을 떠올려봐. 가장 함께 놀고 싶었던 아이가 있지? 그런 사람이 배우자여야 해."

인생의 현자들은 배우자를 고를 때 사랑에 눈이 멀어 우정을 보지 못하면 안 된다고 조언한다. 심장이 두근거리던 사랑의 설렘도 어느 시점에 가면 사그라진다. 누구나 그러지 않기를 바람에도 불구하고 말이다. 바로 이 시점에서 경험의 렌즈가 빛을 발한다. 인생의 현자들은 결혼생활을 통해 처음 서로에게 끌리던 설렘과 온통 마음을 사로잡던 성적 욕망은 차츰 사그라지고 그만큼 중요한 것들, 혹은 그보다 더 중요한 것들이 생기기 시작하는 단계로 변화하는 과정을 겪어왔다. 진정한 사랑에 얼마나 푹 빠졌는지는 중요하지 않다. 인생의 현자들은 묻는다.

"그래서 그 다음은?"

똑같은 사람과 한 침대에서 50년, 60년을 함께 자고 일어나면서도 사랑 타령을 할 것인가?

니콜 엠브리즈(70세)의 부모님은 전혀 친구 같은 부부가 아니었다.

"나는 자랄 때 부모님들이 싸우는 소리를 자주 들었지. 그때마다 무서워서 주눅이 들곤 했어. 그래서 나는 결혼하면 아이들을 위해서라도 싸우지 않아야겠다고 생각했어."

니콜은 결혼생활을 하며 싸우지 않으려고 최선을 다했다.

"그런데 결혼하고 12년이 지나서야 우리가 그저 기본적인 것에만 충실하며 살고 있다는 사실을 깨달았지. 아침에 일어나서 직장에 가고 퇴근해서 집에 오고 저녁을 준비해서 먹고 뭐 그런 것들 말이야. 매일매일이 지극히 평범했지. 다람쥐 쳇바퀴 돌듯."

니콜이 50년의 결혼생활을 통해 얻은 가장 중요한 답은 다음과 같다.

"무엇보다도 배우자와 친구가 되어야 해. 그러기 위해 기꺼이 노력해야 하고. 나도 예전엔 그걸 몰랐어. 49년 전 내가 결혼할 때만 해도 결혼이란 스무 살이 되면 으레 해야 하는 통과의례 같은 것이었으니까. 하지만 요즘은 그렇지 않잖아. 나는 서른이 넘도록 결혼하지 않고 있는 젊은 사람들을 아주 존경해. 세상이 달라졌거든. 나는 젊은 연인들에게 이렇게 말하지. '무엇보다도 좋은 친구가 되어야 해. 그리고 서로를 존중해야 한다네.' 상대에게 친구가 되어주면 자연히 서로 사랑하게 되고 그 사랑이 점점 커지는 법이야."

인생의 현자들의 관점에서 보면 반드시 친구와 결혼해야 한다. 그것도 가능하면 가장 친한 친구와. 그들은 어떤 사람을 평생의 친구로 삼을 것인지를 생각하고 그 안에서 잠재적인 배우자를 찾으라고 충고한다. 관계가 진지하게 발전하면 반드시 서로에게 물어보고 논의해야 할 것들이 있다. '만약 우리가 연인이 아니었다면 친구로 지냈을까?', '가슴 떨리던 열정이 사그라지고 무뎌지게 되었을 때도 우리를 함께 있도록 하는 것은 무엇일까?' 대답이 아이들이어서는 안 된다. 우정이 답이어야 한다. 우정이 없다면 결혼하지 마라. 이는 아주 단순한 답이다.

세실 다우드(90세)의 이야기를 들어보자.

"낭만과 사랑은 다른 거야. 경험이 가르쳐주지. 내가 봐온 바로는 낭만적인 사랑만으로는 결혼생활을 제대로 하기에 부족해. 결혼생활을 시작하면 사랑이라고 믿었던 것들은 신기루에 지나지 않아. 사랑은 결혼생활을 통해서 서서히 자라나고 평생을 거쳐 계속 커지는 것이지. 처음 사랑이 육체적으로 끌리는 감정이었다면 그 다음 사랑은 비슷한 관심사나 활동을 함께 하면서 찾는 즐거움이야."

세 번째

상대의 신발을 신어보라

인생의 현자들은 때로 아주 복잡한 문제를 함축적이고 짧은 문장으로 표현한다. 그럴 때면 그들의 말이 뜻하는 참 의미를 찾기 위해 곰곰이 생각을 해야 한다. 나는 이것을 '집중 탐구'라 부른다.

많은 인생의 현자들을 인터뷰하다 보니 특정 문제에 대해서는 대답이 겹치는 부분이 많다. 표현마저 비슷해 내용이 반복되고 장황해지는 느낌이 들기도 했다. 실제로 이 작업을 거의 마무리할 시점이 되자 '오랫동안 만족스러운 결혼을 할 수 있는 비결'에 대한 그들의 대답을 앵무새처럼 따라할 수 있을 정도가 되었다. "많이 주고받는 것이지.", "배우자나 나나 주고받을 준비가 되어 있어야 해.", "한 사람만 일방적으로 주거나 받을 수는 없어. 서로 주고받아야지."

인생의 현자들에게 이 말은 토를 달 것도 없는 진리인 듯했다. 하지만 내게는 그렇지 않았다. 그래서 좀더 구체적으로 예를 들거나 설명을 해달라고 요청하면 그들은 대부분 "자네도 그게 뭔지 알잖아?" 하기 일쑤였다.

도대체 그들이 한결같이 말하는 '주고받는다'는 것의 핵심적인 의미는 무엇이며 그것은 왜 그토록 중요한 것일까? 나는 우연한 기회에 그 답을 발견했다. 바로 63년 동안 결혼생활을 해온 엘빈 베이커(87세)를 만났을 때다.

"그러니까 어르신 말씀은 결혼은 공평해야 한다는 거죠. 정확히 50 대 50으로 말이죠?"

내 말에 베이커는 전혀 그런 뜻이 아니라고 펄쩍 뛰며 언성을 높였다.

"결혼을 50 대 50따위로 생각하지 마! 100퍼센트 아니, 110퍼센트라고 생각해야지. 100퍼센트라는 말은 객관적 수치가 아니라는 사실을 알아야 해. 두 사람 모두 말이야."

분명 내가 제대로 이해를 하지 못한 것이었다. 50 대 50이 아니라 오히려 100퍼센트라니. 하지만 도대체 무엇의 100퍼센트란 말인가? 베이커는 말을 이었다.

"결혼생활을 유지할 수 있는 유일한 방법은 두 사람 모두 상대에게 항상 100퍼센트를 주는 거야."

그제야 이해가 되었다. 50퍼센트를 주었으니 50퍼센트를 받아야 한다고 계산하는 것이 아니라는 말이다. 자유롭게 줄 수 있어야지 계산하기 시작하면 이미 문제가 생긴 것이다.

수 베네트(86세)는 결혼한 지 60년이 되었다. 결혼 초에는 굴곡도 많았다. 너무 젊은 나이에 결혼을 한데다, 결혼 전에 생각했던 남편의 모습과 결혼 후의 모습이 많이 달랐기 때문이다. 결국 이 부부는 몇 년 동안 별거했고 이후 다시 화해하면서 근본적인 문제를 극복하게 되었다. 그녀는 50 대 50이 아니라 그 이상이어야 한다는 점을 거듭 강조했다.

"결혼이란 말이지, 자로 잰 듯 딱 50 대 50으로 주고받는 게 아니야. 때론 90 대 10이 될 수도 있고 상황에 따라 그 반대가 될 수도 있지. 중요한 건 늘 많이 베풀어야 한다는 거야. 상대가 나와는 전혀 다른 삶을 살아온 사람이라는 점을 이해해야 해. 상대의 신발을 신었다고 생각해보는 거야. 그래야 평화로운 가정을 꾸릴 수 있어. '좋아, 베푸는 거야. 그리고 베풀었으면 됐어.' 하고 생각해야 해. 살다보니 알게 되더라고. 내가 베풀어야 할 때도 있고, 상대가 베풀어야 할 때도 있다는 사실을. 누가 무엇을 얼마큼 더 받았는지 계산하면 안 돼."

성공적인 결혼생활을 하려면 받는 것보다 더 많이 베푸는 데 익숙해져야 한다. 두 사람 모두 받은 것보다는 더 많이 베푼다는 목표로 관계를 유지한다면 모두에게 어마어마한 이익이 된다. 그것은 협력으로 누릴 수 있는 진정한 이익이다. 두 사람 모두 관계를 위해 노력할 때 당장 눈앞의 이익보다 많은 것을 얻을 수 있다. 이 책에 소개된 인생의 현자들처럼 백년해로를 하고 싶다면 누가 더 이익인지 손해인지 계산해서는 절대 안 된다. 결혼을 돈을 넣은 만큼 물건이 나오는 자판기처럼 생각해서는 안 된다. 그러한 태도는 결혼생활에 전혀 도움이 되지 않는다.

크리스털 굴렛의 사연을 들어보자. 크리스털은 인생의 현자 대열에 들기에는 조금 젊은 67세다. 하지만 그녀는 경험도 풍부하고 그 경험을 삶에 반영하는 능력도 탁월하다. 그녀 덕택에 나는 "결혼은 50 대 50, 그 이상"이라는 말의 의미를 쉽게 이해할 수 있었다. 불행히도 크리스털의 부모는 행복한 결혼의 본보기가 되지 못했다. 결혼 전 자신의 가족을 '기능장애'라고 묘사할 정도로 상처가 컸던 그녀는 자신의 불행이 반복되는 것이 두려워 자식을 낳지 않기로 다짐하기까지 했다. 그녀는 유년시절의 트라우마를 극복하고 완벽한 결혼생활을 할 수 있다는 확신이 들 때까지 기다렸고 35세가 되어서야 결혼을 했다.

크리스털이 토드를 만나 결혼했을 때 그에게는 이미 5명의 자녀가 있었다.

"내가 아이가 5명이나 딸린 남자와 결혼한다는 소문이 퍼지자 사람들은 내게 와서 '세상에!' 하는 말만 던지고는 그냥 가버렸죠. 나는 생각했어요. '도대체 뭐야? 왜 모든 사람들이 갑자기 나를 불쌍하게 보는 거지?'"

사람들의 우려와 달리 크리스털은 결혼생활에 잘 적응했다. 그녀는 결혼이란 저울로 잰 듯 주고받는 계산적인 균형 그 이상이라는 사실을 다음과 같은 이야기를 통해 알려주었다.

"다른 사람과의 결혼은 상상도 할 수 없어요. 내가 아주 특별한 사람과 결혼했다는 점을 늘 행운이라고 생각하죠. 아침에 눈을 뜨면 우리 부부는 '내가 필요한 것을 잘 얻고 있나?' 하는 생각 따위는 하지 않아요. 늘 '저 사람을 위해 무얼 해주지?' 생각하죠. 예를 하나 들어볼까요. 남편은 은퇴 후 한동안 아주 많이 힘들어했어요. 하루 종일 자신을 찾는 전화 한 통 없다보니 자신감을 잃고 무력감에 빠진 거예요. 새로운 일거리를 찾기도 했지만 몇 년 동안 우울해하며 방황했어요. 그때 난 이런 생각을 했죠. '좋아. 일단 아침에 일어나자. 그리고 생각해보자. 남편에게 뭐가 필요한지.' 그런데 그 사람도 저와 똑같은 생각을 했더군요. 내가 암에 걸렸을 때 남편은 정말 훌륭히 잘해주었어요. 덕분에 나는 한 번도 두려움이나 패배감에 빠지지 않았지요. 남편이 최고의 간병인이었으니까요. 그 사람은 이렇게 생각했던 것 같아요. '은퇴를 했지만 지금은 아내를 돌보는 일이 내 직업이야.' 나는 1년 동안 병원을 30번 가까이 들락거렸어요. 물론 늘 그 사람이 나를 데리고 다녔죠. 그때 나는 남편이 혹시나 무너지지나 않을까 걱정했지만 그 사람은 괜찮았어요. 지긋지긋하게 여길 법도 한데 그런 내색은 한 번도 한 적이 없었죠. 사는 게 다 그렇더라고요. 오르막이 있으면 내리막이 있죠. 부부 중 한 사람이 도움을 받아야 할 때가 있으면 베풀어야 할 때도 있는 법이지요."

많은 인생의 현자들이 생생한 비유를 들어 설명해준 덕택에 나는 50 대 50이라는 내 생각이 착오였음을 깨닫게 되었다. 가장 마음에 와 닿았던 비유는 한팀이 되라는 것이었다. 두 사람이 서로에게 진심으로 관심을 갖고 한팀처럼 '협력'해나간다면 삶의 무게를 덜 수 있다는 말이었다.

앨버트 폴섬(80세)은 진정한 현자였다. 그의 곁에 있으면 평온하고 따뜻한 기운이 느껴져 나는 그의 이야기를 듣는 걸 좋아했다. 앨버트는 경제대공황이 한창이던 1930년에 태어났다. 그는 뉴욕 시의 작은 마을에서 자랐다. 아버지는 잡화점을 운영하셨고, 그는 아버지가 운영하는 가게 일을 도우면서 동시에 가족들과 함께 가축 기르는 일을 했다. 앨버트가 들려준 이야기는 행복한 결혼생활을 위한 지혜의 정수다.

"마을에 작은 박물관이 있었소. 박물관에는 커다란 짐수레를 끌고 있는 실물 크기의 두 마리 말 조각상이 있었는데, 두 놈은 무거운 마구로 한데 묶여 있었지. 지난 결혼기념일에 애들이 우리에게 묻더군. '아버지는 결혼을 어떻게 표현하고 싶으세요?' 그래서 난 이렇게 대답했지. '박물관에 있는 말 조각상 같다고 할 수 있지. 두 마리가 함께 마구로 연결되어 있지 않더냐.' 조각상 아래에는 이렇게 쓰여 있소. '한마음으로.' 나는 그 조각상이 우리 결혼을 잘 설명해준다고 생각하오. 우리 부부는 아주 힘겨운 시기들을 견뎌왔으니까. 우리가 잘하고 있는지 아닌지 몰랐던 때도 더러 있었소. 화재가 났던 적도 있고, 자연재해를 겪기도 하고, 폭풍우에 시달리기도 하면서 우린 최악의 시기들을 함께 지나왔지. 그러고도 살아남았을 뿐 아니라 오히려 상황을 더 좋게 만들었소. 물론 둘이 함께. 만약 한 사람이 포기해서 혼자 감당해야 했다면 절대 이겨낼 수 없었을 거라오."

이 주제에 관해 마지막으로 앙투아네트 와킨스(81세)의 이야기를 소개한다. 와킨스는 결혼이 계산적인 것이 아니라는 교훈을 함축적으로 들려주었다.

"결혼에 관해 우리 애들에게 꼭 들려주고 싶은 보석 같은 이야기가 있어. 아침에 일어나서 '어떻게 하면 아내 혹은 남편의 하루를 더 행복하게 해줄 수 있을까?' 하고 생각하라는 거지. 그런 생각을 하려면 서로를 좀더 지켜봐야 해. 아침에 일어나자마자 상대를 단 5분이라도 더 생각한다면 관계는 그야말로 크게 달라질 거야. 늘 서로에게 버팀목이 되어주고 한 배를 탄 사람들처럼 지내야 해. 그러면 남은 날들을 아주 잘 지낼 수 있지. 지금부터라도 당장 시작하는 거야. 아침에 일어나자마자 내 인생에서 가장 특별한 사람에게 해줄 수 있는 일이 무엇인지 생각하는 일 말이야."

그녀의 조언대로 나도 집에서 이 방법을 시도해보았다. 그 결과 정말 효과가 있었다. 우리 집 아침 풍경은 늘 부산하다. 각자 자기 한 몸 챙기기도 바쁘다. 그런데도 나는 아내에게 내가 필요한 것을 먼저 요구하는 경우가 많았다. "내 일정에 맞춰 나갈까?" 혹은 "당신 시장 보는 동안 집에서 늦게까지 일 좀 하고 싶은데." 앙투아네트가 제안했던 상대를 위한 시간을 나는 단 5분도 쓰지 않았다.

그녀를 만난 후 나는 매일 아침 나 스스로에게 이렇게 물었다. '어떻게 하면 아내를 좀더 행복하게 해줄 수 있을까?', '만약 내가 15분만 늦게 나가거나 집에 오는 길에 우유를 사오는 것으로 아내가 조금이라도 더 행복할 수 있다면 마땅히 그렇게 해야 하지 않을까?'

그렇게 했더니 어느 날부터인가 집안 분위기가 완전히 달라졌다.

뭐 어때, 고작 싸웠을 뿐인데

인생의 현자들은 결혼생활이 행복한지 아닌지 알려면 이렇게 질문해보라고 제안한다. '배우자와 대화가 통하는가? 배우자와 무슨 이야기든 할 수 있는가? 혹은 나눌 수 없는 이야깃거리가 있는가?'

실제로 인생의 현자들이 결혼을 후회한 가장 흔한 경우는 배우자가 대화를 할 수 없는 사람이거나 아예 대화를 하려고 시도조차 하지 않는 사람임을 깨달았을 때라고 한다.

러셀 락우드(85세)는 37년간 이어온 결혼생활에 대해 유쾌하게 이야기했다. 그는 늘 아내와 함께 숨기는 것 없이 활기차고 흥미진진한 대화를 나누려고 노력해왔다. 그는 아직도 매년 만우절이면 아내를 재미있게 해준다. 그의 아내 역시 시도는 하지만 락우드만큼 능숙하지는 않다고 한다. 락우드가 젊었을 때만 하더라도 부부가 마음을 터놓고 이야기를 나누던 시절이 아니었다. 그가 삶에서 얻은 가장 중요한 해답은 그 시절의 답답한 관계를 되풀이하지 않는 것이다.

"둘이 앉아서 뭔가 이야기를 한다면 행복한 결혼생활은 절로 만들어진다네. 마음속에 꾹꾹 담아놓고 폭발할 때까지 기다릴 수는 없지 않나? 신경 쓰이는 일이 있다면 그 문제를 이야기해서 밖으로 꺼내야 해. 화가 될 만한 불씨는 처음부터 끄라는 말이지. 이 사실을 명심하게나. 사람을 사귈 때는 나와 대화가 통하는 사람인지 꼭 확인해야 해. 그것을 파악하는 데는 그리 오래 걸리지도 않아. 부부도 마찬가지지. 서로 대화를 할 수 없는 지경까지 간다면 결혼생활은 불행해질 수밖에 없어."

부부간의 소통을 위해 가장 중요한 일은 무엇일까? 인생의 현자들은 오랫동안 결혼생활을 유지하고 싶은 부부라면 꼭 필요한 한 가지가 있다고 했다. 바로 갈등 상황에서 대화를 나누는 방법을 익히는 것이다. 특히 싸우는 요령을 터득해야 한다. 결혼생활에서 싸움은 피할 수 없다. 어떻게 싸우는지가 중요하다.

토라 버넬은 아주 재미있는 사람이다. 흉내낼 수 없는 연륜이 묻어나면서도 위트가 넘치는 그녀의 대답 덕분에 인터뷰가 더없이 즐거웠다.

"이 늙은이 머리로 기억해야 할 게 너무 많아. 늙은이들은 뭐든 금방 잊어버리거든. 남편과 나를 합쳐야 간신히 한 사람 머리야. 내가 여든여섯이고 남편은 한 살 많지."

내가 "할아버지보다 할머니가 훨씬 젊으시네요." 하고 농담을 건넸더니 버넬이 대답했다. "당연하지! 결혼한 지 이제 겨우 67년 된 새댁인걸!"

버넬에게 젊은 사람들에게 결혼에 대해 들려주고 싶은 이야기를 청하자 부부싸움에 관해 이야기해주었다.

"아무리 가물가물해도 이건 분명하게 말할 수 있지. 싸웠다고 해서 모든 게 끝난 건 아니라고 말이야. 무슨 말인지 알아? 서로 다른 가정에서 자라서, 다른 교육을 받은 사람들이 만나 한집에 사는 게 결혼이야. 설령 종교나 고향이 같다 해도 전혀 다른 두 사람이 사는 거지. 그러니 싸워도 대수롭지 않게 넘겨. '뭐 어때, 고작 싸웠을 뿐인데.' 하고 말이야. 10분만 지나면 잊을 테니까. 나이가 들면 5분도 채 걸리지 않는다니까. 요즘 사람들은 '아, 싸웠어. 어쩌지.' 하며 세상이 무너진 듯 군단 말이야. 싸운 건 싸운 거고 할 일은 해야지. 우리 부부는 지금도 일주일에 두 번은 싸워! 결혼생활을 잘 유지하고 싶다면 싸워도 그게 뭐 대수냐는 식으로 넘어가야 해. 까짓것 상황이 나빠진들 얼마나 나빠지겠어?"

부부는 싸움에 익숙해져야 한다. 어떤 부부에게는 이 말이 다소 황당하게 들릴지도 모르겠다. 하지만 아무리 싸우지 않는 커플이라고 해도 말다툼은 한다. 말다툼, 논쟁, 의견 차이가 생길 때 어떻게 소통하는가에 바로 백년해로의 비밀이 있다.

인생의 현자들이, 싸움 때문에 지치거나 포기하는 지경에 이르기 전에 의견이 맞지 않는 부분을 놓고 대화하는 방법을 찾은 것도 어찌 보면 당연한 일이다. 물론 그 방법이 모두 똑같았던 것은 아니다.

그들이 귀띔해준 잘 싸우는 요령 중 대표적인 몇 가지를 소개한다.

현명하게 싸우는 방법

첫째, 논쟁을 하다가 문제가 생기면 함께 집 밖으로 나와라

게리 슈버(75세)는 의견이 맞지 않는 상황일 때 장소를 바꾸면 소통하는 데 도움이 된다고 말한다.

"살다 보면 늘 이런저런 문제가 생기기 마련이지. 그렇다고 해서 부부관계를 포기할 수는 없는 법 아닌가. 그러니 늘 잊어서는 안 돼. 지금 싸우고 있는 사람이 나와 결혼한, 평생 사랑해야 할 바로 그 사람임을 말이야. 문제를 해결하기 위해서는 지속적으로 노력해야 한다네. 때론 집을 벗어나면 해결할 수 없을 것 같던 문제에 대해 더 편하게 이야기하게 될 때도 있더군. 집에 있으면 문제가 진행 중인 그 장소에 계속 있는 셈이잖아. 그럴 때는 이야기를 할 수 있는 다른 곳에 가는 거야. 공원도 좋고, 카페도 좋고 다른 곳도 상관없어. 왜 그런지는 잘 모르겠지만 그 방법이 효과가 있더라고."

둘째, 먼저 화를 풀 방법을 찾아라. 그러고 나서 이야기하라

앙투아네트 와킨스는 글을 쓰는 것이 갈등을 완화하고 문제에 대해 올바르게 논의하는 능력을 길러준다는 사실을 깨달았다.

"정말로 화가 많이 났을 때는 잠시 화를 누르고 앉아서 남편에게 장문의 편지를 쓰곤 해. 다음 날 편지를 읽어보고 버릴지언정 일단 글을 쓴다는 건 꽤 괜찮은 방법이지. 내 안에 쌓인 것들을 배출할 수 있으니까. 배출하는 방법에는 여러 가지가 있겠지만 내 경우에는 글을 쓰는 것이 도움이 되더라고."

리디아 매키온(73세)은 화가 나면 충동적으로 대처하지 말고 일단 한 걸음 물러서라고 충고한다. 매키온의 독특한 해결책도 들어보자.

"상대에게 고함을 치기 전에 스스로 화를 푸는 방법을 먼저 생각해봐야 해. 우린 말과 양 같은 가축을 길렀는데, 나는 화가 나면 집을 나와 축사로 가서 양이며 동물들에게 말을 걸었어. 마음껏 고함도 지르고. 물론 동물들은 늘 나를 반겨주었지만 내 말에 대답을 해줄 수는 없었지. 그렇게 30분 남짓 먼저 내 분을 삭여. 화를 삭이는 동안 동물이건 식물이건 아니면 아무것에라도 원하는 만큼 소리를 지르는 거야. 설사 그들이 아무 대꾸도 하지 않더라도 말이야. 우리 부부는 이 방법을 잘 사용했지."

셋째, 위험요소는 없앤다

벤 산토렐리와 그의 아내는 조금이라도 위험하다 싶은 요소들은 없애는 방법을 택했는데 많은 커플들이 본받을 만한 전략이다.

"결혼 후, 우리는 서로 곧잘 놀리곤 했지. 나는 정말 못된 농담으로 아내를 골리곤 했어. 그저 재미라고 생각했던 게지. 그러면 아내도 보복을 했어. 언짢은 농담을 듣다 보면 맞서게 되거든. 그런데 어느 순간 도를 넘게 되더군. 그래서 우린 서로에게 지나치게 짓궂은 장난이나 농담은 하지 않기로 약속했어. 돌이켜보면 그 약속이 우리 부부에겐 전환점이 된 셈이지. 서로를 대하는 태도가 바뀌니 집안 분위기도 달라졌거든. 정말 잘한 일이야."

넷째, 상대의 말에 귀 기울여라

인생의 현자들은 상대의 말을 들으려고 노력하고 그런 모습을 충분히 보여주라고 조언한다. 이는 갈등을 완화하는 가장 중요한 방법이다. 고백건대 나 역시 아내의 말을 충분히 듣지 않았고 그것이 내 결혼생활의 흠이었다. 그래서 나는 의식적으로 아내의 말에 귀를 기울이려 노력했고 큰 효과가 있었다.

나탈리 버젤(82세)의 조언을 들어보자.

"대화를 나눌 때 상대가 무슨 말을 하는지 진심으로 들어야 한다는 사실을 깨달았지. 결혼하기 전까지 나는 꽤 오랫동안 혼자 지냈어. 27년을 혼자 있었으니까 나는 내 방식대로 사는 법에 익숙해 있었어. 그땐 내가 뭐든지 해답을 알고 있다고 생각했지. 남편이 말을 하는 동안 그 사람 말은 듣지 않고 내가 할 말만 생각했어. 내 생각이나 고집을 관철하려고 말이야. 하지만 그런 식의 대화법은 갈등을 부추기고 결국엔 서로를 더 힘들게 할 뿐이더군. 대화를 할 때는 진심을 다해 상대의 말을 들어주고 그 사람이 하고 싶은 말을 다 하도록 해주어야 해. 상대가 말을 끝내면 '그럼 어떻게 했으면 좋겠어?' 라든지 '어떤 것이 옳은 방법일까?' 하고 물어보는 거지."

마크와 브랜다 민튼(72세)은 동갑이다. 두 사람은 상대의 말을 더 잘 듣기 위해 좀더 확실한 방법을 만들었다.

"우리 부부가 지금도 이용하고 있는 특별한 방법이 있지요. 한 사람이 먼저 5분이건 10분이건 합의한 시간에 맞춰 발언권을 갖는 거예요. 발언권을 가진 사람은 정해진 시간 안에 하고 싶은 말을 해요. 그러고 나면 상대가 그 말을 반복하죠. 발언한 사람이 '맞아. 바로 그 말이야.' 하고 동의할 때까지 말이죠. 그 다음

엔 역할을 바꿔서 해요. 이 방법을 이용하면 언쟁을 누그러뜨릴
수 있어요. 또한 상대가 어떤 상처를 받았는지, 말하는 의도가
무언지를 진심으로 듣게 돼요. 상대의 말을 그대로 반복해야 하
니까요. 우두커니 상대 곁에서 도대체 무슨 일인지도 모른 채 있
는 것보다 이런 방법을 이용하면 답답했던 상황들이 명료해지고
서로를 훨씬 더 잘 이해하게 되죠."

그들의 조언에 힘입어 나 역시 이 방법을 시도하고 있다. 하지
만 상대방이 침묵하는 경우는 여전히 쉽지 않다.

에이프릴 스턴은 "잠시 그냥 두라."고 조언한다. 그녀는 누가
일단 물러서야 할지, 어떤 문제에서 물러서야 할지를 결정하는
데 유용한 방법을 제안한다.

"무엇이 중요한 문제이고 그렇지 않은지를 파악하기 위해 더
러는 물러서는 것이 필요하지요. 우리 부부가 일찌감치 터득한
방법이 하나 있어요. 아주 효과적인 방법이랍니다. 어떤 문제로
다투게 될 때면 일단 다툼을 중단하고 이렇게 말하는 겁니다.
'우리 두 사람 중 누구에게 이 문제가 더 중요하지?' 그러고나면
좀더 직접적인 이해관계가 있는 사람에게 그 문제를 맡기는 편
이 더욱 수월하다는 사실을 깨닫게 돼요."

다섯 번째
기쁠 때나 슬플 때나

70세 이상인 부부들에게 결혼은 평생 지켜야 할 약속이다. 그들에게 이혼은 평생을 힘겹게 따라다니는 상처다. 하지만 시대가 바뀌면서 이혼에 대한 인식도 바뀌었다. 1950년대 중반과 1970년대 초반에 각각 이루어진 여론조사 결과를 비교해보면 1950년대 중반에 비해 1970년대 초반에는 '이혼은 무조건 잘못된 것'이라고 생각하는 사람들이 많이 줄었으며, 별거와 이혼을 인정하는 사람들의 비율이 크게 증가했다고 한다. 오늘날 사회과학자들 역시 이혼의 상처가 거의 사라지고 있다고 보고한다. 2008년 갤럽 여론조사에 따르면 미국인의 4분의 3에 가까운 사람들이 이혼을 '도덕적으로 인정할 수 있는 선택'이라고 생각한다고 한다.

나는 인생의 현자들에게 물었다. "젊은 부부가 당신께 와서 이혼을 고려하고 있다고 말한다면 어떤 충고를 해주시겠습니까?"

그들은 결혼을 가볍게 여기는 현대인의 태도는 잘못된 것이라고 지적하며, 결혼을 깰 수 없는 평생의 의무라고 강조했다.

물론 결혼에도 여러 종류가 있다. 정신적으로나 육체적으로 학대를 당하는 관계나 배우자가 계속해서 바람을 피우는 상황, 극도의 갈등이나 도저히 해결 기미가 보이지 않는 충돌 상황에서 관계를 유지해야 한다고 생각하는 사람은 아무도 없다.

인생의 현자들이 문제로 여기는 것 역시 이런 극단적인 상황은 아니다. 그들은 오늘날 많은 부부들이 사랑이 식어서 혹은 더 이상 존중받지 못 하거나 사소한 문제에서 빚어지는 마찰 때문에 이혼을 선택하는 것을 안타까워한다. 이러한 문제들은 결혼생활을 잘 유지해야 한다는 신념과 극복하려는 의지가 있으면 충분히 해결할 수 있다고 믿기 때문이다.

이 책에 나오는 인생의 현자들은 대부분 수십 년간 결혼생활을 해온 사람들이다. 그들은 결혼에서 벗어날 수 있는 선택권이 없다고 믿었기 때문에 그 세월을 견디면서 타협안을 만들고, 관계를 개선했으며 결과적으로 나머지 삶을 만족스럽고 온전한 결혼생활로 보상받았다.

결혼에 대한 인생의 현자들의 입장이 젊은 부부들의 관점과 가장 크게 다른 점은 바로 결혼을 단순히 서로 사랑하는 두 사람의 결합으로만 보지 않는다는 것이다. 그들은 결혼 제도가 지닌 장점과 이익, 그리고 "기쁠 때나 슬플 때나" 함께하기로 한 서약을 지키는 것을 중요하게 생각한다. 그리고 결혼이 열정이 있는 동안에만 지속되는 두 사람만의 관계가 아니라 존중해야 할 중요한 문화적 약속이라고 믿는다. 설령 잠시 상황이 악화된다 하더라고 말이다. 54년 동안 결혼생활을 유지해온 아멜리아 캘렌더(76세)는 결혼에 충실해야 한다는 신념이 얼마나 중요한지를 들려준다.

"순간의 열정 그 너머 있는 것을 보세요. 삶은 헌신적인 노력으로 일구어나가야 하는 것입니다. 살다 보면 힘겨운 날도 있고, 서로에게 미친 듯이 화가 날 때도 있어요. 하지만 괜찮습니다. 그게 부부가 함께 헤쳐나가야 할 삶인걸요. 결혼하면서 우리는 서약을 했어요. 우리 부부가 그 서약을 지켜온 것은 우리의 아이들, 또 그 아이들의 아이들에게 결혼의 본보기를 보여주고 싶어서예요. 결혼생활에 충실했다면 훗날 이렇게 말할 수 있습니다. '우리는 좋은 날도, 힘든 날도 함께해왔어. 좋은 것도 나쁜 것도 다 삶의 조각들이고 그 조각들이 맞춰져 온전한 삶이 만들어지는 거야. 그 삶은 그 무엇과도 바꿀 수 없단다.'"

결혼 문제에 관해서라면 누구보다 사려 깊은 사람인 마크 민튼 이야기로 돌아가보자. 마크는 삶에는 반드시 고난도 포함되어야 하며 고난이 없다면 충만한 삶을 살지 않은 것이라고까지 말한다. 그는 오랫동안 함께한 관계에는 기쁨도 고난도 모두 포함되며 그 관계를 유지하기 위해 충실히 노력할 때 헤아릴 수 없이 큰 보상을 받게 된다고 강조한다.

"우리 부부 역시 서로 맞지 않아 정말 힘들었던 시기도 있었답니다. 하지만 결혼은 지키고 발전시키기 위해 노력할 만한 충분한 가치가 있습니다. 그러기 위해서는 흔들리지 않는 희망과 헌신이 필요합니다. 어려움을 잘 견디다 보면 고집스레 지킬 만했다는 생각이 드는 날이 올 겁니다. 부부 사이도 마찬가지예요. 밝을 때가 있으면 어두울 때도 있는 법, 좋을 때는 정말 행복하지만 끝이 보이지 않는 어두운 골짜기를 포기하지 않고 지나가야 할 때도 있답니다. 인연을 끊는다는 말은 미래의 모든 가능성들을 포기하겠다는 의미입니다. 삶이 버거울 수도 있지요. 하지만 버겁지 않다면 완전한 삶이 아니랍니다."

놀라울 정도로 많은 인생의 현자들이 결혼생활을 포기하려했을 때 다시 결혼생활을 되돌아보기로 결정했고 전환점을 맞이했다고 말한다. 결과적으로 그 결정 덕택에 그들은 수십 년간 행복한 결혼생활을 유지했고 결과적으로 인연을 끊지 않았다는 사실에 감사하게 되었다.

샌디 허진스(89세)는 2차대전이 한창이던 때 결혼했고 결혼 후 남편은 바로 해외로 파병되었다. 남편이 전쟁을 치르는 동안 딸이 태어났고 남편은 1년 반이 지나서야 돌아왔다. 그러나 이후 그녀의 결혼생활은 험난했다.

"전쟁이 끝나 귀향한 남편은 이전과는 완전 다른 사람이 되어 있었어. 참혹했던 전쟁의 기억 때문에 고통스러워하는 남편의 모습은 차마 눈 뜨고 보기 힘들 지경이었지. 예전에 그는 늘 행복하게 콧노래를 부르던 쾌활한 사람이었어. 그런데 전쟁을 마치고 집에 와서는 예전의 모습이 온데간데없이 사라졌지 뭐야. 한밤중에 벌떡 일어나 골목을 서성이기도 했고, 늘 악몽에 시달렸어. 남편에겐 삶 자체가 악몽이었지. 우린 서로 다시 적응해야 할 것들이 너무 많아졌어. 내가 젊은 친구들에게 해주고 싶은 말은 바로 전환점에 대해서야. 남편은 귀향 후 줄곧 술을 마셨어. 2차대전을 치르고 돌아온 군인들 대부분이 술을 마신다더군. 전쟁의 끔찍한 기억을 떠올리지 않으려고 말이야. 물론 주정을 한다든지 고약한 술버릇이 있는 건 아니었지만 우리 생활은 암울했지. 그러던 어느 날 밤, 남편이 술이 거나하게 취했는데도 계속 술을 마시고 있는 거야. 이전에는 그렇게까지 마시진 않았거든. 더 이상 예전의 그 사람다운 멋진 모습이라곤 찾아볼 수 없는 지경에까지 이른 거지. 그래서 남편에게 말했어. '이 말은 꼭 해야겠어. 당신이 술을 끊지 않으면 내가 집을 나갈 거야.' 집을 나가 어디로 가야 할지, 무얼 해야 할지 막막했지만 어떻게든 살 수 있으리라고 생각했어. 그런데 남편이 술을 끊더군. 그래서 나도 우리 결혼을 지키기로 결심했지. 결혼생활을 저버릴 수도 있었고, 실제로 버리기 직전까지 가기도 했지만 말이야."

샌디는 결혼생활을 저버리지 않았음을 매우 다행스럽게 생각한다. 그녀는 부부라면 관계를 개선하기 위해 끊임없이 노력하면서 결혼 서약을 지키고 인생의 여정을 함께 걸어가야 한다고 말한다.

"슬픈 사실은 요즘 젊은이들은 너무 빨리, 그리고 너무 쉽게 결혼생활을 포기해버린다는 거야. 요즘 젊은 친구들은 툭하면 이렇게 말하지. '이런 결혼은 필요 없어. 이혼할 거야.' 우리 세대는 그러지 않았어. 결혼을 지켰지. 우리 세대에는 이혼이라는 말은 쉽게 꺼내지도 않았어. 우린 노력했어. 견뎠고 무던히 애썼지. 그 이후 남편이 이 세상을 뜨기 전까지 20년을 더 살았는데, 우리 두 사람 다 행복했어. 남편과 내게는 선물 같은 삶이었지."

그리고 꼭 기억해야 할 것
화난 채 잠자리에 들지 마라

지금까지 언급한 행복한 결혼생활을 위한 핵심 조언들 외에도 수많은 인생의 현자들이 한결같이 말한 지침이 하나 더 있다. "참, 이 이야기도 빠지면 안 되지." 하는 식으로 말이다. 그것은 "화난 채 잠자리에 들어서는 안 된다."는 것이다.

인생의 현자들은 잠들기 전 화를 풀어야 한다는 사실을 왜 그토록 강조했을까? 내 경험에 비추어봐도 부부 간에 속을 끓이다가 화난 채 잠자리에 드는 것은 그다지 좋지 않은 것 같다. 비록 하루 종일 말다툼을 하고도 여전히 싸울 수 있는 힘이 넘친다 할지라도, 때론 다투면서 심술궂은 만족감을 느낀다 하더라도, 부부가 가장 친밀하게 지내는 공간에서까지 실망, 적개심, 격렬한 분노를 경험한다면 부부 사이의 골은 더 깊어지고 회복하기 힘든 상처를 남길 수 있다. 그렇게 되면 부부가 함께 걸어갈 길을 찾기가 더욱 힘들어질 수 있다.

부부 간에 의견충돌이 생기는 일들을 잘 따져보면 실제로 하루 종일 싸워야 할 만한 것들은 거의 없다. 특히 하루를 마감하는 시간에는 준비가 되었건 그렇지 않건 간에 싸움도 마감해야 한다. 갈등을 일으킨 문제가 누구에게 더 중요한지를 따져 그 사람의 결정을 따르는 것도 한 방법이다. 자신의 감정을 부치지 않을 편지에 적으면서 풀어도 좋다. 그 문제가 정말 시시한 일이라는 사실을 직시하고 그냥 흘려보내면 된다. 어떤 방식이 되었든 해가 지면 싸움을 멈춰야 한다.

인생의 현자들이 우리에게 들려주는 조언은 경험에서 우러난 것들이다. 오랜 결혼생활을 통해 체득한 것인 만큼 지극히 현실적이다.

간혹 감정의 앙금이 남아 있는데 갑자기 없었던 일처럼 평온하게 잠자리에 들 수 있겠느냐며 반문하는 사람도 있을지 모르겠다. 나 역시 이성적으로는 인생의 현자들의 조언에 수긍을 하면서도 마음 한편에는 그런 의문이 없지 않았다. 그런데 윌마 야거(75세)의 말을 듣고는 비로소 인생의 현자들이 왜 그런 조언을 했는지 그리고 우리가 왜 그 조언을 새겨들어야 하는지 이해할 수 있었다.

"잠자리에 들 때는 반드시 사랑한다고 말하세요. 이를 부득부득 갈면서 말해도 괜찮아요. 꼭 하세요. 말한 대로 될 겁니다. 밤새 무슨 일이 생길지는 아무도 모르니까요."

"밤새 무슨 일이 생길지는 아무도 모르니까요."라는 말은 삶의 끝자락에 있는 노인들의 가슴 깊숙한 곳에서 우러나온 진심이다. 무의식이 지배하는 밤은 불확실의 시간이다. 무슨 일이 생길지 누가 알겠는가?

노인들은 수십 년을 함께한 동반자 곁에서 아침에 눈을 뜨는 것을 기쁨이라고 말한다. 우리에게 주어진 하루하루는 선물이다. 선물 같은 하루를 허투루 쓰거나 망칠 수는 없지 않은가. 하루를 마무리하는 시간이라면 더욱더. 하루를 끝낼 때는 다툼도 끝내야 한다. 상대에게 상처를 주는 말을 하거나 독선적인 자기 합리화로 가슴에 응어리를 품은 채 하루를 마감하기보다는 배우자의 존재 의미를 다시금 확인하고 관계의 회복을 우선에 두어야 한다.

하루의 끝이 인생의 끝이 될 수도 있기 때문이다.

행복한 결혼생활을 위한 5가지 조언

인생의 현자들은 하나같이 행복한 결혼생활을 오래 지속하는 것은 어려우며, 늘 소풍처럼 즐겁지도 않을뿐더러 굴곡도 많다고 경고한다. 아무리 굳건하게 결혼생활을 하는 이들일지라도 위협에 맞닥뜨리게 된다. 이 장에서는 좀더 나은 결혼생활을 위한 5가지 조언을 제시했다. 그 내용을 요약하면 다음과 같다. 냉장고에 붙여두고 늘 되새기면 행복한 결혼생활에 도움이 될 것이다.

LESSON 1.　**비슷한 사람과 결혼하라**　가장 핵심적인 가치관과 배경이 비슷하면 행복한 결혼생활을 할 수 있다. 결혼 후 배우자의 태도나 가치관을 바꾸겠다는 생각은 아예 하지 마라.

LESSON 2.　**설렘보다 우정을 믿어라**　평생 한 사람과 살다 보면 가슴 두근거리는 열정은 변하기 마련이다. 사랑도 중요하지만 깊은 우정을 느끼는 사람과 결혼하라.

LESSON 3.　**결혼은 반반씩 내놓는 것이 아니다**　부부관계가 늘 50대 50으로 공평해야 한다는 태도는 버려라. 내가 준 만큼 정확히 받을 수는 없다. 성공의 비결은 늘 얻은 것보다 더 많이 주려고 서로 노력하는 것이다.

LESSON 4.　**대화는 두 사람을 이어주는 길이다**　고집 세고 과묵한 것은 관계에 치명적일 수 있다. 오랫동안 부부로 지낸 이들은 모두 수다쟁이다(최소한 한 사람이라도 말을 많이 한다.).

LESSON 5.　**배우자와만이 아니라 결혼과도 '결혼'한 것이다**　결혼관에 충실하고 그 개념을 진지하게 생각하라. 당장 필요한 것보다 결혼이 더 중요하다고 생각하면 더 큰 것을 얻을 수 있다.

3장

행복하게 맞는 아침
평생 하고픈 일을 찾아가는 법

제리 드브리스, 78세

10대 시절, 나는 학교에 있는 시간을 제외하고 일주일 내내 농장 일을 했다네. 물론 학교가기 전에도, 다녀와서도 일을 했지. 새벽 4시에 일어나 소 젖을 짜고 가축들 사료를 주는 걸로 하루를 시작했다네. 아침 7시 반이 되면 학교에 갔다가 3시 반에 수업이 끝나면 통학버스를 타고 다시 집에 와서 어두워질 때까지 농장 일을 했어. 아마 그때 자네는 학교도 들어가기 전일 걸. 난 고된 노동이 어떤 건지 일찍 깨달았지. 10대에 이런 교훈을 얻는 건 정말 값진 일이라고 생각해.

'노동은 형벌'이라는 관념은 원초적인 것인지도 모른다. 선악과를 먹은 후 아담과 이브는 노동이 없던 낙원에서 현실세계로 쫓겨났다. 신은 그들을 내쫓으며 이렇게 말했다. "너는 흙에서 나왔으니 흙으로 돌아갈 때까지 얼굴에 땀을 흘려야 양식을 먹을 수 있으리라(창세기 3장 19절)." 더 이상 시원한 바람을 맞으며 한가로이 동산을 거니는 사람도 없었고, 배고플 때 과일을 따먹는 사람도 없었다. 아담과 이브 그리고 그 자손들은 평생의 고된 노동을 형벌로 받았다.

일하지 않고 살 수 있는 유토피아를 제안하는 사람은 없다. 인간은 누구나 생존하기 위해 즉, 의식주를 해결하기 위해 일을 한다. 인도 뭄바이의 거상부터 맨해튼의 청소부에 이르기까지 하는 일은 각양각색이지만 그 본질은 같다. 시간을 돈과 교환하고 그 돈을 먹고 사는 데 사용한다.

그런데 대부분의 사람들에게 일, 즉 직업은 단순한 생계수단 이상의 의미를 지닌다. 직업은 삶의 가장 근본적인 의미이자 목표이고, 자부심과 성취감을 얻는 수단이요, 타인과 유대감을 형성하는 도구이다. 또한 정체성의 핵심 요소이기도 하다.

현대인이 노동을 하는 데 보내는 시간은 60년 이상이다. 현대인이 일을 과중하게 한다는 사실을 극명하게 보여주는 통계자료도 있다. 2006년 발표된 한 조사에 따르면 미국의 노동자들이 1년 동안 사용하지 않은 휴가일 수를 합하면 무려 5억7400만 일에 달하는 것으로 나타났다. 이 수치는 5500명이 1년 동안 일하는 시간과 같다. 노동자들은 일반적으로 1년에 약 1800시간을 직장에서 보내며, 초과근무나 부업을 하는 경우도 있다.

과거와는 달리 대부분의 현대인들에게는 평생이 보장되는 직장이 없다. 성인이 된 이후 죽을 때까지 평균 5번 이상은 직업을 바꾼다. 좋아하고 의미 있는 일을 찾는 것은 젊은 사람들에게는 물론 대다수 사람들에게 일종의 모험이 되었다. 직업에 만족하지 못하거나 싫증을 느끼면 언제라도 직업을 바꾸며 은퇴 후에도 '제2의 직업'을 노리기도 한다.

지그문트 프로이트는 인간 행복의 토대를 이루는 것은 '사랑'과 '일'이라고 했다. 앞 장에서 이미 사랑에 관한 조언은 살펴보았으니 여기서는 일에 관해 생각해보자.

이 책을 위해 우리가 만난 현자들의 직장생활 경력을 모두 합하면 약 5만 년에 달한다. 그들은 우리가 상상할 수 있는 거의 모든 종류의 일을 했다. 식당 종업원부터 사장까지, 사병부터 부대장까지, 공장 노동자부터 공장장에 이르기까지 직급도 다양하며 운동선수, 코치, 성직자, 농부, 광부, 교사, 모든 업종의 상인들, 기업 CEO, 상점 점원, 일용직 노동자, 화가, 작가, 배우 등 온갖 종류의 직종들이 다 포함돼 있다. 이처럼 다양한 직업들은 그들이 살아온 지난 세기 사회상을 반영한다.

다채로운 그들의 직업만큼이나 그들이 걸어온 길도 다양하다. 외골수로 한 곳에서만 수십 년을 일한 이들도 있고 직장을 여기저기 옮겨 다닌 이들도 있으며 아예 업종을 바꾼 이들도 있다. 또 실직과 고용의 상태를 오락가락한 이들도 있고, 양육이나 기타 문제로 직장을 잠시 쉬었던 이들도 있다. 예술이나 정치활동에 필요한 비용을 충당하느라 평생 파트타임 일만 해온 이들도 있다. 자신의 직업을 진심으로 사랑했던 이도 있고, 그런 데는 신경 쓰지 않고 묵묵히 일만 해온 이도 있으며, 직업을 통해서 뒤늦게야 삶의 행복을 찾은 이도 있다.

이처럼 다양한 경험을 지닌 인생의 현자들이 들려준, 의미 있고 만족스러운 직업을 찾기 위한 조언을 5가지로 정리했다.

여섯 번째

즐거움이 최고의 보상이다

1000명에 달하는 현자들로부터 직업에 관한 이야기를 듣고
난 후, 나는 내가 가르치는 학생들이 '가장 중대한 삶의 목표는
큰돈을 버는 것'이라고 말할 때마다 몹시도 민망하고 부끄러웠
다. 교수로서 듣기에 학생들의 목표는 슬프도록 획일적이었다.
"저는 철학을 정말 좋아하지만 경영 쪽이 아무래도 전망이 있는
것 같아요. 그래서 경영을 배워볼까 해요." 혹은 "저는 요리를 좋
아하지만 요리로는 먹고 살기 힘들 것 같아요. 그래서 의예과를
택했어요." 이처럼 훌륭한 교사, 사회운동가, 예술가 등 무엇이든
될 수 있는 전도유망한 수많은 젊은이들이 오로지 돈벌이를 목
표로 전공을 선택하고, 모든 관심을 접어두고 취업 준비에 매달
리며 임금과 보너스의 유혹에 굴복해 직장을 선택한다.

내가 만난 인생의 현자들은 이렇게 천편일률적인 취업 방식
에 문제를 제기한다. 수명을 거의 다 누리고 생의 끝에 서 있는
그들의 눈에는 그런 선택이 가져올 결과가 훤히 보이기 때문이
다. 그들은 돈보다는 진심으로 즐거운 시간을 보낼 수 있는 직업

을 선택하는 것이 훨씬 낫다고 말한다. 그렇다고 그들이 누구나 배고픈 예술가가 되어야 한다고 주장하는 것은 결코 아니다. 다만 그들은, 물질적 보상 때문에 직업을 선택한 사람들은 언젠가 삶을 되돌아보며 '내가 뭘 하고 살았지?' 하고 회한어린 자문을 하게 된다는 사실을 경험으로 알고 있을 따름이다.

누구나 먹고 살려면 돈을 벌어야 한다. 하지만 인생의 현자들은 주말이나 휴가만 목을 빼고 기다리는 삶보다는 돈을 조금 덜 받아도 좋으니 즐길 수 있는 일을 하는 것이 훨씬 더 바람직하다고 강조한다. 그리고 좋아하는 일을 하려면 조금 부족하게 사는 것은 감수해야 하며, 이는 지극히 당연한 것이라고 거듭 말한다.

윌리 브래드필드(83세)는 매우 건강한 사람이다. 평생 운동을 한 사람답게 박력이 넘친다. 그는 운동과 관련된 직업을 예로 들었지만 그의 말은 모든 분야의 직업에 해당되는 내용이었다.

"난 말이야, 고등학교 다닐 때 축구, 농구, 야구 할 것 없이 운동이란 운동은 다 했어. 대학도 체육 특기생으로 들어갔지. 대학 졸업 후 나는 여러 학교들을 다니며 코치직을 맡았고 마침내 대학에서 코치 겸 감독 자리를 맡게 되었어. 그리고 30여 년간 대여섯 개 대학을 거치면서 그 일을 했지. 내가 좋아서 한 일이지 돈 때문에 한 건 아니었어. 젊은 친구들에게 이 말을 꼭 해주고 싶네. 사랑하는 일, 잘할 수 있는 일, 행복한 일을 찾게. 돈 때문에 직업을 선택해서는 안 되네. 나는 돈은 얼마 벌지 못했어. 30년 동안 내가 얼마를 벌었는지 말하면 다들 못 믿을걸. 가장 중요한 건 말이야 무조건 사랑하는 일, 매일 하고 싶어 설레는 일을 직업으로 삼는 거지."

에스더 브룩셔(77세)는 다양한 일들을 해왔고 지난 20년 동안 자원봉사 프로그램을 지휘했다. 그녀는 이 일을 통해 이루 말할 수 없는 만족감을 느꼈다. 일 자체가 그녀의 가치관과 맞았기 때문이다. 재능이 많은 에스더는 다른 직장에서 훨씬 더 많은 돈을 벌 수도 있었다. 하지만 그녀의 생각은 달랐다.

"손녀들이 이런 말을 합니다. '할머니, 난 돈을 아주 많이 벌 거야. 돈이 제일 중요해.' 전 그 아이들에게 이렇게 말했죠. '그 돈을 벌기 위해 일하면서 네가 행복해야 한다는 점만 명심하렴. 억만금을 번다 해도 행복하지 않다면 그 일을 즐길 수가 없거든. 생각해보렴. 매일 아침에 일어나 그 일을 해야 한다는 사실을.' 한 가지 목표를 정했으면 그 목표에 다른 가치들도 포함되어 있는지 잘 살펴야 합니다. 그러면 나머지는 저절로 될 테니까요."

어떤 인생의 현자들은 시간과 돈 사이의 균형을 잘 맞추어야 한다고 충고한다. 돈에 연연하지 않는다면 파트타임 일을 하면서 진정으로 중요한 것을 누릴 수도 있다. 어느 날 갑자기 일하는 시간이 줄어들고 여가 시간이 늘었다고 상상해보라. 내가 만난 인생의 현자들 중에는 생활비를 확 줄이고, 집은 사는 대신 세를 얻고, 남들을 따라하느라 사들이던 값비싼 물건들을 사지 않고 살기로 결정한 사람들도 있다.

캐빈 테트리얼트는 60대이지만 여전히 의욕적으로 일하고 있다. 그는 현재 지역 급식시설에서 관리직을 맡고 있으며 자신의 일을 사랑한다.

"지금껏 해온 일 중 최고죠. 사람들과 함께할 수 있는 직업이니까요. 나는 사람들을 좋아하거든요. 이익만 추구하는 세상의 흐름과는 동떨어진 일이기도 하고요. 그러다보니 압박이나 스트레스도 없지요."

그가 직업에 만족할 수 있는 이유 중 하나는 제대로 된 정규직을 포기했기 때문이다.

"파트타임으로 일한 지 꽤 오래되었지요. 이런 식으로 일하는 것은 내가 추구하는 삶을 실현하는 데 정말 중요합니다. 다른 사람들에게도 추천해주고 싶어요. 파트타임으로 일하면 쓸모없어지거나 퇴물처럼 될 일이 없어요. 나도 한때 학생들을 가르친 적도 있고 다른 여러 가지 일을 했지만 파트타임으로 일을 하다 보니 관심 있는 다른 일들을 할 수 있는 자유가 생기더군요. 일단 직업이 생기면 얼마를 벌 수 있나 신경 쓰게 되잖아요. 하지만 나는 내가 원하는 삶에 필요한 돈만 버니까 부담이 없죠. 게다가 자원봉사나 다른 일들을 할 시간도 넉넉하고요. 책 제목 같지만 꼭 이렇게 말하고 싶네요. '사랑하는 일을 하라. 돈은 자연히 따라올 것이다.'"

심리학자들은 이러한 세계관을 일컬어 그리스어에서 유래한 '에우다이모니아(Eudaimonia)'라고 부른다. 흔히 행복이라는 의미로 쓰이는 이 말은 '행하는 것 자체로 보상을 받는 행위'를 뜻한다. 헤도니즘(쾌락주의)에서 사용하는 '헤도니아(Hedonia)'라는 말과는 반대의 뜻이다. 쾌락을 추구하는 사람에게 일은 돈벌이 수단이다. 반대로 행복을 추구하는 사람들은 개인의 성장과 지역 사회에 기여하기, 의미 있는 관계 맺기 등을 목표로 일하며 오로지 돈을 벌기 위해 일하는 사람보다 일에 대한 만족도도 훨씬 높다.

현대인의 직업에 관한 의식을 보여주는 한 조사자료를 보면, 이 책을 준비하면서 만난 1000명 이상의 인생의 현자들은 언급조차 하지 않았던 부분이 오히려 우위를 점하고 있어 눈길을 끈다. 그 내용은 다음과 같다.

첫째, 원하는 것을 살 만한 돈을 벌려면 가능한 열심히 일해야 하며 그것이 행복의 조건이다. 둘째, 최소한 주변 사람들만큼 살아야 하며 가능하다면 그들보다 부유해야만 진정으로 성공한 것이다. 셋째, 미래에 권력을 얻기 위해 직업을 구해야 한다.

이처럼 오늘날 대부분의 사람들은, 인생의 현자들 가운데 단한 명도 언급하지 않았던 바로 그 이유와 목표 때문에 직업을 구하고 일을 한다.

조이스 캐시어스(79세)는 다음과 같은 이야기를 들려주었다. "주변을 돌아보면 나보다 부유하고 뛰어난 사람들이 있기 마련이지. 그러니까 외적인 보상을 목표로 일을 한다면 언젠가는 좌절할 수밖에 없다네. 사람이란 늘 자신보다 더 많은 것을 가진 사람과 비교하기 마련이거든. 하지만 일에서 얻는 만족감이나 즐거움을 목표로 한다면 분명 성공할 수 있다네. 그런 일을 찾고 계속 그 일을 하는 것보다 더 큰 축복은 없으니까 말이야."

인생의 현자들의 충고는 분명하다. 하고 싶은 다른 일이 있는데 수입이 줄어들까봐 걱정된다 해도 일단 하고 싶은 일을 하라는 것이다. 여기에 필요한 방법까지 세세하게 알려주는 책은 없다. 하지만 잘 따져보라. 20대부터 일을 한다면, 40년 혹은 그 이상을 하루에 8시간 이상, 1년에 48주를 일해야 한다. 금전적 이익만으로는 지루하고 싫증나는 일을 하느라 잃어버린 세월을 보상받을 수 없다.

마지막으로 모르간 그랜디슨(76세)의 조언을 소개한다. 아직도 일의 즐거움보다 돈이 더 중요하다고 논쟁 중인 사람들이 있다면 모르간의 말을 눈에 잘 띄는 곳에 붙여놓길 바란다.

"사람들이 시간당 얼마를 버는지에만 관심을 쏟는 건 큰 문제야. 나는 이렇게 말하고 싶다네. '행복하지 않다면 당장 그 일을 그만두십시오.' 나는 사람들이 시간당 얼마를 버는지에는 관심이 없다네. 하지만 아침에 출근해서 '아, 진짜 하기 싫다. 그만두고 싶다.'는 말이 절로 나온다면 당장 그만두어야지. '이제야 재미있는 일을 찾았군.' 하는 말이 절로 나올 때까지 눈과 귀를 열고 그런 일을 찾아야 하고. 그러고 나서 자신에게, 또 가장 소중한 사람에게도 말하는 거야. '앞으로 일주일에 200달러 정도 손해 볼 거야. 하지만 난 훨씬 더 행복해질 거야. 삶도 훨씬 편해질 거고. 먹고 사는 데도 문제없어.' 세상에는 좋아하지도 않는 일에 묶여 지독하게 불행하게 사는 사람들이 있지. 그들은 삶이 아니라 돈 때문에 그렇게 매여 사는 거야."

일곱 번째

고통 없는 달콤함은 없다

처음부터 좋아하는 일을 만나지 못할 수도 있다는 점은 인생의 현자들도 인정한다. 그들 역시 일을 하다 보니 자신과 맞지 않는 일이었던 경험이 종종 있기 때문이다. 하지만 그들은 싫어하는 일을 하면서 타성에 젖는 실수는 절대 하지 말라고 충고한다. 좋아하지 않는 일을 선택했을 때 가장 큰 비극은 직업이 자신과 맞지 않는다는 사실을 깨닫는 것이 아니라 그럼에도 불구하고 그 직장에 여전히 머물러 있는 것이다.

캐롤린 타포야(78세)는 희망이라고는 없는 일들을 전전하고 난 후에야 만성질병을 안고 살아가는 사람들을 돕는 건강교육 분야의 일을 평생 직업으로 삼게 되었다.

"즐길 수 있는 직업을 고르는 건 아주 중요하지. 거의 매일, 아침 9시에서 저녁 6시까지 꼬박 싫어하는 일을 해야 한다고 생각해봐. 삶 전체가 아주 재미없고 힘들어질 거야. 설령 학교 때 전공을 했더라도 싫어하는 직업을 고르면 안 돼. 단순히 돈이 필요하다는 이유로 싫어하는 일을 해서도 안 되고. 매일매일 즐겁게 출근할 수 있는 직장을 찾겠다는 목표를 세워. 정말 좋아하는 일을 찾아야 해. 직업은 길게 봐야 해. 30년, 어쩌면 그 이상을 하게 될지도 모르니까."

앞 장에 나왔던 제럴드 핸드릭스의 이야기를 좀더 해보자. 그는 현재는 은퇴를 했지만 여러 분야에서 성공한 기업인이었다. 물론 그 역시 실패한 적이 있었다. 하지만 그는 의류나 부동산 등 몇몇 분야의 사업에서 뛰어난 수완을 발휘해 큰 성공을 거뒀다. 그는 82세의 나이에도 여전히 자선기관의 임원직을 맡고 있으며 젊은 기업가를 상대로 경영 수업도 하고 있다. 포커에 능하고 도박 분석을 좋아하는 제럴드는 당장 만족스럽지는 않지만 지금 하는 일이 자신에게 맞는 일인지 파악하는 데 1년 어쩌면 2년에서 3년 정도는 투자할 가치가 있다고 말한다.

"나라면 먼저 내가 일하고 싶은 분야의 성공한 사람 밑에서 몇 년을 일하겠네. 그 분야에 대해 가능한 많이 배운다는 자세로 일하는 거지. 그리고 만약 나와 맞지 않는 분야라면 잘못 택한 것이니 1년 이나 2년 안에 그만두고 다른 일을 찾아봐야지."

탐색 기간을 정해두고 자신에게 맞지 않으면 진로를 바꿀 수도 있다는 인식을 가지고 있다면 어떤 일이든 자유롭게 도전하고 위험도 기꺼이 감수하게 된다.

"직장을 옮기거나 새로운 일에 도전하는 걸 두려워하지 마. 나이는 중요하지 않아. 가장 중요한 것은 자신이 어떤 사람인지, 어떤 능력이 있는 사람인지를 발견하는 것이라네. 자신을 검증해보고 필요한 것이 무엇인지 알아내는 시간을 갖는 거야. 그 기간 동안에는 어쩔 수 없이 위험을 감수해야 해. 위험을 무릅쓰지 않으면 삶의 달콤함도 얻을 수 없어. 성공에는 늘 위험이 따르기 마련이야. 안전하고 좋은 패를 쥐고 있을 때 오는 게 아니고 말일세. 나 역시 많은 위험들을 감수하며 살아왔네. 그 위험들이 결국 모두 성공으로 이어졌노라고 말할 수 있다면 얼마나 좋겠나? 현실은 그렇지 않아. 그런데 그거 아나? 나는 성공보다는 실패에서 훨씬 더 많은 것을 배웠다네."

물론 자신에게 맞는 직업을 찾기 위해 온갖 노력을 다 해야 한다는 사실이 때론 어마어마한 부담이 될 수도 있다. "적성에 맞는 일 찾기를 두려워하지 말라."는 말을 실천하기는 어렵다. 직장을 옮기거나 직종을 바꾸는 것은 분명 중요한 도전이다. 그러나 가끔은 삶에 자극이 필요하다.

몇 년 동안 노력한 결과 꿈에 그리던 직업을 갖게 된 인생의 현자들의 이야기는 여기에 다 소개할 수 없을 정도로 많다. 지금까지 직업 문제로 힘겨운 시간을 겪어왔다고 생각한다면 마틴 샌더슨의 인내심에 관심을 가져보자.

마틴 샌더슨은 좋아하는 일을 찾기 위해 엄청나게 노력했다.

여든아홉이라는 나이에 그가 보상으로 얻은 것, 그것을 얻기 위해 투쟁해온 나날들이 그의 첫 마디에 고스란히 묻어났다.

"나는 미국 역사상 첫 아프리카계 터스키기 에어맨(Tuskegee Airmen, 미국 역사상 첫 아프리카계 미국인 비행조조종사들-옮긴이)이었네."

1940년대 초반 군대는 매우 배타적이었으며 특히 공군은 흑인의 입대를 아예 허용하지 않았다. 만약, 당신이 젊은 흑인이라면, 그리고 평생의 꿈이 조국의 하늘을 지키는 것이라면 어떻게 하겠는가? 터스키기 에어맨 조종사들은 불가능을 어떻게 가능으로 바꾸는지 보여준 이들이다. 그들은 끊임없는 인종차별에도 불구하고 미국 군대 최초 아프리카계 미국인 조종사가 되었으며, 위대한 용기로 비행 임무를 수행하며 독일 비행기를 물리쳐 많은 훈장까지 받았다. 그럼에도 터스키기 에어맨 조종사들은 군대 내에서 어마어마한 인종 차별과 편견을 견뎠다. 마틴도 마찬가지다.

"어릴 적부터 나는 공군 조종사가 되고 싶었어. 비행기를 보기만 했지 타본 적도 없었지만 대서양을 가로지르는 린드버그(1927년 뉴욕에서 파리까지 대서양 무착륙 단독 비행에 최초로 성공한 미국 비행사-옮긴이)의 이야기를 듣고 희망을 품었어. 경제대공황기라 돈 한 푼 구경하기 힘든 시절이었지만 나는 꼬박꼬박 저축을 해서 장난감 가게에 모형 비행기를 사러 가곤 했지. 정말 간절히 날고 싶었다네. 1941년, 미국이 2차대전에 참전했을 때 나는 조종사로 입대해 조국을 위해 싸우고 싶었지. 그런데 거절당했어. 단지 흑인이라는 이유만으로 말일세. 흑인에게 비행훈련을 시킬 만한 시설을 갖춘 부대는 없다고 하더군. 나처럼 조종사가 되고 싶지만 흑인이기 때문에 입대를 거절당한 비슷한 처지의 사람들이 꽤 있었지. 호텔 짐꾼이었던 나는 하는 수 없이 다시 하던 일로 돌아갔다네. 그러다가 흑인들에게 비행훈련을 시켜주는 학교가 생긴다는 소식을 듣고는 다시 응시했어. 하지만 떨어졌고 나는 호텔 짐꾼 일로 되돌아갔어. 그런데 그 학교에서 지원 자격을 완화했다는 소식을 듣고 다시 응시해서 결국엔 붙었지. 운이 좋았다네. 이후 나머지 시험은 일사천리로 합격했고 흑인 27기수로 졸업했네."

1940년대에 군 복무를 하기 위해 마틴에게는 용기와 추진력, 인내가 필요했다. 당시 군대에서 흑인은 매우 드물었고 더구나 흑인 장교는 그야말로 희귀한 존재였기 때문이다.

"군대는 지독할 정도로 배타적이었지. 내가 흑인무리 중 한 명이라는 사실을 벗어날 방법은 없었어. 우리는 이상한 사람들 취급을 받았지. 이전에 흑인 장교를 보지 못했던 사람들이 태반이었고 흑인 조종사는 구경도 하기 힘들었으니까. 당시 군대는 정말 악취 나는 인종 차별주의자들의 집합소였어. 차별을 철폐하고 인종을 통합한 부대는 없었으니까. 백인들은 흑인장교가 백인 사병에게 명령하는 꼴은 못 보겠다는 심보였지."

그럼에도 불구하고 마틴은 유럽에서 있었던 전투에 목숨을 걸고 참전해 조국을 위해 싸우고 싶었던 꿈을 이루었다.

"나는 진투에 참어했고 살아남았다네. 젊은 사람들이 종종 이렇게 물어. '두려웠습니까?' 그러면 나는 이렇게 대답하지. '물론 두려웠지. 누군가 뒤에서 내게 총을 겨누며 나를 죽이려 하고 있고 그 낌새를 알아차렸다면, 어찌 두렵지 않겠는가?' 거짓말은 하지 않겠네. 빗발치는 총알들을 봤을 땐 정말 두려웠다네."

포기하는 사람들도 있었지만 마틴은 인종 차별이 만연한 군대 체제에 굴복하지 않았다. 오히려 어려운 상황에서도 전투경험을 살려 삶의 진로를 개척해나갔다. 어려서는 상상조차 못했던 일이다.

"나는 동료들을 한 인간으로 받아들였다네. 편견 없이 늘 열린 마음으로 대하려고 노력했지. 특히 어떤 상황에서도 피부색이 영향을 미치지 않게 하려고 했어. 난 내 삶이 매우 자랑스럽네. 흑인 조종사라는 점도, 또 내가 조국과 이 사회에 기여했다는 점도 자랑스럽다네. 아직 유언장은 쓰지도 않았고, 무슨 말을 써야 할지도 모르겠지만 그저 바라는 게 있다면 내 삶이 어떤 방식으로든 인류에 보탬이 되었으면 하는 것이라네."

지금까지 소개한 사례들을 보면 알겠지만 노인 세대 중 대다수가 희망도 없는 일을 하면서 책임의 굴레를 짊어지고 살았다. 당시 경제상황이 현재보다 훨씬 나빴기 때문이다. 그렇게 살아온 이들이기에 만족할 수 있는 직업을 찾아야 한다고 생각하는 것이다. 만약 지금 하는 일이 행복하지 않다면 몇 년이 걸리더라도 만족스러운 직업을 찾는 일을 절대 포기해서는 안 된다. 싫어하는 일을 하느라 많은 시간을 허비하기에는 인생이 너무 짧다.

여덟 번째
싫어하는 일에서도 배운다

인생의 현자들이 들려준 조언은 이렇게 요약할 수 있다.

"좋아하는 일을 찾아 그 일을 해라.", "매일매일 싫어하는 일에 끌려다니는 것보다 더 한심한 것은 없다.", "지금 좋아하는 일을 하고 있지 않다면 당장 그만둬라."

그들의 말을 듣다 보면 분명 반문하고 싶은 사람들이 있을 것이다. 늘 좋아하는 일만 할 수는 없다는 현실 때문이다. 실제로 대부분의 사람들이 최소한 한 번 이상은 싫어하는 일을 했던 경험이 있다. 아니면 이제 막 그런 일을 시작하려 할 수도 있다.

나 역시 매사추세츠 주 케임브리지의 한 식당에서 일할 때는 정말 끔찍했다. 그 식당에서 내가 한 일은 끝도 없이 쌓이는 접시며 냄비를 닦는 일과 손님이 가고 난 뒤 테이블 위를 치우는 것이었다. 식당에 출근하면 몇 분이 마치 몇 시간이나 되는 것처럼 지루하게 흘렀다. 그러다 한번은 스테이크용 칼에 손을 베어 꿰매야 했는데 기분이 날아갈 듯했다. 집에 일찍 갈 수 있었기 때문이다.

대다수의 사람들이 처음 시작할 때는 그렇게 대단치 않은 직업이나 이상적이지 않은 일을 한다. 때로는 가장 쓸모 있는 일, 언젠가 원하는 일을 하기 위해 그 분야 입문 단계의 일들을 한 경우도 있을 것이고, 답답하고 불쾌하고 활기 없는 환경에서 일해본 경험도 있을 것이다. 실제 경험을 하지 않았더라도 눈이 반쯤 감긴 가게 점원, 예민한 은행 창구 직원, 무표정한 패스트푸드점 아르바이트생 등 하는 일이 도통 재미없어 보이는 사람들은 흔히 볼 수 있다. 그런 상황에 처한 사람들이라면 이렇게 말하고 싶을지도 모른다. "좋아하는 일을 하라는 말 따윈 집어 치워!"

그들에게 인생의 현자들이 들려주는 답은 하나다.

"자신이 좋아하는 일을 할 수 없는 상황이라면, 지금 하고 있는 일에서 가치를 찾아라."

지루하고, 재미없고, 유쾌하지 않은 일에 관해서라면 우리보다 인생의 현자들의 경험이 더 풍부하다는 사실을 명심하자. 그들 중에 전도유망해 보이는 전공을 선택해 대학에 입학하고 취업공부에 목을 매다 졸업 후 화이트칼라 직종에 취업하는, 요즘 젊은이들과 유사한 여정을 걸어온 이들은 극히 소수다. 인생의 현자들 중에 가장 성공한 사람들은 오히려 가장 평범하고 지루한 일을 배움의 기회로 변화시켰던 사람들이다.

그 대표적인 예가 샘 윈스턴(74세)이다. 샘은 고난도 기술이나 전문적 능력이 필요한 여러 가지 일들을 했다. 그는 엔지니어 훈련을 받았을 뿐 아니라 마케팅 업무도 했고 총지배인 일을 한 적도 있다. 그는 자신이 직업에서 성공할 수 있었던 것은 좋아하지 않는 일에서도 뭔가를 배울 수 있는 능력 때문이라고 말한다. 일을 학습 경험으로 보고, 지식을 축적하는 기회로 활용한 것이 핵심이다.

"젊은 사람들에게 꼭 들려주고 싶은 중요한 말이 있다네. 어떤 일을 하든지, 그 일을 좋아하든 싫어하든 모든 일에서 배울 점이 있다는 거야. 거기서 배운 것들이 훗날 어떤 가치를 발휘할지는 아무도 몰라. 살다보니 정말 싫지만 할 수 밖에 없었던 일들도 참 많았네. 그런 일들을 할 때면 내가 쓸모없는 일을 하고 있다는 생각이 들곤 했지. 하지만 그 와중에도 배운 점이 있다면 아무리 하찮은 일이라도 내 삶에 중요한 역할을 한다는 걸세. 나는 대학시절에도 돈을 벌어야 했기에 이런저런 아르바이트를 했네. 대부분 사람들이 별로 대단치 않게 생각하는 그런 일들이었지. 그런데 그때 했던 일들이 훗날 내가 고용주가 되었을 때 직원들을 이해하는 데 정말 큰 도움이 되었다네. 정말 가치 있게 이용된 셈이지. 나는 젊은 사람들에게 이렇게 말하곤 해. '무슨 일을 하든지 배워라. 그 경험은 언제든 가치를 발휘한다.'"

샘은 남다른 통찰력으로 터득한 소중한 지혜를 나누어 주었다. 가장 좋은 것, 가장 빛나는 것에서만 배울 점이 있는 것이 아니라 실패와 해로운 것들에서도 배울 점이 있다는 사실이다.

"사람도 마찬가지야. 흔히 '누구에게나 좋은 면은 있다.'고 하지. 말 그대로 대부분의 사람들은 저마다 좋은 면을 가지고 있어. 설령 그렇지 않은 사람이라 해도 나쁜 예를 보여줌으로써 도움을 주지. 그러니 좋은 사람이건 나쁜 사람이건 모두에게서 배울 점이 있다네. 누구든지, 어떤 지위에 있는 사람이든지 상관없이."

무슨 일을 하든, 누구를 만나든 내 삶에 도움이 되게 하려면 어떻게 해야 할까? 스테파니 페링턴(75세)의 사례를 보자. 그녀는 집안 형편 때문에 대학을 그만두고 일자리를 찾아나섰고 은행에 취직했다. 겉으로 보기에 그녀가 하는 일은 지루하고 스트레스가 많으며 성취감이나 발전 기회는 거의 없어 보였다. 하지만 그녀는 다르게 생각했다. 자신의 직업을 다른 사람들에게 서비스를 제공하는 것으로 여기고 큰 의미를 두었다.

"일자리를 구하고 있었는데 은행에서 연락이 왔어. 아마 2년 계약직이었을 거야. 그렇게 일을 시작했고 대학교에는 복학을 못했지. 은행에서 나는 신용부서에서 일을 했는데 주로 대출 관련 업무를 했어. 나는 그 일을 사람들을 돌봐주는 일이라고 생각했어. 돈을 갚지 못하는 사람들을 보면 열에 아홉은 뭔가 큰일이 생겼기 때문에 못 갚는 거잖아. 그런 사람들을 보살피는 입장이 되면 그들에게 한꺼번에 6개월 치 대출금을 당장 갚으라고 말할 수는 없지. 그들과 함께 대출금을 갚을 수 있는 해결 방법을 찾아야 하지 않겠어? 그 사람들도 알고보면 다 좋은 사람들이거든. 그 사람들이 자리를 잡게 되면 은행도 다시 그 사람들과 거래를 할 수 있으니 회사에도 이익이지. 한 번은 상사가 고개를 갸웃거리며 말하는 거야. '도무지 이해를 못하겠네. 간부회의 시간에 지점장님이 한 고객의 편지를 내게 주는 거야. 우리 부서 직원들을 칭찬하는 내용이었어. 고객들이 대출금회수 부서를 좋아할 리가 없는데 말이야.' 하지만 고객들은 우리를 좋아했지. 우린 그들을 돕는 방법을 찾았거든."

인생의 현자들이 제시하는 또 다른 방법은 설사 별 볼일 없는 직업에 종사하더라도 자신이 맡은 일을 훌륭하게 잘해내라는 것이다. 지루하고 권태로운 일이라고 해서 계속 무관심한 태도로 일을 하면 점점 그런 생각만 강해질 뿐이다. 해결 방법은 주인의식과 그 일을 더욱 발전시키려는 태도다.

조지 빌랄바(79세)는 고등학교도 마치지 못했지만 자신이 하는 일에 매우 만족하며 산다. 그는 어떤 직업이든 최선을 다해야 하는 이유를 분명하게 알려주었다. 아마 그의 말을 듣고 나면 지금 어떤 일을 하고 있든 더욱 자신감이 생길 것이다.

"건축현장에서 일할 땐데 나와 다른 한 사람이 용접 일을 맡아

했어. 그런데 모든 사람들이 그 사람보다 내가 용접한 것을 훨씬 더 좋아하는 거야. 이유는 아주 간단했지. 바로 자부심 때문이었어. 용접을 얼마나 잘하는지는 중요하지 않지만 지금 하는 일에 자부심이 있느냐 없느냐는 아주 중요하지. 무슨 일을 하든 무슨 상관인가? 할 수 있는 한 최선을 다하는 거지. 그리고 그 일에 자부심을 갖는 거야. 그 사람도 나처럼 용접을 하는 사람이었지만 단 한 번도 용접을 멋지게 잘해 매끈한 외관을 만들겠다고 죽어라고 노력한 적이 없었거든."

가끔 살아가는 데 중요한 지침을 한 마디로 깔끔하게 정리해주는 인생의 현자도 만나게 된다. 키스 쿤(74세)이 그런 사람이었다. 키스는 최악의 직업조차 도움이 되도록 활용해야 한다고 강조했다. 그는 경영 컨설턴트로, 조직 문화를 개선하고 직원들에게 동기부여를 해주는 업무 환경을 제안하는 일을 주로 했다. 그가 자신의 경험을 토대로 제시한 조언은 무슨 일을 하건 일하는 동안 배울 수 있는 만큼 배우라는 것이다.

"직장생활을 하면서 그 일이 힘들다는 사실을 알게 된다면 어떻게 할 텐가? 어떻게 하면 그 일이 내게 도움이 되겠나? 직장생활에서 겪는 모든 것들이 다 배움의 기회라는 사실을 명심하게. 또 상황파악도 잘해야 하네. 직장생활의 목표는 끊임없는 배움이라네. 무슨 일을 하든지 상관없어. 훗날 삶에서 활용할 수 있는 것들을 배울 수 있을 테니 말이야. 아마 많은 사람들이 이렇게 말할 거야. '글쎄요. 제가 하는 일은 너무 지루해요. 도통 배울 것이 없죠.' 그래도 뭔가 배울 것을 찾아야 해. 일을 하면서 늘 배울 기회를 찾고 지식을 차곡차곡 쌓아봐. 기회를 그냥 날려버리지 말게. 의식적으로 배우려고 노력해야 그 지식을 활용할 수 있다네. 지금 하고 있는 일이 있다면 반드시 거기서 뭔가를 배우게."

아홉 번째
거울이 아니라 창밖을 보라

나는 기업과 정부를 상대로 컨설팅 업무도 하지만 대부분의 시간을 동료 학자들과 연구에 몰두하며 학문의 세계에 빠져 보낸다. 흔히 나 같은 학자들은 지적 엘리트 계급이라고들 생각한다. 인간관계에는 무능하지만 공부에는 익숙한 '공부중독자'들이 성공할 수 있는 분야라고들 말이다. 하지만 정말 그럴까?

성공한 듯 보이는 동료가 있었다. 그는 늘 활기가 넘쳤고 열심히 일했으며 자신의 분야에 관해서는 거의 백과사전에 가까운 지식을 보유했다. 그는 최고 권위의 과학 전문지에 글을 실었고 신망 있는 기관들로부터 연구비를 지원받았다. 어느 날 그는 다른 경쟁 대학에서 일자리를 제안받았는데, 그것을 이용해 현재 대학에서 자신의 위치를 더욱 높이기로 결심했다. 그는 학과장에게 가서 다른 대학에서 자신에게 제시했던 조건과 연봉만큼 인상해줄 것을 요구했고 학과장은 그가 속한 학부 교수단에게 승인을 요청했다. 그런데 정말 놀랍게도 학부 교수단은 거의 만장일치로 승인을 거부했고, 그는 다른 곳으로 가게 될 상황에 내

몰렸다. 사실 그는 진심으로 다른 학교로 가기를 원했던 것은 아니었다.

왜 그런 일이 생겼을까? 그는 그 누구와도 잘 지내지 못했기 때문이다. 그는 동료들에게 무례했고, 그다지 중요하지 않은 문제로 자주 다툼을 일으켰으며, 일과 연관되어 만나는 모든 사람에게 거들먹거리며 잘난 척했다. 결국 사람들은 그의 전문성과 학문적인 성과에는 별로 신경 쓰지 않게 되었고 오히려 그의 안하무인인 인성만 문제삼게 된 것이다. 아무리 객관적인 성취가 중요한 세상이라 해도 대인관계에 무능하면 직업에서의 성취도 무색하게 된다.

이 책을 위해 만난 인생의 현자들의 직종을 합하면 수백 가지가 넘는다. 그들은 직장생활에서 성공하는 사람도, 실패하고 무너지는 사람도 보았다. 그런 경험을 바탕으로 그들은 입을 모아 말한다. 직장생활에서 가장 중요한 것은 인간관계라고. 얼마나 뛰어난 사람이건, 얼마나 똑똑한 사람이건 중요하지 않다. 성공하려면 인간관계에서 성공해야 한다. 오늘날 대다수의 젊은 사람들은 기술적인 전문성에만 지나치게 치중한 나머지 직장에서 성공할 수 있는 핵심요소 즉, 인간관계는 간과하기 쉽다. 직장생활에서는 타인의 감정에 공감하고, 타인을 생각해주고, 타인의 말을 잘 듣고, 갈등을 해결하는 기술 등이 가장 중요한 밑바탕이 된다.

엔지니어로 일했던 에드워드 호란(72세) 역시 직장생활에서 인간관계의 중요성을 강조한다. 성공한 다른 인생의 현자들과 마찬가지로 그는 직장생활을 잘하려면 부하직원, 동료, 상사들과 공감대를 형성하는 능력을 계발하는 것이 중요하다고 강조한다.

"어떤 일이든 혼자가 아니라 다른 사람들과 함께 일한다는 점은 다 똑같아. 일에서 기술적인 능력도 중요하지만 다른 사람과 어떻게 지내는지도 그에 못지않게 중요해. 자신이 일하고 있는 분야와 관심 분야를 잘 아는 것도 중요하지만 다른 사람들에 대해서도 그만큼 잘 알아야 한다는 점을 강조하고 싶네. 사람들이 모두 내 생각과 같지는 않다보니 나 역시 좌절한 적도 많지. 하지만 나를 믿게 하려면 다른 사람들의 의지를 거스르면서까지 그들을 설득하기보다는 그저 그들과 잘 지내는 것이 훨씬 더 중요하다네. 그게 바로 내가 직장생활에서 배운 교훈일세."

셸리 도날드슨(67세)은 전직 인력 서비스 업체 이사였다. 그는 역지사지 관점에서 타인을 이해하려는 노력을 해야 한다고 말한다.

"내가 모든 것을 다 알 수는 없어. 대신 나는 질문하는 법을 배웠지. 다른 사람과 잘 지내려면 모든 문제를 그 사람의 입장에서 생각해볼 줄 알아야 해. 나는 회사 임원회의 때 참석자들에게 자신의 입장과 반대 입장에 서서 토론을 하게 했어. 보통 자기 관점에서만 문제를 보기 마련이거든. 하지만 상대 입장에서 생각해보는 자세가 필요해."

레리 타이스(86세)는 군 복무 시절 인간관계의 중요성과 그 기술을 온몸으로 체득했다. 2차대전이나 한국전쟁에 참전했던 이들은 처음에는 주로 같은 지역 출신끼리 한 부대에 소속되는 경우가 많았다. 그러다 갑자기 정신을 차릴 수 없을 정도로 다양한 지역 출신의 다양한 사람들과 함께 있게 되었다. 레리는 전쟁에 참전했을 당시의 경험을 다음과 같이 말해주었다.

"막 입대했을 때만 해도 나는 시골 출신의 어린 소년이었지. 모범생처럼 고분고분하게 자란 그런 아이였어. 우리 가족은 마을에서는 명망 있고 존경받는 가족이었어. 그런데 해군에 입대하고 나니 나도 애송이 중 한 명에 불과하더군. 나는 다른 사람들과 잘 지내는 방법을 배웠지. 그리고 그것이야말로 내 삶에 가장 큰 도움을 주었네. 비좁은 배 안에서 살려면 다른 사람들하고 잘 지내는 길 외에 다른 방도가 없거든. 게다가 이전에는 한 번도 만나지 않았던 사람들이잖아. 나는 다른 사람들을 받아들이는 방법을 배웠지. 굳이 그럴 필요가 없게 구실을 주는 사람만 아니라면 말이야. 그 사람이 누구건, 어떤 사람이건, 무슨 일을 하는 사람이건 신경 쓰지 않아. 적군이 아닌 이상 괜찮아. 직장생활에서 필요한 것도 바로 이거야. 사교성 있게 직장 동료들과 잘 지내는 것이 정말 중요하지."

요즘은 직장을 옮겨다니는 경우가 흔하다. 심지어 새로운 직업을 찾아 다른 나라로 가기도 한다. 하지만 팀 버크(87세)는 달랐다. 그가 살아온 이야기를 들어보자.

"나는 지금까지 농장일 외에 다른 일을 해본 적이 없어. 다들 나더러 농장일이 천직이라고들 하지. 이 농장은 1798년 내 선조가 일군 거야. 내가 이 농장의 7대 농장주이지. 가족농장이긴 하지만 일하는 사람이 35명이나 돼. 젖을 짤 소도 기르고 농사도 지어야 하니까."

큰 농장을 운영하려면 재정 관리도 중요하지만 인력관리도 매우 중요하다. 일하는 사람들을 잘 관리하려면 농장주 역시 농장 일을 직접 할 줄 알아야 한다. 고용인 개개인을 잘 이해하고, 존중하며 무엇보다도 공감대가 형성되어야 한다.

"고용인들을 다루려면 인내심이 있어야 해. 성급하게 판단해서는 안 돼. 내가 그 사람 인생을 살아본 것이 아니잖은가. 우리 농장에서 일하는 사람들을 흠잡으려 들려면 끝도 없을지 몰라. 하지만 나는 그러지 않지. 그냥 이렇게 혼잣말을 해. '주제넘게 나서지 말자.' 한 발짝 떨어져서 보면 모든 것들이 아주 달라 보이는 법이라네. 농장 일에 관해 나보다 더 해박한 사람들도 있어. 그런데 이 사람들은 나와는 전혀 다른 환경에서 자랐지. 나는 그들에게 내 방식대로 일을 시키려고 하지 않아. 주로 의논을 하지. 그때도 주제넘게 나서거나 권력을 휘두르지 않으려고 늘 신경 쓴다네."

인생의 현자들의 조언을 집중적으로 살펴보면 그들이 강조하는 인간관계의 기술에는 단순한 요령을 넘어서는 중요한 원칙이 있다. 바로 겸손이다. 그들은 타인의 지식을 존중해야 한다고 말한다. 특히 자신보다 낮은 지위에 있는 사람들의 지식은 더더욱 존중해주어야 한다고 했다. 그러므로 똑똑한 리더보다는 늘 배우려는 자세를 지닌 리더를 더욱 높이 평가했다.

앤서니 셸(73세)은 직접 컨설팅 업체도 운영했고 여러 주요 기업에서 엔지니어로 일하기도 했다. 그는 자신이 성공할 수 있었던 이유는 단 하나의 원칙 때문이라고 말한다. 바로 콧대를 낮추는 것이다. 한때 그는 150명의 동료들과 함께 일을 했다. 그가 하는 일은 첨단 기술을 필요로 하는 분야여서 웬만한 사람들은 설명을 해도 알아듣지 못하는 경우가 많았다. 그런 전문 분야에서 일했지만 그 역시 인간관계의 중요성과, 특히 겸손의 중요성을 깨달았다고 한다.

"음, 내가 했던 일이 특별한 기술이 필요한 것이긴 했지만 나는 늘 모든 사람들이 그 기술에 관해 나보다 더 잘 안다는 자세로 일했어. 내가 남다른 기술을 가지고 있다는 사실에 교만한 마음을 품었다면 사람들을 이용하고 통제하려 했겠지. 그 사람들이 내게 무엇을 주건 간에 내 능력만 최고인 줄 알고 일했을 거야."

짐 스콧(77세)은 예수회 수사로 아주 오랫동안 학교 행정관으로 일했다. 직업과 인간관계에 대한 조언을 들려달라는 요청에 그는 잠시 생각에 잠긴 듯하더니 말문을 열었다.

"나는 늘 뭔가를 책임지며 살아왔어."

그가 이런 삶의 태도를 갖게 된 데는 여러 가지 이유가 있겠지만 그중 한 가지는 스콧이 어디에서건 늘 지도자 역할에 익숙했기 때문이다. 그에게 중요한 것은 자신이 아닌 타인을 위한 삶이었고 이는 단지 윤리적 이유만이 아니라 그의 직업과도 연관이 있었다.

"나는 나 자신보다는 타인을 더 많이 생각하며 살라는 가정교육을 받으며 자랐어. 그런 습관 때문에 일을 하면서도 나보다는 주변에 더욱 관심을 기울였지. 얼마 전 한 젊은 남자가 진로를 바꾸는 문제로 고민하고 있다면서 내게 도움을 청하더군. 그래서 내가 말했지. '아주 간단합니다. 누구를 어디에서 만나건, 늘 그 사람들이 당신보다 더 훌륭하다고 생각하십시오. 그들이 당신보다 더 뛰어나다고 생각하는 겁니다. 그렇게만 한다면 아무 문제 없이 지낼 수 있을 겁니다.' 주변을 둘러보면 사람들을 고통스럽게 하는 가장 파괴적인 아킬레스건은 바로 자신을 지나치게 중요하게 여기는 태도야. 그렇게 하면 결국 문제가 생기니까."

스콧은 자신과 타인을 보는 시선의 차이를 '거울과 창문'에 빗대어 설명해주었는데 그것은 내게도 큰 도움이 되었다.

"직업이 직업이다 보니 오랜 세월 슬픔 속에서 보낸 분들을 대해야 할 때도 있지. 그런 분들을 만나는 일은 나 같은 성직자에게도 버거울 때가 있어. 나는 그런 사람들에게 이런 이야기를 곧잘 해준다네. '자신을 그만 들여다보세요. 자신을 들여다보는 것은 거울 속 자신을 보는 것과 같습니다. 그저 당신과 똑같은 모습을 한 당신 모습만 보이지요. 창가로 가세요. 그리고 창밖을 내다보세요.' 어떤 이들은 책임지는 데 익숙해서 정작 자아가 위태로워지기도 해. 자존심을 세우려 하고 다른 사람과 비교하며 지나치게 아등바등 사는 경우가 많으니까. 그렇게 살다 보면 판단력이 흐려지지. 마치 거울에 비친 자신의 모습만 보는 것처럼. 그런 사람은 거울 앞에서 벗어나 창밖을 내다봐야 해."

인생의 현자들이 들려준 조언을 종합해보면 자신에게 맞는 일을 찾고, 직장에서 타인과의 인간관계를 최대한 잘하는 방법을 배우기 위해 노력을 기울여야 한다. 능력이 아무리 빼어나도 직장에서 인간관계가 엉망이고 스트레스를 많이 받는다면 아침에 일어나 일터로 가고픈 마음이 들지 않을 것이다. 더욱이 동료가 어떻게 하면 동기부여가 되는지, 어떤 열망이 있는지 알지 못한다면 성공을 향한 진로는 가로막혀버릴 것이다.

적당한 겸손 역시 많은 인생의 현자들이 꼽은 덕목이다. 타인의 지식을 존중하고 자신으로부터 한걸음 물러서야 한다. 거울을 보지 말고 창밖을 보라.

열 번째

소매를 걷어붙이는 건 내 손이다

만약 한 치의 오차도 없이 짜인 일정에 맞춰 일을 처리해야 한다면 어떨까. 쉬는 시간도 정해져 있고 업무나 업무 순서를 바꾸면 비난을 면치 못한다고 생각해보라. 그런 다음, 이번에는 해야 하는 일은 똑같지만 임금이 낮은 반면 일정을 자유로이 조정할 수 있는 경우를 생각해보자. 무사히 제시간에 끝내기만 한다면 자유롭게 계획을 세울 수 있고 원할 때면 쉴 수도 있다. 물론 가족이나 다른 이들의 일정에 맞춰 업무 순서나 일정도 변경할 수 있다. 업무를 더욱 발전시킬 수 있는 아이디어가 있다면 환영받을 것이고 변화를 만들어낼 수도 있으며 회사에 필요한 존재라는 강한 믿음을 얻게 된다. 다시 말하자면 '자율성'을 보장받는 것이다.

사전 정의에 따르면 '자율성'은 자신이 정한 원칙에 따라 어떤 일을 하거나 독립적으로 자기를 통제할 수 있는 자유를 의미하는 것으로, 많은 사람들이 원하는 것이기도 하다. 인생의 현자들은 무슨 수를 써서라도 두 번째 직업을 택하라고 할 것이다. 그들의 경험으로 미루어보아 직장생활을 즐겁게 하기 위해 반드시 필요한 것이 자율성과 융통성이다. 거기에 자유가 더 주어진다면 더할 나위 없을 것이다. 자율성은 매우 다양한 방법으로 얻을 수 있다. 그런 직업을 선택하거나 선택의 권한이 더 큰 자리로 차곡차곡 올라가는 방법도 있고 사업을 직접 하는 방법도 있다. 어떤 방식을 취하든 그 일에 몰두한다면 훨씬 더 행복해질 것이다.

조 매클러스키(70세)의 이야기를 들어보자.

"일이 생활보다 중요하지. 삶에 가장 깊은 만족을 주면서 종일 하는 것이 일이니까. 좋은 환경에서 사는 건 좋은 일이지만 그렇다고 해서 즐기고 잘할 수 있는 일과 바꿀 수 있는 건 아니야. 기왕이면 두 가지 모두 누리면 금상첨화겠지만 말이야. 내 경우에는 내 손으로 직접 할 때가 가장 만족스럽더군. 한때 회사에서 관리직 일을 했는데 운영과는 거리가 먼 일이다보니 영 만족스럽지 않았어. 그래서 작은 사업을 시작했고 내가 직접 운영을 맡았지. 그 후로 나는 아침마다 소매를 걷어붙이고 의욕적으로 살았어."

자율성의 중요성은 비단 고위직급에만 해당되는 말이 아니다. 베스티 글린(83세)은 회사에서 관리자 자리까지 승진해서 올랐다. 그 일을 좋아했느냐고 묻자 그녀는 고개를 끄덕였다.

"좋아하고말고. 아무도 내게 지시를 하지 않았으니까. 나한테

이래라 저래라 하지 말라고 늘 말하곤 했어. 회사에서 관리직에 있다 보면 어떻게 일처리를 해야 할지 훤하게 알게 되거든. 자신만의 방식으로 일처리도 할 수 있고 말이야. 하급직원일 때는 '날더러 이걸 하라고? 이 한심한 아이디어를?' 하며 투덜대기 마련이잖아. 어떤 문제에 대해 발언권이 없을 때는 정말 비참한 기분이 들기도 해. '이 일을 처리할 수 있는 효율적인 방법을 알고 있는데 못하게 하는구나.' 하는 생각이 들 땐 더 그렇지. 일할 때는 좀 더 자유로운 것이 좋아."

일에서 자율성에 가장 크게 가치를 두는 인생의 현자들은 대부분 자율성이 없는 직장에 다닌 사람들이었다.

여든 살의 글렌 카비는 어려서부터 일을 시작해 험한 일들을 전전하며 고된 노동의 쓴맛을 봤다. 경제대공황시기에 결혼한 그는 두세 가지 일을 한꺼번에 하고 주말에는 또 전화번호부 배달 일을 했다. 하지만 경제 사정은 크게 나아지지 않았다. 그러다 제법 큰 타이어 판매회사에 취직했고 그곳에서 20년 가까이 일했다. 생활은 안정이 됐지만 자율적으로 할 수 있는 일은 전혀 없었다. 그에게 직업은 생계 유지를 위한 수단 그 이상은 아니었다. 늘 아쉬움이 있었던 그는 다행히도 마지막 직업에서는 자율적이면서도 만족스러운 성취감을 얻을 수 있었다.

"마지막으로 택한 직업이 최고였지. 내 타이어 가게가 생겼거든. 마침내 내가 사장이 된 거지. 그 전에 나는 타이어회사에서 일을 했어. 처음에는 타이어 교체부터 시작했지. 계속 일을 하면서 가게 매니저까지 승진했어. 그런데 일이 나랑 영 맞지 않더라고. 매니저라는 위치가 늘 이래라저래라 간섭받는 자리거든. 그러다가 우여곡절 끝에 내 가게가 생기게 되었어. 그때부터는 정말 일이 좋아지더라고. 내가 원하는 대로 할 수 있었으니까. 물론 금전적인 이유도 한몫 했지. 수입이 온전히 내 것이잖아. 그런 기분 아는가? 남의 회사 돈이 아니라 내 돈을 버는 기분! 내 돈을 말이야. 물론 수입이 안 좋을 때 역시 내가 감당해야 하지만 어쨌든 내가 책임지는 거잖아. 다른 사람을 위해 일할 때는 절대 알 수 없는 기분이지."

인생의 현자들은 임금이 얼마인지와는 상관없이 일의 목표와 자율성을 추구하라고 이야기한다. 목표와 자율성이 없는 직장생활은 고통스러운 짐이 될지도 모른다.

그리고 꼭 기억해야 할 것
일출을 보려면 어두울 때 일어나라

직업과 관련해 인생의 현자들은 모두 한목소리로 이렇게 묻는다.

"아침에 일어났을 때 오늘 할 일이 기대되는가?"

아침에 일어나 하루가 두려워진다면 재앙이라고 인생의 현자들은 말한다. 그들 역시 그런 기분을 겪어봤다. 샐리 윌슨(79세)은 학교 교사로 30년을 보냈고 자신의 직업을 사랑했다. 그녀의 충고를 들어보자.

"음, 무엇보다도 재미있다고 생각하는 일에 관심을 쏟아야 해. 내 주변에는 관심도 없으면서 돈을 많이 벌 수 있는 분야라는 이유로 직업을 택한 친구들이 많았어. 아무리 돈을 많이 번다 해도 아침에 기쁘게 출근할 수 있는 직업보다 더 가치 있는 것은 없지. 두려움이 아닌 즐거움, 그보다 더 큰 보상은 없으니까.

농부인 앨버트 폴섬은 특유의 창의력을 발휘해 이런 말을 들려주었다.

"일출을 보고 싶으면 어두울 때 일어나야 해. 좋은 직장이 있다면 늦지 않고 제시간에 직장에 가서 즐겁게 하루를 맞고 싶을 거야. 지금 하고 있는 일을 즐겨. 좋아하지 않는 일을 하기에는 하루가 너무 길거든. 좋아하지 않는 일을 하고 있다면 얼른 다른 일을 알아봐. 아침에 일어나서 하기 싫은 일을 하러 가는 것보다 더 가혹한 형벌은 없으니까."

혹시 마구 고함을 지르는데 소리가 나오지 않는 악몽을 꾼 적이 있는가? 인생의 현자들이 젊은 세대에게 간절히 전하고 싶은 말을 할 때도 그런 기분일 것이다. 그들이 우리에게 간절히 해주고 싶은 말은 바로 '싫어하는 일을 하며 몇 년을 보내는 것은 후회의 지름길이요, 비극적인 실수'라는 것이다. 그들이 이토록 단호하고 강력하게 자신들의 의견을 역설한 주제는 없었다. 그들이 "이 책을 읽는 독자들이 꼭 알았으면 하는 한 가지는" 하고 가장 자주 언급했던 주제이기도 하다. 그들은 말한다. 1년에 2000시간이 넘는 돌이킬 수 없는 시간을 낭비하는 일은 정말 바보짓이라고.

이제 생각해보자. 아침에 일어나서 일하러 가는 것이 두려웠는가? 출근할 때 두렵고, 우울하고, 끌려가는 것 같고, 내키지 않는 기분이 드는 이들에게 그들은 말한다.

"진심을 들여다보고 밖을 한번 둘러봐. 어쩌면 지금이 변화가 필요한 때인지도 몰라."

만족스러운 직업을 찾기 위한 5가지 조언

내가 만난 인생의 현자들 중 최고령 대상자의 나이는 110세였다. 그녀와의 대화는 아주 인상적이었다. "내 첫 번째 직업이 뭐였느냐고? 물론 기억나고말고. 그 직장에서의 첫날이 1차대전이 끝난 날이었으니까." 인생의 현자들 중 많은 이들이 한두 번은 마음에 들지 않고 힘든 일에 종사했다. 그러다 대부분은 만족스러운 직업을 찾아 안착했다. 어떤 직종에서 어떤 일을 했든 그들이 제시한 만족스러운 직장과 직업을 찾기 위한 조언은 놀라울 정도로 비슷했다.

4장

등을 보고 자라는 아이
건강한 아이로 키우는 법

레오 와이즈맨, 70세

육아는 대부분의 사람들이 제대로 훈련도 받지 않고 준비도 하지 않은 채 맡게 되는 분야지. 분명 내 유전자를 타고난 아이들이지만 때론 외계인처럼 보일 때도 있어. 아이들은 감정 노동을 시키기도 하고 감정 보상을 해주기도 한다네. 바로 이런 점에 육아의 다면성이 있어. 아이들은 나를 성숙하게 하고, 도전하게 하고, 변화하게 만들어. 나도 세 아이가 있다네. 이 녀석들은 마치 가위바위보처럼 모두 다르고 전혀 예측할 수 없지. 이 아이들 없는 내 삶은 상상도 할 수 없어. 내가 해주고 싶은 충고는 아이들을 키우면서 즐기라는 거야. 잘만 하면 그 아이들도 자신을 닮은 아이들의 부모가 되지 않겠나!

많은 사람들이 자녀가 독립해서 집을 떠나기 전까지 20년 혹은 그 이상의 세월을 양육으로 보낸다. 물론 독립했다고 해서 부모 역할이 끝나는 것은 아니다. 자녀가 성인이 된 후는 물론이고 자녀가 중년이 될 때까지 양육의 끈을 놓지 못하는 경우도 많다. 내가 만난 한 노인은 이렇게 말했다.

"예순일곱이라고? 우리 아가가 예순일곱인데……."

"부모의 행복은 가장 불행한 자녀의 행복지수만큼이다."라는 말이 있다. 아무리 행복한 일이 많아도 자녀가 불행하면 부모는 행복할 수 없다. 양육만큼 고무적이고, 즐겁고, 도전적이고, 실망스러운 경험은 드물다.

최고의 부모가 되고자 하는 수많은 현대인들은 어디에서 필요한 조언을 구해야 할지 몰라 쩔쩔맨다. 또한 그들은 과학적 이론과 연구에 입각한 전문가의 조언에 관심을 갖는다. 하지만 그 조언이 현실적으로 도움이 될까? 내 주변 사람들의 경우를 보면 그렇지 않았다. 50년을 거슬러 올라가 수천 건의 양육 연구 자료를 보았지만 양육 이론이 실제로 현대 부모들에게 영향을 미치는 경우는 극히 드물었다. 자녀 양육에 관한 이론은 실제와 모순되는 경우가 많으며 시대가 변하면서 전혀 맞지 않게 되는 경우도 흔하다. 세상의 많은 어머니나 아버지들이 일상의 딜레마와 양육 문제에 맞부닥뜨렸을 때 당황하고 난처한 것도 어찌 보면 당연하다.

하지만 우리보다 더 오래 산 세대가 전해주는 경험과 지혜는 어떨까? 추측건대 대부분의 사람들은 나이 든 이들에게 양육에 관한 조언을 구하지 않는다. 부모님 세대의 조언에는 어쩐지 지나치게 잡다한 의견들이 뒤섞여 있을 것 같고 전문적인 육아 상식도 부족할 것이라고 여기기 때문이다. 하지만 삶에 대해 인생의 현자들이 귀띔해준 여러 가지 조언 가운데 양육에 관한 지혜야말로 가장 실질적이고 요긴했다.

인생의 현자들은 성공적인 양육에 도움이 될 만한 어마어마한 정보들을 알려주었다. 어떤 이들은 식사 예절이나 덧셈뺄셈 가르치는 법, 매일 밖에서 놀게 하는 방법, 양치질시키는 요령 등 지극히 구체적이고 현실적인 노하우를 알려주었다. 또 다른 이들은 좀더 기본적인 육아 원칙들을 이야기해주었다. 그중에는 '아이를 사랑하라' 같은 관념적인 것부터 응석을 받아줄 때의 원칙이나 부모의 도덕적·윤리적 가치를 분명하게 전달해야 한다는 원칙도 포함되어 있다.

이러한 원칙과 방법론은 아마 모든 연령대의 부모들이 공감하리라 생각한다. 설령 늘 그대로 실천하기는 쉽지 않다 해도 말이다. 그러나 나는 좀더 차별화된 대답을 원했다. 그래서 진부한 상식이 아니라 특별한 교훈을 들려달라고 완곡하고도 끈덕지게 부탁했다.

'어르신들만 특별하게 알고 있고 젊은 부모들은 모르는 건 뭘까요?', '겪어봐야만 알 수 있는 육아의 비결은 무엇입니까?'

그리고 귀중한 육아 정보가 쌓인 지혜의 저장고에서 5가지 조언을 얻었다. 이 해답들이 우리를 금방 위대한 부모로 만들어주는 것은 아니다. 하지만 삶의 끝자락에 서 있는 인생의 현자들만이 들려줄 수 있는 특별한 방법들임에는 틀림없다. 이제 인생의 고갯마루에 서 있는 그들은 지나온 삶의 여정을 내려다보며 후세대 부모들이 치명적인 함정이나 위험을 피할 수 있도록 길을 안내해준다.

이 장에서는 어린 아이부터 사춘기 자녀들, 성인이 된 자녀들에 이르기까지 자녀의 나이를 불문하고 양육에 관한 현실적인 해답들을 제시할 것이다.

열한 번째
바로 그 순간 바로 그 자리

딱 한방이면 자녀 양육과 관련한 온갖 문제들이 거짓말처럼 해결되는 '마법의 특효약'은 없을까? 아이를 키우면서 생기게 될 문제들을 미리 경고해주며, 평생 아이와 유대감을 유지할 수 있게 해주는 특별한 비법 말이다. 인생의 현자들은 그 비법이 바로 '아이와 더 많은 시간을 보내는 것'이라고 귀띔한다. 그들은 아이와 더 많은 시간을 보내기 위해 필요하다면 희생도 감수하라고 말한다. 많은 부모들이 자녀와 관계를 개선하기 위해 이리저리 방법을 찾아헤맨다. 하지만 인생의 현자들은 말한다. 자녀와 평생 친구처럼 가깝게 지내도록 해주는 가장 확실한 방법은 오직 시간이라고.

아이가 부모에게 원하는 것은 돈이나 돈으로 살 수 있는 물건이 아니다. 부모가 곁에 있어주는 것이다. 특히 함께 있고 싶을 때는 더욱 그렇다. 가족을 부양하느라 밤낮으로 일하는 부모라면 선택의 여지가 없을지도 모른다. 하지만 좀더 비싼 물건을 사고 휴가를 좀더 즐기기 위해 일에 빠져 지낸다면 시간을 잘못 사용하는 것이다. 훗날 가장 후회스러운 것이 있다면 바로 아이들과 더 많은 시간을 보내지 못한 것이라고 인생의 현자들은 입을 모아 말한다. 그리고 아이들 역시 부모님과 더 많은 시간을 보내지 못한 것을 후회한다.

사춘기 자녀를 둔 부모들이 자녀들이 자신들과 도통 시간을 보내려 하지 않는다며 불평하는 경우를 자주 본다. 그런데 상당수의 부모들이 뭔가 잘못 알고 있다. 실제로 아이들은 부모와 함께 시간 보내는 것을 싫어하지 않는다. 다만 부모가 무언가 함께 하자고 명령하는 것이 문제이다. 대안은 있다. 관심이 있건 없건 자녀의 관심사를 함께 하는 것이다.

나는 상당히 일찍부터 이 전략을 이용했다. 물론 쉽지만은 않았다. 나는 남자형제만 넷인데, 지금은 한나와 사라, 딸만 둘 둔 아버지다. 솔직하게 말하자면 두 딸들이 나와 함께 하길 원했던 것들 중 대부분은 도대체 왜 그것을 하고 싶은지 도통 알 수 없는 것들이었다. 하지만 나는 일찌감치 아이들이 나와 함께 하고 싶어 하는 것이 있으면 기꺼이 하리라 마음먹었고, 그것이 무엇이든 나도 관심을 가져보기로 결심했다. 예컨대 쇼핑이 그중 하나다. 몇 년 동안 나는 뉴욕에 갈 일이 있을 때마다 딸들과 함께 갔다. 다른 부모들이라면 억지로라도 딸들을 박물관에 데려가려 했을지도 모른다. 나는 그 대신 딸들이 원하는 대로 신발 가게를 수십 군데나 돌아다녔다. 옷가게나 액세서리 가게도 셀 수 없이 다녔다. 그리고 딸들이 15센티미터가 넘는 힐이나 파격적인 복고풍 장신구를 보고 감탄하는 동안 앉아서 맞장구를 쳐주곤 했다. 웬만한 여자들보다 여성화나 여성의류에 대해 더 많이 아는 아빠라고 너스레까지 떨면서 말이다.

그런데 딸들과 함께 보냈던 그 시간의 대가는 실로 헤아릴 수 없을 만큼 어마어마했다. 내가 딸들과 함께 한 것은 어떤 행위가 아니라 바로 시간이다. 우리는 시간을 나눈 것이다. 따지고보면 그리 긴 시간도 아니었다. 일과 중 생긴 자투리 시간이거나 어쩌다 갖게 된 짧은 휴식 시간이 다였다. 그러나 그 시간에 딸들과 나는 대화를 나누고, 신뢰를 쌓고, 공감대를 형성했다. 그러면서 진정한 소통의 기적을 맛보기도 했다.

일곱 아들의 아버지이기도 했던 전 재무부장관 로버트 라이시가 한 잡지에 썼던 〈아버지가 된다는 것〉이라는 제목의 글이 생각난다. 그는 자녀들에 대해 제대로 알려면 '바로 그 순간 바로 그 자리'에 있어야 한다는 점을 강조하기 위해 조개를 비유로 들었다. 그는 아이들이란 조개 같아서 평소에는 껍데기를 꽉 닫고는 딱딱한 모습을 보여주지만 그 속은 더없이 연약하고 상처받기 쉽다고 설명한다. 예기치 못한 순간, 아이들이 단단한 껍데기를 열 때가 있다. 바로 그 순간 부모가 그 자리에 없다면 "달에 있는 것과 마찬가지"라고 그는 말한다.

어느 날 자녀가 불쑥 이런 이야기를 툭 꺼내놓을 수도 있다. "요즘 영어 선생님이 나만 미워해." 혹은 "그 여자애가 수업 시간에 어떤 남자애한테 고백을 했다니까." 자녀와 시간을 더 보내지 못했던 탓에 이런 순간들을 놓친 인생의 현자들은 후회한다. 반면 자녀들과 함께 시간을 보냈던 이들은 그것이야말로 살면서 내린 가장 훌륭한 결정이었다고 말한다.

클레이턴 그리너프(79세)는 아들딸과 아주 가깝게 지냈고 그들이 성인이 된 후에도 가까이에서 산다. 자녀 양육에 관해 묻자 클레이턴은 자녀들의 관심사에 같이 관심을 기울여주고 함께 참여하는 것이 중요하다고 했다.

"구닥다리라고 흉볼지도 모르겠지만 나는 아이들과 가깝게 지내는 것을 아주 중요하게 생각해. 아들이 고등학교 2학년 때였지. 나는 뒷마당에 창고를 지었어. 아들은 그때 기술과목을 배우고 있었는데 아들에게 내가 하는 일을 도와달라고 했지. 내가 직장 일을 마치고 오기 전에 아들 녀석은 공구상자를 열어놓고 먼저 일을 시작하며 나를 기다리곤 했어. 직접 일을 해보니 계측이나 측량이 중요하다는 걸 깨닫고는 수학에 관심을 가지더군. 그러더니 결국 기계설비 디자이너가 되었지. 아들이 그 일을 하게 된 데는 그때 그 창고에서 우리가 함께 시간을 보낸 것도 한

몫했지. 자신이 재미있어 하는 일에 함께 관심을 보여주는 누군
가가 있으면 더 열심히 하게 되잖아."

양육에 관한 이야기를 나눌수록 더욱 명확해지는 것은 아이
들과 함께 보낸 시간이 많을수록 관계도 좋아진다는 점이다. 이
때 기억할 것은 '특별한 사건'보다는 일상을 함께하는 것이 더
중요하다는 사실이다. 그러려면 상당히 많은 시간을 아이들과
함께 있어야 한다.

레리 핸들리(78세)는 일상의 순간을 부모와 함께 보낸 경험이
아이들의 인생에 얼마나 긍정적인 영향을 미치는지 들려준다.

"아이들이 어느 정도 자라면 집안일을 돕게 해야 해. 마당 청
소건, 집안 허드렛일이건 뭐든 함께 나눠서 하는 거지. 엄마를
돕건 아빠를 돕건 집안일이 늘 쉽거나 재미있지만은 않지. 일을
다 끝마치려면 힘이 들 수도 있을 테고. 그런데 아이들이 살아가
면서 평생 기억에 남는 일들은 바로 그런 일들이야. 아이에게나
부모에게나 즐거운 추억으로 남지."

아이들과 시간을 보내야 하는 중요한 이유가 또 있다. 그 시간
이야말로 장차 생길 문제들에 '조기 경보'를 내려줄 수 있기 때
문이다. 베스티 글린은 아들 하나, 딸 하나를 두었는데 적절한
순간에 함께 있었기 때문에 아이들에게 생길 수 있었던 문제를
미연에 방지할 수 있었다.

"아이들이 자라는 동안 함께 있어주고, 돌봐주는 것은 정말 중요해. 그렇지 않으면 아이들의 앞날이 어떻게 될지 단서를 찾을 수 없을 테니까. 또 아이들이 시간을 투자해서 하고 싶은 일은 무언지, 그 일을 어떻게 해나가는지도 알 수 없지. 아이들과 함께 있다 보면 아이가 참가하는 경기나 음악회도 갈 수 있고, 함께 활동하는 운동부 팀원이나 밴드 구성원들도 만날 수 있어. 그렇지 않으면 누가 아이의 친구인지, 관련이 있는 사람인지 어떻게 알 수 있겠나? 명심하게. 자녀의 음악회나 경기가 있다면 집안 수리건 빨래건 무슨 일이건 만사 제쳐두고 가게나. 그런 일들은 나중에 해도 늦지 않으니까. 아이에게 시간을 투자하는 것이 훨씬 더 중요하지. 그 시간은 다시 돌아오지 않고 어느 순간 아이 역시 타인이 되어 버릴 수 있으니까 말이야."

자녀와 시간을 보내는 것이 얼마나 중요한지를 보여주는 또 다른 사례가 있다. 이번에는 자녀와 시간을 보내지 못했던 것을 후회하는 경우다. 사라 로스맨(83세)은 남편과 자신이 일 때문에 아이들과의 시간을 포기한 것을 몹시 후회한다.

"아이들이 어릴 때 아이들과 함께하는 시간을 만끽해야 해. 너무 일, 일 하지 마. 내가 그랬거든. 늘 일을 하려고 안달했지. 내가 집에 있었던 시간은 고작 5년이야. 그러지 말았어야 했어. 더 많은 시간을 집에서 아이들과 함께 즐겼어야 해. 결국 가장 중요한 건 가족이거든. 하지만 그 사실을 깨닫기는 쉽지 않아. 어떨 때는 친구나 동료의 장례식에 다녀온 후에야 아이들과 시간을 보내는 것이 얼마나 큰 기쁨인지를 깨닫기도 하지."

제임스 워싱턴(83세)은 비극을 겪고 나서 이런 후회를 하게 되었다.

"우리 가족은 슬픈 일을 겪었다네. 막내아들을 저 세상으로 떠나보냈거든. 그것도 아주 어린 나이에. 그런 일을 겪고 나면 삶을 가벼이 여길 수 없지. 가족을 잃고 나서야 얼마나 소중한지 깨닫게 되지. 더 많은 시간을 함께 보낼걸 하는 마음도 들고. 정말 소중한 시간이니까. 그런데도 많은 부모들이 아이들과 충분히 시간을 보내질 않아."

엘리자베스 윌슨(79세)은 자녀들이 어렸을 때 좀더 많은 시간을 함께 보내지 못하고 더 많은 관심을 쏟지 못했던 것을 가슴을 치며 후회한다.

"아이들이 어릴 때 나는 돈이 많지 않다는 것이 견디기 힘들었어. 취직을 했지. 여러 가지 좋은 일도 있긴 했지만 직장생활에만 너무 매달리다보니 가족은 거의 뒷전이 되어버렸어. 한번은 아이들을 차에 태우고 집에 돌아오는데, '이렇게 예쁘게 재잘거리는 목소리를 제대로 듣지 못하고 살았구나. 아이들은 저희들끼리 무슨 이야기를 나누고 사나? 또 나와는 무얼 나누고 사나?'

하는 생각이 들더군. 지금도 종종 내가 아이들의 삶에 큰 비중을 차지하지 못하고 살았던 것이 후회돼. 충분히 그럴 수 있었는데."

인생의 현자들은 3가지 중요한 교훈을 들려준다.

첫째, 아이들이 원하는 것은 시간이다. 훗날 아이들은 부모와 함께 보냈던 시간을 애정 어린 마음으로 그리워하며 되돌아보게 될 것이다. 인생의 현자들 역시 어린 시절, 즐거운 기억의 대부분은 부모와 함께 보냈던 시간이라고 말한다.

둘째, 가장 중요한 것은 아이들과 함께 무언가를 하는 것이다. 취미, 운동, 캠핑, 낚시 등 아이들과 함께 무언가를 하라. 인생의 현자들 대부분은 아버지와 함께 했던 낚시나 캠핑 등을 소중한 기억으로 간직하고 있다. 이러한 것들이 아니라도 함께 관심을 가지고 할 만한 것들을 찾아라.

셋째, 아이들과 시간을 보낼 수 있다면 희생도 기꺼이 감수하라. 가정경제는 좀 빠듯해질지 몰라도 그럴 만한 가치가 충분하다.

열두 번째

깨물면 유독 아픈 손가락,
드러내지는 마라

1000명의 인터뷰 대상자를 상대로 정보를 모으다 보면 생각
시도 못한 공통의 흐름이나 경향을 만나기도 한다. 물론, 객관성
을 확보하기 위해 인터뷰는 개별적으로 진행하고 가족성 발현
(특정 유전형질이 가족에 한해 발현되는 것-옮긴이)이나 기타 객관성을
해칠 만한 사항은 배제했음에도 말이다.

자녀 양육과 관련해 두드러졌던 공통 사항은 바로 편애 문제
다. 아이들과의 관계에 대해 묻다보니 자연스레 편애 문제가 부
각되었다. 처음에는 이 문제에 관해 물어보기가 조심스러웠다.
대부분 특별히 편애하는 아이가 있는지 없는지 말하고 싶어 하
지 않았기 때문이다. 이런 질문을 하면 인터뷰 대상자들이 처음
보이는 반응은 대체로 비슷했다. "그럴 리가요. 저는 늘 아이들
을 모두 똑같이 사랑한답니다."

그러나 계속 이야기를 하다 보면 그들은 몸을 숙이고 목소리
를 잔뜩 낮추고는 이렇게 말하곤 했다. "하지만 빌리(혹은 베티)가
조금 더 특별하긴 하답니다……."

대부분의 부모가 편애를 한다. 어떻게 보면 편애는 솔직한 감정이다. 그저 다른 아이들보다 유독 더 좋아하는 아이가 있는 것뿐이다. 애정이란 원래 그런 것이다. 상황에 따라 좋아하는 아이가 달라지는 경우도 있다. 가령, 조언을 구할 때는 애드를 선호하고, 아플 때는 조앤을 찾지만 마음은 늘 레이첼에게 더 가까이 있을 수 있다. 그래서 아이들이 "엄만 형(혹은 동생)을 더 좋아해!" 하고 불평을 쏟아내면 정작 부모들은 이 사실을 부인한다.

나는 오랫동안 가족 연구를 해왔지만, 자녀가 "엄마, 나보다 베티(혹은 빌리)를 더 좋아하세요?"라고 물어볼 때 "사실 그렇단다. 말이 나온 김에 생각해보니 베티를 더 좋아하는 것 같구나." 하고 말하는 어머니는 거의 보지 못했다. 우리 사회에는 자녀들을 평등하게 대우해야 한다는 암묵적인 불문율이 있어서 이것을 드러내놓고 위반하면 자녀와의 친밀감은 포기해야 한다.

하지만 실제로는 모든 것이 그렇게 공평하지만은 않다. 부모 역시 자녀와 인간관계를 맺는다. 그리고 모든 관계가 그러하듯이 불가피하게 더 좋아하는 사람이 있을 수도 있다. 유난히 잘 통하는 사람이 있는가 하면 그렇지 않은 사람도 있기 마련이니까. 가족이라고 예외는 아니다. 문화적 규범은 부모에게 자녀를 공평하게 사랑하라고 가르칠지 모르겠지만 실제로 부모는 다른 자녀들보다 유독 좋아하는 한 아이가 있을 수도 있다.

나는 퍼듀대학교 질 슈터 교수와 함께 부모의 편애를 주제로 몇 년 동안 공동연구를 했다. 이 연구를 위해 많은 어머니들과 성인이 된 그들의 자녀를 대상으로 조사를 했는데, 대부분 어머니들이 편애하는 자녀에 대해 기꺼이 말해주었다. 예를 들어 조사 대상이었던 어머니들 중 70퍼센트는 가장 가깝게 느껴지는 자녀가 누구인지를 말해주었으며, 75퍼센트 이상의 어머니들이 개인적인 문제를 나눌 수 있는 편한 자녀가 누구인지 말해주었다. 반면에 극소수이긴 했지만 가장 마찰이 잦고 불화가 많은 자녀가 누구인지 말해준 부모도 있었다. 아동심리학자들은 이런 현상을 '가족 간 분화'라고 부르는데 이는 특별한 것이 아니라 일반적인 현상이다.

소피 피셔(85세)는 양육에 매우 박식한 사람이다. 소피는 교외에서 사업을 하는 남편(지금은 고인이 되었지만)과 함께 세 아들과 두 딸, 모두 5명의 자녀를 훌륭하게 키웠다. 자녀들은 하나같이 학창시절에는 공부 잘하고 유순해서 반항이나 장난도 심하지 않았으며, 스카우트 활동이나 운동도 열심히 했다. 지금은 모두 성인이 되었는데 직업도 좋은 편이다. 두 명은 변호사고, 한 명은 유망한 기업 사장이며, 한 명은 회계사, 나머지 한 명은 교사다. 모두 결혼해 현재 소피에게는 11명의 손주들이 있다.

소피는 그 존재만으로 사람의 기분을 편안하게 해주는 사람이었다. 생기 있는 푸른 눈동자와 은발을 한 소피는 나이가 무색할 만큼 활기가 넘치며 친절하고 유쾌했다. 그리고 내가 지금껏 만나온 그 어떤 사람보다도 긍정적인 태도를 지닌 사람이었다.

자녀들과의 관계를 설명할 때도 그녀 특유의 강하고 외향적인 성격이 고스란히 드러났다.

"우리 가족이 왜 행복했는지 뭐라 딱 꼬집어 말할 수는 없어. 나는 늘 엄마 역할을 즐겼지. 엄마로서 가장 힘든 일을 할 때도 말이야. 애들이 학교에서 돌아오면 집에 있어주는 일부터, 고민에 귀 기울이고 이성친구와 만나고 헤어진 이야기까지 들어주었어. 나는 그 모든 일을 늘 즐겁게 했지. 그러다 가족이 불어나 손주들이 생겼고, 손주들에게 고등학교에 들어가면 유럽여행을 데려간다고 약속했는데 지금까지 4명의 아이들에게 약속을 지켰어."

소피는 가족들의 기념일, 생일, 결혼, 졸업 등 행사에 참여하느라 현재까지도 매우 바쁘다고 했다. 하지만 편애 이야기가 나오자 그녀는 잠시 멈칫했다. 그러고는 절대 말하지 않겠노라는 다짐을 받고서야 입을 열었다.

"앨리스가 가장 좋지. 나는 앨리스와 가장 많은 시간을 보냈어. 우리는 관심사도 같고, 말도 잘 통하고, 서로 비밀도 잘 지켜주거든. 물론 애들 모두를 사랑해. 다 훌륭한 아이들이지. 그런데 앨리스는 좀 달라. 유독 편하거든. 아이들 중 반드시 한 명과 살아야 한다면 난 앨리스랑 살 거야."

나는 용기를 내서 아이들도 그녀가 그렇게 생각하는 것을 아는지 물었다.

"절대 모르지! 자네도 애들을 키워보면 알겠지만 다 달라. 유독 정이 가는 녀석도 있고. 그런데 중요한 건 절대 티를 내선 안 된다는 거야."

바로 이것이 성공적인 부모가 가족을 이끌어온 방식이다. 성공적으로 가정을 지켜온 부모들은 다른 아이들보다 유독 편애하는 아이가 있다는 사실을 인정한다. 하지만 기본적으로 모든 아이들을 평등하게 사랑한다는 전제하에 추상적인 사랑의 수준을 정한다. 인생의 현자들이 "나는 모든 아이들을 똑같이 사랑해." 하고 말하지만 그 말은 곧 "하지만 유독 좋아하는 아이는 있지." 라는 말과 같다는 사실을 나는 알게 되었다. 그 이중성을 잘 관리하기에 인생의 현자들은 편애 사실을 인정하고 그 문제로 전전긍긍하지 않는다. 그리고 절대 티 내지 않는다.

질 슈터와 함께 어머니와 자녀들에 관한 연구자료를 살피며 복잡한 사회과학 도구를 이용해 분석하다보니 이 말이 얼마나 옳은 말인지 깨닫게 되었다. 부모들 중 대다수가 자녀를 편애하면서도 그 사실을 비밀에 부쳐두는 데 성공한 경우가 많았다. 앞서 살펴보았듯이 대부분의 어머니들이 정서적으로 가장 가깝다고 느끼는 아이를 골랐다. 사실은 가장 좋아하는 아이를 고른 것이다. 그리고 자녀들 대부분은 부모의 편애 사실을 알지 못했다.

자녀들의 경우는 어머니가 편애하는 자식이 없다고 대답한 사례가 많았다. 실제로 편애를 받은 자녀임에도 불구하고 말이다. 엄마가 편애한다는 사실을 자녀가 알고 있는 경우에는 누가 편애를 받았는지 물었다. 놀랍게도 그렇게 대답한 자녀들 중 상당수가 자신이 가장 사랑받았다고 대답했다. 그리고 그 답은 대부분 틀린 경우가 많았다. 나는 부모가 편애를 하지만 노련하게 자녀들에게는 결코 드러내지 않는다는 사실을 많은 사례를 접하며 발견하게 되었다.

이는 연구에 큰 도움이 되었다. 우리는 부모의 편애가 유아기의 자녀와 사춘기 자녀에게 각각 어떤 영향을 미치는지에 대해 수십 년 동안 연구를 진행했다. 그 결과 뚜렷한 편애는 나쁜 영향을 미친다는 사실을 밝혀냈다. 자녀들은 부모가 공평하게 대우하지 않는다고 느끼면 문제를 일으키는 경우가 많았고, 정신 건강도 더 나빠졌으며, 비행 청소년이 되는 경우도 더 많았다. 게다가 부모가 편애하는 것을 보고 자란 아이들은 형제나 자매와 더 많이 싸우고 덜 행복하게 느끼며 우애도 덜 돈독하다.

한편, 노인들을 대상으로 한 인터뷰에서는 부모의 편애로 입은 상처는 쉽게 아물지 않고 오래도록 마음에 남는다는 것을 알 수 있었다. 어린 시절을 보낸 지 60년, 70년 심지어 80년이 된 인터뷰 대상자들도 부모의 편애 때문에 겪은 일들과 상처를 회상할 때는 복받치는 감정에 목이 메어 말을 잇지 못하는 경우도 많았다.

로레인 바우어(89세)는 가난한 시골의 외딴 농장에서 태어났다. "우리 집에 가려면 포도 덩굴에 매달려 늪을 건너가야 했지. 워낙 외딴 곳에 살다보니 내 나이를 알려면 나무처럼 굳은 다리의 나이테를 세야 했어. 농담일세. 그만큼 농장 외부와 접촉이 없었다는 말이야."

로레인이 농담을 했다. 그녀의 어린 시절은 부모의 편애와 그로 인한 가슴 아픈 기억들로 얼룩져 있었다.

"내 밑으로 남동생들이 있었어. 부모님은 남동생들을 더 좋아했지. 부모님의 편애는 내 삶을 엄청나게 바꾸었어. 부모님이 나를 사랑하지 않았다는 말은 아니야. 당시에는 아들이 더 중요했고 딸들은 그저 결혼해서 아들을 많이 낳으면 된다고 여기던 시절이지. 편애를 당하면서 자라다 보니 이런 생각을 하게 되더군. '내가 너희보다 낫다는 것을 꼭 보여줄 거야!' 그러고는 남동생들을 질투했지. 교육 분야에서 어느 정도 성공을 거뒀으니 내 삶도 나쁘지 않았어. 그런데 지금도 그때만 생각하면 왜 이리 괴로운지 몰라. 슬프기도 하고."

로레인의 조부모는 로레인이 대놓고 차별을 당하는 상황을 잘 극복하도록 도와주었다.

"할머니가 계셨어. 내 삶에 큰 영향을 미친 분이지. 할머니는 나를 아무 조건 없이 사랑해주셨거든. 할아버지도 나를 참 예뻐 하셨지. 내게 현실을 받아들이라고 말씀하셨어. 할아버지는 말이나 자동차도 태워주시곤 했어. 함께 야외로 나가 멋진 풍경을 바라보며 딸기를 먹곤 했지. 할아버지는 내 머리를 땋아주시며 말씀하셨어. '괜찮다 아가야. 넌 할아버지의 어머니와 많이 닮았단다. 넌 멋진 사람이 될 거야.' 부모님에겐 아들이 최고였어. 난 장녀였는데 삐삐 마른데다 머리색도 붉었지. 남동생들은 금발에 푸른 눈이었는데 말이야. 부모라면 모든 자식들을 다 인정하고 사랑해야 해. 하지만 그게 때론 아주 어렵지."

부모의 편애 때문에 형제자매가 경쟁심을 품게 될 수도 있긴 하지만 그건 그다지 큰 문제가 되지 않을 수도 있다. 더 큰 해악은 형제 사이를 멀어지게 하는 것이다. 어린 시절에 편애를 겪으면 형제 사이가 소원해지면서 시간과 경험, 추억을 공유하지 못하게 된다. 78세가 되었어도 마리앤 래틀리프에게 어머니의 편애는 여전히 아픈 상처로 남아 있다.

"내가 어머니로부터 배운 양육의 교훈이 뭔지 알아? 참 뼈아픈 사실이긴 한데, 어머니들이 늘 자식들을 똑같이 사랑하지는 않는다는 거야. 일부러 그러지는 않겠지만 어찌어찌하다 보면 그렇게 되더라고. 나도 어쩌다보니 우리 어머니가 좋아하지 않는 애 중 하나가 된 거고. 나는 내 아이들한테는 절대 그런 상황을 경험하게 하고 싶지 않았어. 아마 이것이 내가 배운 가장 중요한 교훈이겠지. 어머니의 편애 때문에 우리 형제자매의 관계도 엉망이 됐어. 아무리 혈육이라도 참 잔인해질 수 있다는 걸 경험했지. 그들을 내 인생에서 배제해야 한다는 사실도 배웠고."

부모의 편애와 차별대우 때문에 훗날 직장이나 사회에서 인간관계를 형성하는 데 영향을 받은 사람들도 있다. 론 고메스 (78세)는 부모의 편애 때문에 받은 상처를 극복하는 데 평생이 걸렸다.

"난 대가족의 장남이라네. 우린 조부모님과 함께 살았고 친척들도 가까이 살았지. 나는 눈에 넣어도 아프지 않을 귀한 자식이었고, 가족들의 사랑을 온통 독차지했어. 그러다가 남동생이 태어났는데 가족들은 아무도 동생에게 관심을 두지 않았어. 그런데 아버진 달랐어. 동생과 싸우기라도 하면 아버지에게 호되게 야단맞는 쪽은 늘 나였거든. 어렸을 땐 뭔가 잘못되었다는 건 알았지만 그게 뭔지는 잘 몰랐어. 그러다가 내가 겪고 있는 것이 편애라는 사실을 알게 되었지. 훗날 아버지가 내게 말씀하시더

군. '피터가 태어났을 때 아무도 피터에게 관심을 주지 않아 나라도 그 아이 편에 서야 했단다.'

부모는 편애를 해선 안 돼. 우리 아버지는 다루기가 너무 힘들다는 이유로 내게 화를 많이 내셨지. 내 어린 시절은 정말 암울했어. 한번은 동생과 심하게 싸워 앞니가 부러지기도 했어. 그 상황에서도 아버지는 혼내기만 할 뿐 내 걱정은 전혀 하지 않았어. 나중에 그런 경험이 내 삶에 미친 영향을 깨닫고는 그 상처를 극복하느라 3년 동안 정신과 치료를 받았다네."

인생의 현자들은 편애와 관련해 부모라면 명심해야 할, 중요한 지침 두 가지를 알려주었다.

그중 하나는 어느 정도의 편애는 정상이라는 사실이다. 편애를 완전히 안 하기는 어려우며 아무리 편애하지 않으려 노력해도 헛수고가 될 가능성이 크다. 아이들은 저마다 개성이 있고 부모는 보통 자신과 비슷한 아이를 좋아한다. 성격이나 여가시간에 즐기는 일, 가치관 등이 자신과 가장 많이 닮은 아이에게 마음이 더 가기 마련이다. 누군가에게는 유독 매력을 느끼면서 또 다른 이들에게는 매력을 덜 느끼듯 가족 구성원들도 마찬가지이다. 그러니 편애 문제로 고민하지 말라고 인생의 현자들은 말한다. 열 손가락 중 깨물면 유독 아픈 손가락이 있는 법이다. 이는 정상이며 전혀 죄책감을 느낄 필요 없는 지극히 자연스러운 현상이다. 그런데 명심해야 할 또 하나의 지침이 있다. 편애 사실에 대해 침실에서 방문을 닫고 배우자에게 은밀히 털어놓을 수는 있다. 하지만 절대 아이들이 알게 해서는 안 된다. 편애하는 아이와 그렇지 않은 아이를 비교해서도 안 된다. "이 아이는 내 자랑거리지만 저 아이는 내 기쁨이랍니다." 혹은 "이 아이는 예쁘고 저 아이는 똑똑하답니다."는 말을 듣고 자란 사람들은 아흔 살이 넘도록 그 말을 잊지 못한다. 나이 든 사람들이 부모와 관련해 지니고 있는 가장 폭력적인 경험은 덜 사랑받는 아이였다는 기억이다. 인생의 현자들은 편애하는 아이와 그렇지 않은 아이에 관한 문제에 있어서만큼은 정직이 최선이 아니라고 말한다.

열세 번째

매를 아끼면 친구가 된다

체벌이 당연하게 여겨지던 시절, 부모로부터 매를 한 대도 맞지 않고 자란 사람을 찾기는 드물 것이다. 요즘은 체벌에 대한 사회적 인식이 바뀌어 전과는 많이 달라지긴 했지만 여전히 많은 가정에서 체벌이 행해진다. 자녀에게 한 번도 체벌하지 않은 사람이 오히려 '비정상'으로 여겨질 정도이다. 연구 결과 3세에서 5세 아이를 둔 부모들 중 90퍼센트 이상이 아이에게 체벌을 한 적 있으며 5세 이상부터는 그 수치가 점점 줄어들고는 있지만 12세 자녀를 둔 부모의 절반 정도가 아이의 신체를 때린 경험이 있다. 이 수치는 다양한 집단에서 얻은 통계이긴 하지만, 대부분의 부모들은 여전히 자녀에게 체벌을 가하며 일부에서는 체벌이 마지막 수단이 아니라 최초의 훈육수단으로 이용되기도 한다.

나는 "매를 아끼면 아이를 망친다."는 정서가 통하던 시기에 어린 시절을 보낸 세대다. 하지만 내가 만난 인생의 현자들 중 이런 입장을 고수하는 사람은 극히 드물었다. 그렇기에 체벌에 관한 그들의 조언을 들으며 적잖이 놀랐다. 인생의 현자들 대부분은 여러 가지 이유로 체벌에 매우 신중한 입장을 보였다.

사실, 아이에게 체벌을 가한 것을 자랑스럽게 생각할 부모는 없다. 인생의 현자들 역시 체벌은 최악의 상황에서도 피해야 한다고 말한다. 개중에는 체벌을 전혀 하지 않은 이들도 있었는데, 그들은 자신의 결정을 결코 후회하지 않았다.

피터 모티머(88세)는 이렇게 말했다.

"글쎄, 우리는 아이들에게 존경받길 원했고 실제로 존경받았다고 생각해. 나는 아이들에게 단 한 번도 손을 댄 적이 없어. 우리 가족은 서로를 진정으로 존중했으니까."

보니 길브레스(67세)도 체벌에 대해 단호했다.

"두 가지를 명심하게. 첫째, 아이가 성공하길 바란다면 아이를 사랑해야 해. 그리고 아이가 원하는 것을 말할 때 잘 들어주게. 나도 한두 번쯤은 이성을 잃고 흔들릴 때도 있었지만 할 수만 있다면 절대 체벌은 안 하려고 했지. 누가 뭐라 해도 아이를 때리는 건 사랑이 아니야."

이디스 오코너(76세)는 남편 에드와 7명의 자녀를 키웠다. 그녀와 남편은 아이에게 가혹한 훈육은 하지 말자고 합의했고 두 사람 다 그것을 지켰다.

"훈육에 관한 기본적인 원칙은 남편과 아내가 합의해서 지켜야 해. 그중에서도 가장 중요한 건 부모가 분노를 조절하는 거야. 아이와 이야기를 많이 하면 할수록, 아이에게 더 많이 설명해줄수록 아이는 더 좋아진다네. 내가 가장 싫어하는 것이 밖에서 아이에게 마구 고함을 지르는 부모야. 나는 훈육은 매우 조용하고 절제된 상태에서 해야 한다고 생각해. 내 어머니는 한 번도 나를 야단치지 않으셨어. 그저 우리를 가만히 지켜보셨지. 그러면 우리는 올바르게 행동해야겠다고 스스로 깨닫곤 했어. 내가 말하는 훈육도 바로 그런 거야. 아이에게 소리 지를 필요가 전혀 없어."

그 외 많은 인생의 현자들은 체벌을 하긴 했지만 그다지 효과적이지 않았으며 젊은 세대에게 추천하고 싶지 않은 방법이라고 말했다. 오히려 그들은 체벌을 실패한 양육 사례로 여겼다.

제니스 리아(86세)는 1945년에 결혼했고 아들, 딸 하나씩을 두었다. 자녀들이 어릴 때 그녀의 가정생활은 순탄치 않았다.

"첫 남편은 알코올 중독자였어. 그래서 이혼했지. 나는 애들 둘과 덩그러니 남겨졌어. 그래서 살기 위해 혼자 일을 했어."

그녀는 아이들을 때렸던 것이 몹시 후회가 돼 성인이 된 아이들에게 용서를 구했다.

"애들이 어릴 땐 자주 때렸지. 지금이라면 절대 때리지 않을 텐데. 대신 타이르겠지. 아이를 때리기보다는 시간을 두고 아이들에게 특정한 제재를 가하는 것이 더 효과적이라고 생각해. 우리 아들은 아주 조용하고 감정을 잘 표현하지 않는 아이였어. 아주 어렸을 때도 내가 매를 들어도 소리 한 번 지르지 않던 아이였거든. 그 애가 나와 함께 있을 때 행복했는지 그렇지 않았는지 잘 모르겠어. 하지만 아이들이 다 자란 뒤 나는 마음을 다해 용서를 구했어. 그때 때려서 정말 미안하다고."

오해하지 않길 바란다. 인생의 현자들은 확고한 믿음과 분명한 도덕적 기준, 원칙이 있는 사람들이다. 이들은 아이에 대한 체벌은 최악의 훈육이며 아이와의 관계를 망치는 길이자 이후에도 오랫동안 가슴에 멍을 남기는 행위라는 데 만장일치로 동의한다.

로즈마리 브루스터(90세)는 아주 어진 사람이다. 그녀에게는 딸 셋과 아들 한 명이 있다. 네 아이를 키우는 일이 쉽지만은 않았다.

"딸들은 전혀 말썽을 부리지 않았지요. 문제는 아들이었어요."

로즈마리의 아들은 제멋대로 구는 아이였지만 그녀는 체벌을 하지 않았다. 구구절절한 설명보다는 다음의 짧은 대화를 듣는 것이 도움이 될 것이다.

"아이들을 체벌하는 것이 효과가 있다고 보시나요?"

"아뇨. 그다지 효과가 없다고 생각해요."

"왜죠?"

"상처만 될 뿐이죠. 아이를 때리고 나면 부모도 정말 속상하고요. 좋은 점이 전혀 없는데 굳이 체벌을 해야 할 이유가 있나요?"

이 말은 인생의 현자들의 조언을 요약한 표현이다. '전혀 좋은 점도 없고 속도 상하는데 어째서 체벌을 해야 하는가?'

인생의 현자들의 지혜는 현대의 과학적 연구 결과와도 일치한다. 저명한 아동발달 학자들은 체벌이 평생에 걸쳐 부정적 효과를 미친다는 사실에 만장일치로 동의한다. 체벌을 받은 아이들이 더 공격적이고 반사회적 성향을 보인다는 것이다. 더 많이, 더 가혹하게 체벌이나 구타를 당할수록 아이의 정신건강에 미치는 악영향이나 이상행동을 유발할 가능성이 더욱 커진다. 사춘기 아이들에게 가하는 체벌은 부모와 자녀의 관계를 악화시키고 그 영향은 자녀가 성인이 된 후에도 지속된다는 사실 역시 연구 결과를 통해 알 수 있다. 체벌을 자주 당한 아이들 중에는 성장한 후 자신의 배우자나 자녀들에게 폭력을 행사하는 경우가 많다.

인생의 현자들이 체벌에 관해 전하는 메시지는 단순하다.

"왜 굳이 체벌을 하는가?"

훗날 70세 혹은 80세가 되어 살아온 날을 되돌아볼 때 자녀를 때렸던 일은 절대 자랑스러운 기억이 아니며 오히려 때리지 말았어야 한다는 후회만 남길 뿐이다. 내가 만난 인생의 현자들 가운데 상당수가 체벌을 하지 않고도 자녀들을 훌륭하게 키웠다.

혹시라도 아이에게 강한 체벌로 훈육하고 싶은 충동이 일더라도

두 번, 세 번 참으며 충분히 생각해보라고 인생의 현자들은 조언

한다.

열네 번째

쪼개진 바위는 다시 붙지 않는다

잠시 하던 일을 멈추고 아이들에 대해 생각해보자. 얼마나 많은 시간과 노력과 비용을 자녀에게 투자하고 있는가? 아들 한 명이 있다고 해보자. 만약 아들의 기저귀를 갈아주는 데 혹은, 피아노 학원비를 벌기 위해 일을 하는 데 아니면 축구 경기를 하는 아들을 응원하느라 주말을 보내는 데 시간을 쓰지 않는다면 그 시간을 어떻게 보내는가? 퇴근을 하고 집에 돌아왔을 때 "와! 엄마다!" 혹은 "아빠 왔다!" 하고 외치는 아이들의 목소리를 들었을 때 물밀 듯 밀려드는 기쁨, 세상이 온통 환해지는 느낌, 아이에게 느끼는 무한한 사랑을 잠시 떠올려보라. 아이와 함께하는 소소한 일상들, 아이가 뭔가를 잘해냈을 때의 기쁨, 하루를 마치고 아이를 조용히 꼭 안아줄 때 얻는 위안과 안식도 생각해보라.

그리고 앞으로 35년 후를 떠올려보자. 아들은 성인이 되었고 당신은 노인의 반열에 들게 되었다. 그런데 아들이, 그토록 사랑했고 희망을 품었던 그 아들이 더 이상 당신 인생의 일부가 아니라고 상상해보라. 그가 죽었다는 말이 아니다. 당신이 아들과 더 이상 연락도, 왕래도 하지 않고 단절된 채 지낸다고 상상해보라는 것이다. 어쩌면 아들은 가까운 곳에 살 수도 있고, 같은 동네에 살 수도 있다. 하지만 당신과 아들은 서로에게 '죽은 사람'이나 다름없다. 인생의 현자들 중에도 많지는 않지만 그러한 상황에 놓인 이들이 있다. 그들은 자녀에게 소외당한 채 산다. 그들과 자녀 사이의 골은 너무 깊어서 다시는 회복될 수 없을 것처럼 보인다.

내가 만났던 노인들 중 가장 슬퍼 보이는 이들이 바로 이런 상황에 처한 사람들이다. 얼마나 오랫동안 인연을 끊고 살았는지, 무슨 일이 있었는지는 중요하지 않다. 부모자식 간의 끊어진 연은 평생을 이고 살아야 하는 슬픔이자 영혼을 짓누르는 불안의 원천이다. 단 한 명이라도 관계가 망가진 자녀가 있으면 나머지 다른 자녀들과의 관계가 아무리 따스하고 좋다고 해도 슬픔과 불안이 덜어지지 않는다. 그렇게 '잃어버린' 한 명의 자녀가 있거나 증오심이 남아 있는 자녀를 둔 이들은 미완의 숙제를 둔 것 같은, 혹은 가슴 한편이 떨어져나간 것 같은 허전함을 안고 살아간다. 이러한 감정은 삶의 끝자락으로 가면 갈수록 더욱 날카롭게 폐부를 찌른다.

나는 이 책과 다른 연구를 위해 양육에 관한 수천 건의 인터뷰 자료를 정리했다. 자녀와 연을 끊고 사는 이들의 자료를 검토하다보니 뚜렷하게 드러나는 교훈이 있었다. 무슨 수를 써서라도 관계의 균열은 피하라는 것이다.

'균열'이라는 말을 사회적으로 정의하자면 이별을 야기하는 관계의 단절을 의미한다. 하지만 지질학적 정의가 더욱 마음에 와 닿는다. "가해진 힘이나 압력 때문에 금 혹은 둘 이상의 조각들로 쪼개지는 것"이다. 균열이 간 바위를 생각해보라. 쪼개진 바위는 사실상 다시 원상복구하기 불가능하다. 인생의 현자들 역시 멀어진 자녀와의 관계는 금이 간 바위와 같다고 말한다.

인생의 현자들은 자녀와의 관계에 금이 가면 '그때 그러지 않았더라면 어땠을까' 하는 회한과 '지금 아이와 잘 지낸다면 얼마나 좋을까' 하는 바람을 동시에 품게 된다고 말한다.

균열의 원인은 다양하다. 각자 삶의 방식 때문에 균열이 생기기도 한다. 예를 들어 부모의 이혼이 자녀에게 걷잡을 수 없는 분노를 안겨줄 수도 있다. 또 자녀가, 부모가 원치 않는 사람과 결혼해 부모의 분노를 산 경우도 있다. 나이가 지긋한 부모는 자녀가 게이나 레즈비언으로 커밍아웃한 상황을 견디지 못해 관계를 단절하기도 한다. 정직하지 않은 행동이나 신뢰를 깨트리는 행위 역시 균열의 원인이다. 결국 부모와 자녀 사이의 균열은 배신, 모욕, 분노, 차별 등 돌이킬 수 없는 어떤 원인으로 말미암아 부모나 자녀 둘 중 한 쪽이 혹은 둘 다 내린 결정이다.

자그마한 체구에 활기가 넘치는 수잔 르뮤(85세)가 휠체어에 앉아 나를 맞았다. 우리는 그녀의 삶에 관해 이야기를 나눴다. 12명의 아이들이 있는 그녀는 미국 남부의 시골 가정에서 자랐던 시절부터 직장생활과 두 번의 결혼 등 자신이 살아온 이야기를 들려주었다. 첫 결혼은 행복했지만 그녀는 50대에 과부가 되었다. 이후 60대 초반에 재혼을 했다. 두 번째 결혼도 매우 만족스러웠다. 이 결혼 이후 그녀는 그 전까지는 직장이나 재정 문제로 하지 못했던 여행을 마음껏 즐겼다.

건강에 문제가 있긴 했지만 르뮤는 매우 재미있고 열정적인 사람이었다. 콜라나 주스 등 음료수도 잘 마셨고 요양원에 있는 친구들과 다양한 활동도 즐겼다. 그녀는 자신의 경험을 회고하며 이렇게 말했다. "꽤 잘산 것 같아. 정말 괜찮은 삶을 살았다고 생각해."

하지만 내가 "자녀와의 관계에 관해 사람들에게 해주고 싶은 말씀이 있다면요?" 하고 묻자 순간 분위기가 무거워졌다. 르뮤는 숨조차 죽이고는 한동안 조용히 입을 다물었다. 이윽고 입을 연 그녀는 절망에 사로잡혀 휠체어 손잡이를 내려쳤다.

"모르겠어. 모르겠다고! 내 잘못이야. 사실대로 말해주지. 단한 명의 아이도 내게 연락을 하지 않아. 나는 아이들 중 단 한 명의 소식도 몰라. 가슴이 아파 미칠 것 같아. 왜 그렇다고 생각해?

뭔가 방법이 있을까?"

그녀는 복받치는 눈물을 삼키며 고개를 저었다. 그러고는 말을 이었다.

"이유를 모르겠어. 정말 모르겠어. 딸 그레이스는 늘 타지에서 살아. 지금 어디에 있는지도 몰라. 늘 몇 년씩 여행을 다니거든. 결혼을 하긴 했는데 결혼생활이 오래가진 않았더라고. 이후로는 20년을 줄곧 혼자 살고 있다더군. 지금 동거하는 남자친구가 있다는 건 아는데 그 사람이 누군지는 전혀 몰라.

르뮈는 자녀들과의 관계가 왜 이렇게 돼버렸는지 정확히는 알 수 없지만 짐작이 가는 일은 있다고 했다.

"재혼 후 난 그 전과는 아주 다른 삶을 살게 되었어. 몹시 바빴고 모든 일이 늘 정신없이 돌아갔지. 그러다보니 아이들에게 제대로 신경을 써주지 못했고 예전만큼 가깝게 지내지 못했어. 정확히 그것 때문에 아이들이 불행했다고 말할 수는 없어. 다만 더 이상 공통의 관심사가 없어진 것뿐이었으니까. 그런데 그때부터 문제의 씨앗이 싹튼 것 같아. 첫 남편이 죽은 후 단 한 번도 예전과 같은 시간을 가져본 적이 없었으니까. 애들도 자기 자식들이 고등학교에 다니면서 반항을 하기 시작할 나이가 되니까 나한테 신경을 쓰지 못하고 자기 애들한테 얽매이게 되었겠지. 그 이후론 한 번도 연락을 안 하고 지냈어. 애들은 친아버지랑은 잘 지냈어. 아버지를 우상처럼 여겼지. 그런데 내가 재혼을 한 이후 새아버지랑은 전혀 공감대를 만들지 못하더라고. 각자 삶도 많이 달라졌고. 거기서 비롯된 거야. 그 애들 목소리를 좀 더 자주 들을 수만 있다면 정말 죽어도 여한이 없겠어."

건강이 좋지 않은 르뮤는 삶과 죽음이 맞닿은 지평선 가까이에 와 있다. 그녀는 자녀들에게 연락을 취하려고 갖은 애를 썼다.

"한 달 전쯤이었어. 애들에게 장문의 편지를 썼는데 답장이 없더군. 그레이스에게 몇 번 전화도 했는데 연락이 되질 않았어. 자동응답기로 넘어가더라고. 아들과는 몇 달에 한 번 연락을 해서 몇 분씩 짧게 이야기는 나눴지. 그런데 공통 화제가 없다보니 그냥 손자손녀 이야기만 하게 되더라고."

인터뷰를 마칠 무렵 르뮤는 기운을 되찾고는 다채로웠던 자신의 기나긴 인생 이야기를 다시 들려주었다. 하지만 "다 내 잘못이야. 애들 생각만 하면 가슴이 미어지는 것 같아." 하며 고통스러워하던 그녀의 목소리가 쉽게 지워지지 않았다.

어떤 가족이든 균열이 일어날 수 있다는 사실을 나는 인생의 현자들을 통해 배웠다. 그리고 그들이 균열의 해결방법이라고 믿는 것들에 더욱 관심을 두게 되었다. 그래서 나는 관계의 균열 문제로 고통받는 사람들과 관계가 거의 단절될 뻔한 상황까지 갔지만 무사히 회복한 사람들을 더욱 집중적으로 조사했다. 인생의 현자들은 '균열 방지'를 위한 방법들을 알려주었다. 쉽지는 않지만 친밀한 가족 관계를 이어가고 싶다면 새겨두어야 할 것들이다.

관계의 균열을 방지하는 법

첫째, 균열의 조짐을 초기에 파악하고 진정시켜야 한다

인생의 현자들은 한 번 균열이 생기면 그 균열은 저절로 번지며 회복이 더욱 어려워진다고 말한다. 실제로 그런 일이 생기고 나면 관계를 개선하는 방법에 관한 어떤 조언도 크게 도움이 되지 않는다. 그러므로 균열의 조짐이 보이는 초기에 즉각 행동을 취해야 한다.

마르타 폴커슨(71세)은 아들 제이가 결혼한 후 모자관계가 거의 단절될 뻔했다. 마르타와 제이는 서로 관심사를 공유하며 여러 가지 활동을 함께 하던 아주 가까운 모자지간이었다. 그런데 며느리는 이런 모자관계에 심한 질투심을 느꼈으며 분노를 터뜨리기도 했다. 결국 아주 사소한 일로 문제가 터지고 말았다. 아들 제이의 휴가에 마르타가 함께 가느냐 마느냐 하는 문제가 사단이었다. 아들은 어머니에게 휴가를 함께 가자고 제안했으나 그의 아내는 완강하게 시어머니와 동행하기를 거부했다. 아들 제이는 아예 휴가를 취소하고는 아내에게 크게 화를 냈다. 이 사건으로 불화가 점점 커져 아들의 부부관계는 거의 파탄 지경에 이르렀다. 마르타는 이렇게 말했다.

"돌이켜보면, 일이 그 지경까지 가도록 그냥 두지 말았어야 했어. 서서히 문제가 커지고 있다는 걸 알았거든. 어쩌면 내가 며느리의 질투심을 유발했을지도 모르지. 가끔 아들에게 며느리 흉을 본 적도 있으니까. 지금 와서 보면 그런 것들이 모두 시한폭탄이었던 거야. 그 어떤 것도 관계를 그 지경으로 망가지게 할 만큼 가치 있는 일은 없는데 말이야."

고등학생부터 중년에 이른 자녀를 둔 부모들은 혹시라도 자녀와 갈등이 생길 때는 진지하게 자문해보아야 한다. '이 싸움이 과연 그럴 만한 가치가 있는가?' 인생의 현자들은 대부분의 경우는 그럴 가치가 없다고 잘라 말한다.

둘째, 균열이 발생하면 즉각 조치를 취하라

인생의 현자들은 양쪽이 입장 차이가 있을 경우 아무 노력을 하지 않고 그대로 내버려두면 관계는 급속도로 굳어진다고 말한다. 폭탄이 터지는 것을 미리 막지 못했다면 이후에라도 가능한 빠른 시간 안에 "상황을 개선"해야 한다.

제니스 카펜터(77세)는 장녀 글로리아와는 관계가 편치 않았다. 반면 막내 베스와는 늘 다정하고 좋았다. 어느 날 장녀 글로리아가 동생 베스의 외동딸 결혼식에 참석하지 않고 다른 곳으로 휴가를 가기로 결정하면서 곪아온 문제가 터졌다. 제니스는 글로리아가 결혼식을 망쳤으며 결혼식에 쏟은 돈도 모두 낭비하게 만들었다고 생각했다. 글로리아가 휴가에서 돌아왔을 때 제니스는 글로리아와 단 한 마디도 하지 않았다. 날이 가면 갈수록 분노는 더욱 깊어졌다. 제니스는 그 결혼식이 "글로리아의 본색을 확인하고" 마음을 돌리게 된 "최후의 결정타"였다고 했다. 제니스는 가까운 친구들과 친척들 앞에서 모욕당했다고 느꼈으며 글로리아의 행동은 "용서할 수 없는 짓"이라고 말하고 다니기 시작했다. 반면 글로리아는 자신의 행동이 아주 정당하며 "이 모든 야단법석"을 이해할 수 없다고 했다.

제니스는 균열이 생기기 시작한 지점을 돌이켜보며 말했다.

"그때 글로리아와 바로 허심탄회하게 이야기했어야 했어. 일주일인가 2주 정도가 흐르고 나니 우리는 서로에게 너무 화가 났고 대화를 트기조차 어려울 정도로 응어리가 단단해졌지."

시간이 흐르면서 두 사람은 소통을 하지 않는 상황에 익숙해졌다. 그러다가 최근 막내딸 베스가 엄마와 언니를 화해시키는 데 성공했다. 제니스는 관계에 틈이 생긴 직후 바로 마음을 열고 솔직한 대화를 나누었더라면 상황이 훨씬 쉬웠을 것이라고 후회했다.

마리아의 이야기도 들어보자. 82세인 마리아는 아들 제임스 가예고스와 가까이 살고 있었는데 남편이 뇌졸중으로 쓰러졌을 때 아들이 찾아오지 않아 크게 실망했다. 몇 주 후 남편이 세상을 뜬 후 마리아는 아들을 향한 자신의 분노가 너무도 큰 나머지 두려운 생각마저 들었다. 그녀는 가급적 빨리 행동을 취하기로 결심했다. 그대로 있으면 상황이 더욱 악화되기만 할 뿐이라는 사실을 깨달았기 때문이다. 일주일 안에 그녀는 아들 가예고스와 마주 앉아 자신의 감정을 솔직하게 털어놓았다. 아들은 아무 도움도 줄 수 없는 상황에서 아버지가 쓰러지는 바람에 몹시 당황했노라고 고백했다. 마리아는 아들의 이기심에는 여전히 화가 덜 풀렸지만 화해하기로 결심했다.

"그럴 만한 가치가 있으니까. 아들과 함께할 때의 좋은 점을 잃을지도 모른다는 두려움을 느끼고 싶진 않았거든."

셋째, 불화가 생겼을 때 화해가 필요한 쪽은 부모다

이 말이 불공평하게 들릴 수도 있을 것이다. 하지만 지금껏 보아온 결과 부모자식 간에 균열이 생겼을 때 더 큰 희생을 치러야 하는 쪽은 거의 부모이다. 부모는 내리사랑을 한다. 자식에게 받는 것보다 주는 것이 훨씬 많다. 노인학자들은 이를 '세대 간 이해관계'라고 부른다. 부모는 자식과의 관계를 더욱 돈독히 하려 하고, 관계에 가치도 더 많이 부여하기 때문에 관계가 악화되거나 붕괴되었을 때 느끼는 상실감도 훨씬 크다. 이 상실감이 아주 큰 경우 자식과의 균열의 여파가 손자나 손녀에게까지 미쳐 이들과도 심리적 거리감이나 단절감이 생긴다.

인생의 현자들은 성인이 된 자녀와의 관계에서 가장 어려운 일 중 하나가 자식이 남들에게 인정을 받지 못하는 위치에 있을 때라고 말한다. 아들이나 딸이 게이나 레즈비언으로 커밍아웃한 경우가 대표적인 예다. 여론조사 결과를 보면 동성애 수용 정도는 연령대와 매우 밀접하게 관련이 있다. 2000년에 이루어진 한 조사에 따르면 미국의 18세에서 29세 연령대의 60퍼센트가 게이나 레즈비언끼리의 결혼을 지지하는데 비해 65세 이상 연령대는 25퍼센트만이 지지한다. 이와 유사하게 젊은 사람들의 55퍼센트가 게이와 레즈비언 커플이 양자를 입양할 권리를 인정하는데 비해 노년층은 25퍼센트만이 인정한다. 정확한 데이터는 없지만 1920년에서 1950년대를 살았던 인생의 현자들 중 게이나 레즈비언을 인정한 이들은 매우 드물 것이라는 사실은 미루어 짐작할 수 있다. 당시에는 이러한 문제들은 논의조차 되지 않았다.

그러므로 인생의 현자들이 이 문제에 맞닥뜨렸을 경우, 레즈비언 혹은 게이인 딸이나 아들과 문제를 해결하려고 노력하고 동성애 상대자를 만나고 어떻게든 이 낯선 개념을 자신의 세계관과 접목하려면 중대한 사고의 전환이 필요했다. 어떤 경우에는 불행하게도 자녀의 삶에 그토록 예기치 않은 일이 일어난 데 실망을 감추지 못하고 해결방법을 찾지 못해 균열이 생긴 경우도 있다. 반면에 굉장히 보수적이었던 부모가 상황을 서서히 받아들이며 균열을 피한 경우도 있다.

아마 마이크 호잇(76세)보다 더 보수적인 사람은 드물 것이다. 마이크의 삶은 직장, 집, 운동뿐이 없었다. 그런데 그와 그의 아내는 지금껏 살아온 사고방식을 엄청나게 바꾸게 되었다. 아들이 성 정체성을 밝혔기 때문이다.

"우리 아들은 게이라네. 아들이 그 사실을 처음 말했을 때 우리 부부는, 특히 나는 정말 큰 충격을 받았지. 도무지 그 상황이 이해가 가지 않아 당황했어. 아들에게 말했지. '맙소사, 동네 사람들이 우리를 어떻게 보겠니? 가족이 다 상처받을 거야.' 아, 정말 지독히도 끔찍하고 이기적인 말이었어. 참으로 어리석었지. 나는 아직도 그때 내가 했던 말을 후회한다네. 아들의 애인을 만나기까지는 오랜 시간이 걸렸어. 굉장히 힘든 시간이었지. 하지만 만나고보니 그 사람은 매우 성공한 사업가였고, 정말 멋진 사람이었어. 굳이 그런 점을 생각하지 않더라도 내가 그 사람을 받아들이면 받아들일수록 더욱 편안한 기분이 들었어. 그리고 그 일을 계기로 우리는 아들의 애인은 물론 게이 집단에 대해 한층 관대해졌고 더욱 많이 이해하게 되었어. 대부분의 게이들은 사회적으로도 매우 성공한 사람들이야. 우리 부부와는 달리 아이들은 처음부터 형제 중 한 명의 상황을 잘 받아들여 주었고 아주 협조적이었어. 손주들 역시 전혀 무리 없이 관계를 잘 유지했고. 그 애들에겐 문제가 되지 않더군."

호잇 부부가 아들에게 품었던 사랑은 궁극적으로 잠재적인 균열을 극복하게 해주었다.

"우리 아들은 아주 멋지고 자상한 아이야. 정말 사려 깊고. 타인에 대한 연민도 깊지. 특히 불행에 처한 이들에게 더욱 그랬지."

안타깝게도 호잇의 아들은 어느 날 갑자기 죽었다. 하지만 따뜻한 관계를 유지하며 보낸 나날들 덕택에 부부는 슬픔을 좀더 쉽게 극복할 수 있었다. 또한 아들 애인과의 관계도 끝나지 않았다.

"우린 아직도 아들의 애인과 아주 가깝게 잘 지내고 있다네. 함께 저녁을 먹거나 외출도 하고 여러 가지 일도 함께 하지. 마치 가족처럼 말이야."

이 사례는 '균열을 피한' 경우 중 하나이다. 하지만 도저히 용서할 수 없을 것 같은 일, 극복하기 힘든 최악의 상황을 겪은 인생의 현자들도 있다. 그리고 균열의 틈 위에 서서 관계가 가치가 없다고 결정하고 자식과 관계를 단절했던 이들도 있다.

그웬 해거맨(73세)에게 자녀에 관해 묻자 이렇게 대답했다. "난 딸과 아주 친하게 잘 지내." 그리고는 긴 침묵이 뒤따랐다. 말을 할지 말지 망설이는 듯했다. 긴 침묵 후에 드디어 그녀가 입을 열었다.

"딸은 내 두 번째 남편과 바람을 피웠어. 자기 의붓아버지랑. 그때 받은 충격은 이루 말로 다 할 수 없지. 남편은 내가 미쳐서 잘못 생각하는 거라 주장했지만 그렇지 않다는 걸 알고 있었어. 딸도 의붓아버지와 관계를 했다는 사실을 인정했고. 몇 년 동안 우리 관계는 멀어졌지. 다른 사람들이라면 그 상황에서 어떻게 했을까. 딸에게 등을 돌릴 수도 있었지만 난 생각했어. '내 하나뿐인 딸인데!' 그리고 딸만 탓할 수는 없는 상황이었다는 것도 알게 되었고. 두 번째 남편은 아주 질이 나쁜 사람이었거든. 어쩌겠어. 지나간 일은 지나간 대로 두어야지. 과거로 돌아가 상황을 되돌려놓을 수도 없고, 언제까지 그 고통을 되새기며 살 수는 없잖아. 그래봐야 결국 상처받는 것은 나 자신이니까. 딸과 나는 다시 예전 관계로 되돌아갔어. 내가 딸의 아이들을 돌봐주었거든. 정말 예뻐했으니까. 그리고 딸과 나는 다시 친구가 되었지. 지금은 꽤 잘 지내고 있어. 지나간 일은 흘러가게 두어야 해. 완전히 끝난 일이잖아. 다시 어찌 해볼 수 없는 일이니 그냥 흘러가게 두는 수밖에."

모든 부모들에게 '관계의 균열을 피하라.'는 메시지는 매우 중요하다. 부모와 자녀 사이를 위협할 일은 삶의 초반에 올 수도 있고 후반에 올 수도 있다. 물론 자녀의 행동이 말할 수 없이 상처를 주거나 폭력적이어서 인연을 끊고 사는 것이 부모의 정신적, 육체적 건강에 도움이 되는 경우도 있다. 하지만 인생의 현자들은 관계에 금이 가게 된 사건들이 당시에는 중요해 보이지만 인연을 끊고 사는 고통을 감수할 만큼 가치 있는 일이 아닌 경우가 많다고 말한다.

열다섯 번째
아이는 자라고 부모는 늙는다

수백 명의 노인들과 대화를 하면서 삶에서 특징적인 단계를 새롭게 발견했다. 나는 그 단계를 '흔적의 시기'라고 부른다. 일반적으로 사춘기나 그보다 더 어린 자녀를 키울 때 부모의 나이는 대략 30대에서 40대이다. 이때가 바로 흔적의 시기로, 소모적인 일들이 너무 많아서 언제 그런 적이 있었나 싶게 순식간에 지난 것처럼 여겨지는 때다. 첫아이가 태어나면서부터 가족의 삶에 변화가 생기고 아이가 학교에 들어가면 아이는 아예 시간과 노력과 온 정신을 빨아들이는 블랙홀이 되어버린다. '그 시기'에는 너무 정신없이 살다보니 한걸음 물러서서 벌어지는 일들을 성찰해보기조차 버겁다.

하지만 바로 이 시기야말로 인생의 현자들의 경험에서 걸러낸 지혜에 귀를 기울여야 할 때다. 지금 한창 아이를 기르느라 정신없이 살고 있다면, 노인이 되었다고 상상해보자.

양육을 마라톤에 비유하면 이제 거의 결승점에 왔다. 짧지 않은 시간 동안 아이를 기르면서 좋은 일과 궂은일 모두 겪었다.

상상을 초월하는 탄생의 신비부터 아이와 함께 보낸 숱한 불면의 밤들, 아이가 아장아장 걷는 모습을 보며 느꼈던 흥분과 아이가 아프면 어떡하나, 성적이 나쁘면 어쩌지, 아들 침대 밑에서 발견한 수상한 잡지들은 뭘까, 딸아이가 첫 운전을 무사히 할까 등 걱정이 끊이지 않았다. 물론 즐거운 순간도 있었다. 게임 종료 1분을 앞두고 아이가 속한 축구팀이 넣은 승리 골, 아이와 진정으로 교감하며 대화를 나누었던 순간, 아이가 원하던 대학에서 합격통지서를 받던 날 등도 잊히지 않는다. 그리고 모든 부모가 그렇게 하듯 집을 떠나는 아이의 뒷모습을 지켜보았다.

하지만 그 다음은? 딸 혹은 아들이 집을 떠난 후를 생각해보면 예기치 못했던 질문이 떠오른다. '이제 남은 삶은 어떻게 살지? 자녀가 현실 세계에 성공적으로 안착하도록 온 힘을 다해 투자했는데……'

대부분의 사람들이 20대에서 30대에 부모가 된 이후 약 20년에서 30여 년 정도는 아이와 함께 한 지붕 아래서 보내게 된다. 딸이나 아들이 독립할 무렵이면 대개 40대 중반에서 50대가 되고, 이후에도 30년에서 40년을 더 살아야 한다.

단순히 계산해보아도 부모로 보내는 시간에는 아이들이 어려서 한집에 살 때뿐 아니라 그들이 성인이 되었을 때도 포함된다. 인간의 평균 수명이 크게 늘면서 삶의 양상이 예전과는 확연하게 달라졌다. 즉 부모와 성인이 된 자녀가 함께 보내는 기간이 길어진 것이다. 예전에는 보통 막내아이가 성인이 되면 부모들은 수명을 다하고 세상을 떠났다. 하지만 현대는 부모가 수십 년 동안 자식을 위해 쏟아온 노력을 보상받기에 충분한 만큼 수명이 길어졌다.

이 책을 준비하면서 진행한 인터뷰와 지금까지 내가 연구한 노인학 자료까지 더하면 나는 수년에 걸쳐 1만여 건 이상의 인터뷰를 한 셈이다. 그 결과를 보면 대부분의 부모들이 자녀에게 집중하는 순간은 집에서 아이를 양육할 때였다. 부모와 자녀는 대개 가정이라는 울타리 안에서 20년에서 30년을 함께 보낸다. 그 시기에는 자녀가 독립하면 모든 것이 끝날 것이라 생각하기 마련이지만 자녀들이 독립한 이후의 삶도 반드시 염두에 두어야 한다.

훗날 어른이 된 자녀와 앞으로 남은 기나긴 날들을 변함없이 사랑하며 잘 지내려면 아이가 어린 지금 이 시간을 어떻게 보내야 할까?

앞에서 자녀와의 관계가 어긋나거나 단절돼 어마어마한 고통을 받고 있는 부모들의 사례도 보았다. 자녀들은 결국 부모에게 있어 삶의 연속성이자 의미이며 애정이고 무엇보다도 더 큰 삶의 목적이다. 그런데 성장한 자녀들이 부모와 함께 시간을 보내려 하지 않는다면 그리고 든든한 힘의 원천이 되어주지 않는다면 노년기는 매우 힘들어질지도 모른다.

자녀와 최상의 관계를 형성하고 유지하고 싶다면 그래서 자녀들로부터 행복한 노년을 보상받고 싶다면, 자녀를 양육하는 바로 지금 설령 희생을 하더라도 더 많은 시간을 함께 보내고, 가혹한 체벌은 피하고, 균열이 생기기 전에 불화를 조정해야 한다. 다른 것과 마찬가지로 자녀와의 관계도 투자를 해야 보상을 받는다. 이에 대한 인생의 현자들의 이야기를 들어보자.

레이 캐들(80세)은 두 아들과 두 딸을 두었다. 먼저 세상을 뜬 아내 마조리와 그는 자녀들과 유대감을 기르고 즐거운 추억을 만드는 데 시간과 노력을 쏟아부었다. 그것을 위해 때로는 직장 일도 희생했다. 레이의 이야기를 들어보자.

"아이들과의 관계는 정말 순수한 기쁨의 샘이라고 말할 수 있지. 나는 아이들과 함께 있는 게 정말 좋아. 애들끼리도 우애가 깊지. 서로 배우자나 가족들도 잘 챙겨준다네. 우리는 서로에게 진정한 기쁨의 원천이지. 지난 6월 내 팔순 생일에 우리 애들이 뭘 해준 줄 알아? 예전에 애들한테 지나가는 말로 '세상 떠나기 전에 플로리다에 가서 프로 야구팀의 봄철 훈련이나 한번 봤으면' 하고 말했거든. 애들이 그 말을 기억하고는 플로리다 여행을 계획해서 온 가족이 모두 함께 떠났지. 두 딸들은 조금 불만스레 말하더군. '내가 정말 이 정도로 야구를 좋아하긴 할까?' 그러더니 결국 함께 갔지. 다녀온 후에는 아주 재밌었다고 하더라고. 이런 것이 가족만이 누리는 정이 아닐까 싶어."

에시 파이스트(99세)는 놀라울 정도로 활기에 넘친다. 수영과 걷기 같은 운동도 하고, 뜨개질이며 다양한 사회활동도 꾸준히 하고 있다. 불과 얼마 전까지 운전도 직접 했다. 그녀에게는 두 딸이 있다. 그녀는 딸들을 가리켜 "축복 같은 애들"이라고 한다. 두 딸은 지금도 그녀와 가까운 곳에 살며 수시로 찾아온다. 에시의 딸들은 각각 76세, 69세다.

"딸들이 어렸을 때 내 신조는 '늘 열려 있는 집'이었지. 애들이 자유롭게 친구를 데려오게 했어. 그래야 우리 애들이 누구와 사귀는지 알 수 있으니까. 우리 애들은 참 착했어. 나는 애들이 학교에 꼬박꼬박 잘 다니고, 숙제도 잘하도록 늘 돌보고 보살폈어. 부모라면 누구나 그 정도는 해야지. 자녀를 잘 보살피는 건 정말 중요한 일이거든. 그리고 늘 마음의 문을 열어야 해. 아이들의 친구들이 언제든 집에 올 수 있게 해. 그래야 애들이 누구와 노는지, 어디에 있는지, 무얼 하는지 알 수 있으니까. 성인이 된 애들과 잘 지내는 법? 별것 없어. 서로 사랑하고, 보살펴주는 거지. 그리고 함께 지내다 보면 애들에게도 배울 점이 있어. 나도 우리 애들에게 많은 것을 배웠지. 세상은 변하잖아. 그런데 변화를 받아들이지 못하고 마음의 문이 닫혀 있을 수도 있거든. 그러면 애들이 내 눈과 귀가 되는 거지. 나는 애들이 하는 말에 귀를 기울이고 말이야.”

에시의 딸은 이런 말을 했다.

“엄마와 함께하는 시간은 늘 즐거워요! 한 주 걸러 한 번씩 일요일마다 제 남편과 엄마와 함께 카드놀이를 하는데 엄마가 이길 때가 많답니다. 절대 우리가 봐주는 게 아니에요. 저는 자랄 때부터 게임에서는 그래선 안 된다고 배웠거든요. 엄마가 정정당당하게 이긴 거죠. 엄마는 아주 총명하세요. 절대 속이지 못해요. 엄마는, 지금 내가 이 나이가 되었는데도 늘 규칙을 잘 지켜야 한다고 말씀하신답니다.”

에시는 두 딸과 70년 이상 좋은 관계를 유지했다. 그것이 그녀가 젊은 시절 내린 결정의 결과이자 보상이다. 양육 문제로 어떤 결정을 내릴 때는 반드시 장기적인 관점에서 어떻게 되돌아올지를 생각해야 한다.

옛말에 “미래에 이익을 가져다 줄 일은 반드시 지금 해야 한다.”는 말이 있다. 인생의 현자들이 들려주는 양육의 조언 역시 이 말과 상통한다. 자녀에게 어떤 행동을 할 때 어린 자녀건 성인이 된 자녀건 장기적인 관점에서 생각해야 한다.

훗날 자녀에게 바라는 것은, 아이들이 나를 좋아했으면 나와 가까이 있었으면 하는 아주 소박한 것들이다. 인생의 현자들은 훗날 그런 바람을 이루는 데 걸림돌이 될 만한 행동은 반드시 피해야 한다고 말한다.

그리고 꼭 기억해야 할 것
쉽게 키워라

대부분의 부모들은 이렇게 말한다. "우리 애가 음악을 좀더 잘할 수 있도록 뒷받침해주었다면 재능을 마음껏 발휘할 수 있었을 텐데.", "다른 애들과 놀 기회를 더 많이 주었다면 우리 애가 지금처럼 부끄럼을 많이 타지는 않을 텐데."

'○○했다면' 하는 식의 바람은 대부분 그 반대로도 맥이 통한다. "내가 아이 공부를 좀더 시켰더라면 학교생활을 더 잘할 텐데."라는 말은 "내가 아이에게 공부를 더 많이 시키지 않았더라면 학교생활을 더 잘할 텐데."라는 말과 같다.

또 대부분의 부모들은 아이에게 불가능한 기준을 적용한다. 자신의 아이를 늘 반듯하게 행동하는 모범생과 비교하거나, 상상 속에서나 존재할 법한 우등생과 비교한다. 이 비교는 진부한 잔소리가 되고, 그 속에서 아이들은 영어학원, 태권도 학원 그리고 자원봉사까지 두루 하며 거의 기업 CEO 수준의 빽빽한 일정을 소화한다. 자녀가 다소 공부를 못하면 '학습장애 테스트'를 해보자고 강요하는 부모들도 더러 있다. 축구팀에 들지 못한 아이를 위해 비싼 개인 교습을 시키고, 여름이면 대학교 기숙사와 금고를 채워줄 값비싼 대학 캠프에 아이를 보내는 부모들도 많다.

인생의 현자들은 오늘날 대부분의 부모들이 지닌 이 압박에 대해 "완벽한 아이를 둔 부모는 없다."고 말한다. 그들 역시 자녀 양육을 하며 어려움도 겪었고 시행착오도 있었으며 불행한 시기, 뼈아픈 과오도 있었다는 사실을 인정한다. 하지만 그럼에도 그들의 자녀들은 째 잘 자라주었다. 그들이 전하는 메시지는 분명하다.

"완벽한 아이로 키우겠다는 생각을 버려라. 완벽한 부모가 되겠다는 생각도 버려라. 가능한 쉽게 키워라."

아동심리학 분야의 선구자인 도널드 위니캇은 모든 부모들에게 "이미 충분히 훌륭한 양육을 하고 있다는 점을 늘 상기해야 한다."고 조언한다. 우리는 완벽할 수 없다. 하지만 예의바르고 사랑스러운 아이로 키우기 위해 "만족스러운 양육"은 할 수 있다.

만족스러운 양육이라는 말은 자녀에게 실패를 허용한다는 뜻이다. 레노어 프락터(78세)에게 자녀 양육에 관해 물었을 때 그녀가 내뱉은 첫 마디는 "어려워."였다. 그렇다고 해서 레노어가 세 자녀 키우는 일을 즐기지 않았다는 말은 아니다. 단지 양육을 하다 보면 넘어야 할 장애물들이 많다는 의미다. 레노어는 양육 문제에 관해 많은 고민과 생각을 했다. 교사였던 그녀는 결국 유명한 육아 책의 저자가 되었다. 그녀는 말한다. 완벽한 아이로 키우려는 욕심을 버리라고. 잘못을 통해서 배울 수 있도록 아이를 내버려두라고.

"남편과 나는 양육관이 같아. 아이들이 직접 결정을 하도록 내버려두지. 물론 아이들 결정이 늘 옳지는 않아. 하지만 실수에서 뭔가를 배울 수 있는 게 중요하지. 실수를 전혀 하지 않는다면 어떤 것이 옳은 방법인지, 어떤 것이 그른 방법인지 알 수 있는 길이 없잖아. 아이에게 결정권을 주는 것이 늘 최상의 결과를 가져오는 것은 아니지만 아이들은 어려움에 대처하는 방법을 배우게 되지. 한번은 아들에게 이런 말을 한 적이 있어. '다른 부모들처럼 너희를 더 좋은 대학에 가도록 잔소리도 하고, 너희 삶에 더 개입했으면 지금 너희가 어떤 삶을 살까 궁금할 때도 있단다.' 그러자 아들이 펄쩍 뛰며 말하더군. '어머니, 우리 모두 대학에 갔잖아요. 모두 좋은 직장에 다니고 있고, 누구에게도 해를 끼치지 않고 살아요. 마약에 손 댄 적 없고 감옥에 가지도 않았고요. 이만하면 괜찮지 않아요?' 그래서 내가 말했지. '네 말이 맞구나. 괜찮고말고. 훌륭하지.' 결국 완벽함을 추구하는 건 별 의미가 없더라고."

인생의 현자들은 자녀들에게 거는 기대를 낮추고 불가피한 실패도 늘 염두에 두라고 말한다. 문제가 생겼을 때 중요한 것은

대처하는 방법이지 완벽한지 아닌지가 아니다. 인생의 현자들은
완벽함을 포기하고 '만족스러운 정도'로 대체하라고 조언한다.
양육에 관한 조언을 말하면서 완벽함을 요구한 인생의 현자는
한 명도 없었다. 그들이 강조한 부모의 덕목은 오직 열린 마음과
아이의 말을 들어주는 자세 그리고 선의다.

30
LESSONS
FOR
LIVING

양육을 위한 5가지 조언

이 책의 첫 장에서 나는 나이가 많은 사람들이 줄 수 있는 삶의 조언
에 귀 기울여야 한다고 주장했다. 육아에 관한 이 장은 새겨들어야 할
조언 중에서도 가장 핵심이 되는 것이며, 그들의 조언을 세심하게 새
겨듣는 것이 어째서 그토록 가치 있는 일인가에 대한 답이기도 하다.
세상에는 살아보고 나서야 알게 되는 것들, 시간이 흐르고 끝까지 지
켜보아야 알게 되는 것들이 있다. 바로 인생의 현자들이 자녀 양육을
위해 전하는 5가지 조언이 그런 것들이다.

LESSON 11. **아이들과 더 많은 시간을 보내라** 아이들과 시간을 함께 보내기 위해 필요하다면 희생도 감수하라. 계획된 '좋은 시간' 뿐만 아니라 흘러가는 소소한 일상을 함께 하는 것이 부모와 자녀를 더 가깝게 만든다.

LESSON 12. **깨물면 유독 아픈 손가락, 드러내지는 마라** 자녀가 둘 이상이라면 그중 편애하는 아이가 있다는 사실을 스스로 인정하라. 하지만 절대로 아이들이 그 사실을 알아서는 안 된다.

LESSON 13. **몸의 멍은 지워지지만 가슴의 멍은 평생 남는다** 훈육은 애정 어린 방식, 존중하는 마음으로 해야 한다. 체벌은 무조건 안 된다.

LESSON 14. **무슨 수를 써서라도 관계의 균열만은 피하라** 할 수 있는 모든 수단을 동원해서라도 자녀와의 관계에 돌이킬 수 없는 금이 가는 것만은 막아라. 설령 부모가 양보하더라도 그럴 만한 가치가 있다.

LESSON 15. **자녀와의 관계는 '평생의 관점'에서 보라** 자녀가 독립해서 집을 떠난 후에도 부모자식 관계는 지속된다. 아이들이 어릴 때 내린 결정이 나머지 절반의 인생에서 자녀와의 관계에도 영향을 미친다.

5장

하강의 미학
지는 해를 즐기는 법

에드위나 앨버트, 94세

나이듦에 대한 충고라. 세상에 숨어 있는 마법들을 찾게. 이 세상은 마법 같은 곳이지. 아침에 일어나서 태양이 떠오르는 모습을 감상하는 것도 나이를 먹어가면서 할 수 있는 일이지. 나이가 들면 모든 일이 감사하고 행복하다네. 인생을 즐겨야 해. 조금 더 성숙해지고, 나이가 든다고 해서 인격이 그만 성숙해도 되는 건 아니니까. 나도 한때는 노인이 되면 누구나 흔들의자에 앉아 그저 삶을 흘러가는 대로 내버려둔다고 생각했지. 그런데 그렇지 않더라고. 나뿐 아니야. 다들 마찬가지더라고. 지금 내가 춤을 추지는 못하지만 몸만 허락한다면 얼마든 출 것 같아. 세상 그 누구도 지루하게 살 이유가 없어. 내가 늘 하는 말이지. 죽어서 천국에 갔는데 천국이 사람들이 말하는 그런 곳이라면 정말 지루할 거야.

조지 부시 대통령 시절 대통령의 60세 생일을 즈음해 〈워싱턴포스트〉의 한 기자가 나에게 코멘트를 청했다. 당시 그 기자가 썼던 기사에 의하면 부시 대통령은 생일 파티가 있기 몇 주 전부터 나이 드는 것을 불평했다고 한다.

"최근 몇 달 동안 부시 대통령은 연설을 하면서 자신을 '시시각각 늙어가는 대통령', '백발의 반열'에 합류한 사람, '늙어가는 사람' 급속도로 '늙은 사람'이라는 표현을 사용했다."

부시 대통령의 이런 반응에 대해 나는 노인학자로서 이렇게 해석해주었다.

"베이비붐 세대에게 60세가 된다는 것은 꽤나 충격적인 일입니다. 자신들은 영원히 나이를 먹지 않으리라 믿었지만 실상은 그렇지 않다는 걸 알게 됐으니까요. 이제는 삶의 기회들이 더 이상 없다는 실존적 현실을 받아들이기 힘든 겁니다."

그런데 그 코멘트가 실린 기사를 다시 봤을때 나는 나도 모르게 무릎을 쳤다. 아무렇지도 않게 베이비붐 세대를 이야기했지만 사실 그것은 내 안에 깊숙이 자리한 나이듦에 대한 공포를 이야기한 것이나 다름없었기 때문이다. 나 역시 전형적인 베이비 붐 세대다. 2차대전에 참전했던 군인들이 집으로 돌아오면서 어마어마한 출생 붐이 일었고, 나는 그 붐이 절정에 달했던 1954년에 태어났다. 그리고 카우보이 복장, 훌라후프, 콩나물시루 같던 초등학교 교실, '원자폭탄'에 대한 두려움, TV문화가 보편화되는 과정 등을 모두 겪었다.

베이비붐 세대를 규정할 만한 공통점 중 하나는 바로 모두 가슴속에 피터팬을 품고 산다는 것이다. 이 세대는 나이를 먹는 현실을 받아들이기 힘들어한다. 물론 이후 X세대니 Y세대니 하는 세대들도 역시 노화과정을 완강히 부인하기는 마찬가지이다.

그렇다면 그토록 젊음을 지향했던 베이비붐 세대는 노화를 어떻게 받아들일까? 와인공장 견학, 탐험 여행, 빨간 스포츠카, 두세 번의 결혼 뒤에는 나이 드는 것이 불가항력이라는 사실을 인정하는 심리가 숨어 있다. 17세기 정치인이자 시인이었던 앤드루 마블은 나이 드는 것에 대한 느낌을 단 두 줄로 잘도 표현했다.

"그러나 나는 등 뒤에서 듣는다.
시간이 날개달린 전차처럼 달려오는 소리를."

실존주의 철학자 알베르 카뮈는 이런 말을 했다.

"그는 시간에 속해 있는 것이다. 자신을 사로잡는 공포로 보아 거기에 최악의 적이 도사리고 있음을 깨닫는…… 그런 순간이 온다."라고.

온 사회가 노화에 대한 공포로 아우성이다. 지난 20년간 여론 조사 결과를 보아도 대부분의 사람들은 나이 드는 것에 부정적인 태도를 보인다. 심리학자 토드 넬슨 박사는 이렇게 말한다.

"대부분의 젊은이들이 나이 든 사람에게 관대하지 않으며 노골적으로 부정적인 태도를 드러내는 경우도 허다하다."

역설적인 것은 젊은 사람들이 자신들에게 상처로 고스란히 돌아올 편견을 퍼트린다는 것이다. 마치 자신들은 나이가 먹지 않을 것처럼.

이 장에서 만날 인생의 현자들은 노인과 노화에 대한 관념, 즉 우리의 미래이기도 한 70대 이후의 삶에 대한 우리의 고정관념을 완전히 뒤엎어놓는다.

열여섯 번째
고개마다 다른 기쁨이 있다

나이를 먹는 것은 인간이 겪는 가장 낯선 경험이다. 아무도 벗어날 수 없다는 점에서 인류가 공유한 한 가지 공통점이라고도 말할 수 있다. 누구나 나이를 먹는다. 하지만 노인이 된 자신의 모습을 상상하기란 대단히 어렵다. 노인들은 젊은 사람들과 정신적으로 분류되며 심지어 전혀 다른 종으로 취급받기도 한다. 그들이 마치 태어날 때부터 줄곧 노인이었던 것처럼 말이다.

그렇게 보면 인간에게는 노화가 하나의 과정이라는 사실을 이해하는 능력과 나이가 든 자신의 모습을 상상하는 능력이 부족한 것 같다. 이 때문에 관련 연구를 하는 사람들은 젊은 사람들이 노년의 삶을 이해할 수 있도록 여러 방법을 모색하기도 한다.

심리학자 로라 카스텐슨과 제레미 베일렌슨은 대학생들이 미래의 자신의 모습을 상상하는 데 도움이 될 방법을 개발했다. '몰입형 가상현실'이라고 하는 첨단 장비를 이용한 방법으로, 노인이 된 자신의 모습을 좀더 현실적으로 상상할 수 있도록 해준다. 학생들은 거울을 통해 디지털로 만든 자신의 미래 모습을 본다. 이렇게 미래를 시각화해서 젊은 사람들에게 보여주면 은퇴 후의 삶을 좀더 현실적으로 계획하는 데 도움을 준다고 연구진은 밝혔다. 하지만 이러한 기술이 있다 해도 젊은 사람들이 50년 후 자신의 모습을 상상하기란 쉽지 않다.

사람들은 이미 노년의 삶을 경험한 이들이 들려주는 정보보다는 자신들이 되고 싶은 모습으로 노년을 상상하고 그 삶에 환상을 품는 경향이 있다. 하지만 나는 인생의 현자들로부터 노년의 삶에 대해 들으면서 정말 놀라운 사실을 발견했다. 내가 만난 인생의 현자들은 젊었을 때 생각했던 것보다 지금 훨씬 높은 수준의 행복을 누리고 있었다. 그 말을 들으니 내 머릿속에 자리한 편견을 비집고 새로운 생각이 들기 시작했다.

'나이 드는 건 생각보다 훨씬 괜찮은 일인 것 같은데……'

이 책을 읽는 분들에게도 권한다. 우선 노화과정에 대한 두려움을 떠올리고 나이를 먹는 것에 대해 어떤 생각이 드는지 생각해보자. 그리고 이미 그곳에 가 있는 사람들이 전해주는 다음 말들을 읽어보자.

"받아들여라. 싸우지 마라. 나이를 먹는 것은 하나의 태도이자 과정이다. 지금 삶이 긍정적이고, 즐거우며, 목적이 있다면 앞으로도 잘 살 수 있다." _레이 캐들, 80세

"80대에 접어든 이들에게 해주고 싶은 말은 나이가 많다고 해서 나이 들고 노쇠하다고 생각하지도 말고 무덤이나 영안실로 가는 중이라고도 생각하지 말라는 거야. 그보다는 훨씬 괜찮으니까. 아직도 경험해보지 못한 일들이 세상에는 많아. 관심을 가질 만한 일들, 기쁨을 안겨다줄 일들이. 우리는 지금 길의 끝에 서 있는 게 아니야. 여전히 끝이 보이지 않는 길 위에 있는 거지." _조셀린 위키, 86세

"나는 젊은이들에게 나이 드는 건 아주 멋진 일이라고 말해주고 싶어. 전혀 개의치 않고 기쁘고 즐거운 일들을 할 수 있지! 얽매이고 거추장스러운 것도 없어. 친구가 부르면 바로 나갈 수도 있고, 굳이 집에 있지 않아도 돼. 젊어서는 누가 만나자고 전화를 해도 이런저런 이유 때문에 못 나갈 때가 많았어. 지금은? 전혀 걸릴 게 없지." _라모나 올버그, 76세

노화에 관해 인생의 현자들이 전해주는 메시지는 늙는 걸 걱정하느라 쓸데없이 시간 낭비하지 말라는 것이다. 그들은 실제 노인이 된다는 것은 젊어서 생각하던 것과는 완전히 다른 일이라고 말한다. 상상과 실제는 어떻게 다를까? 나는 수많은 노인들로부터 삶을 충만하게 만들어줄 만한 두 가지 지혜를 얻었다.

첫째, 인생의 현자들 중 대다수가 노년의 삶에 대해 '평온함',

'존재의 가벼움', '고요하고 평화로운 일상' 등 긍정적인 말로 표현했다. 그리고 나는 세실 램킨(92세)과 함께 봄날 오후를 보내면서 내 눈으로 그 평안함을 직접 보았다.

세실을 만나러 갔을 때 파트타임 간병인이 나를 거실로 안내했다. 거실의 한쪽 벽은 통유리로 되어 있어 고요한 호숫가와 아직 앙상한 나무들이 내다보였다. 세실은 호숫가에 있는 이 집에서 50년째 살고 있으며 지금은 아니지만 불과 얼마 전까지만 해도 호수에서 수영을 즐기곤 했다.

"이젠 계단을 오르내리지 못해서 수영은 더 못해."

세실이 말했다. 몇 년 전 남편이 먼저 세상을 떠났다. 결혼 68년 만의 이별이었다. 세실은 60대인 세 딸과 가까이 지낸다. 그녀는 자신의 나이나 떠나야 할 시간에 대해 어떤 착각도 하지 않는다고 했다.

"내 나이 아흔둘이야. 아흔다섯까지 산다면 기적이지."

세실이 웃으며 말했다. 나이가 드니 이런저런 제약도 있다.

"나이를 먹으면서 삶의 반경이 더 좁아졌지. 잘 걷지 못하니 전에는 아무렇지도 않게 하던 일들도 하기가 쉽지 않더라고. 휠체어를 끌어주는 사람이 없으면 박물관에도 못 가. 도서관에도 자주 가곤 했는데 이젠 누군가 함께 가야 하고 쇼핑도 못 해. 하지만 마음은 박물관이며 도서관에 있어. 난 여전히 행복한 사람이야."

다른 많은 인생의 현자들과 마찬가지로 세실은 노인이 된 후 상실의 아픔은 있었지만 완전함, 포용, 소소한 것들에 기뻐할 줄 아는 마음을 얻었다.

"그냥 단순히 어른이 아니라 노인이 되고 보니 모든 것들이 더욱 명확해지더군. 내 딸한테도 말했어. 내 삶에서 그 어느 때보다도 지금이 가장 행복하다고 말이야. 나도 내가 왜 지금이 더 행복한지를 줄곧 생각했지. 많은 생각이 들더라고. 우선, 젊어서는 그토록 중요했던 일들이 이젠 그리 대단치 않아졌어. 그리고 늘 지고 살아온 책임감도 더 이상 느낄 필요가 없고. 난 책임감이 꽤 강한 사람이었는데 지금은 책임질 일이 별로 없지. 애들이 이제 자기 삶을 알아서 책임지고 있으니까. 그 애들이 무얼 하든지 다 자신들 몫이지. 잘하리라 믿어. 늘 옳은 결정을 내릴 거라는 말이 아니라 자신들의 삶을 잘 이끌어나갈 거라는 뜻이지. 손주들도 괜찮을 거고. 아주 책임감이 강한 애들이지. 그 아이들이 참 자랑스러워. 그리고 나는 아직 내 집에 살고 있잖아. 이 집은 여름이면 정말 근사해. 여름이 되면 난 밖에서 살지. 가족들이나 친구들이 오면 휴가 온 기분도 내지. 나이를 먹으니 누군가를 접대해주어야 한다는 강박에서도 자유롭더라고. 오히려 방문객들이 나를 챙겨주지. 아주 홀가분해. 이전에는 한 번도 느껴보지 못한 만족감이랄까. 내 나이 또래 다른 사람들도 다 나처럼 말하더라고."

비단 세실만 특이하게 겪는 일이 아니다. 80대에서 90대의 인생의 현자들이라면 나이 드는 것을 심각하게 여기고 두려워하는 젊은이들에게 한 가지 사실만큼은 분명하게 말해줄 것이다. 잊어버리라고. 대부분의 노인들에게 나이 든다는 것은 삶에서 가장 놀라운 사건이다. 노년이 상상했던 것보다 더 큰 기회와 만족을 주는 시기이기 때문이다. 그리고 이는 인종이나 경제력 등과 상관없이 대부분의 노인들이 느끼는 감정이다.

내가 두 번째로 놀랐던 것은 인생의 현자들이 나이 드는 것을 하나의 탐험으로 여기는 점이었다. 그들에게도 나이 먹는 것은 미지의 영역이며, 출세와 양육, 책임이라고 하는 분명한 삶의 지도가 있던 중년과는 달리 지도조차 없는 세계로 들어가는 과정이라는 사실을 인정한다. 하지만 많은 인생의 현자들이 나이를 먹는 것은 새로운 기회와 경험해보지 못한 색다른 관심사들이 가득한 신천지를 탐험하는 기분이라고 설명했다. 그들에게 나이 듦은 쇠락의 시간이 아니라 모험이다.

로레인 바우어(89세)는 낙천주의자는 아니다. 그녀는 노화 문제를 대충 얼버무리고 넘어가지 않는다. 로레인은 매우 활동적이며 바쁘게 살아가는 사람으로 나이에 따르는 신체 활동의 제약을 몹시 속상해한다. 하지만 그녀는 노화를 탐험으로 생각한다. 로레인은 이렇게 말했다.

"테니슨의 시 〈율리시스〉에 이런 구절이 있지. '가자, 친구여, 새 세계를 찾기에는 아직 늦지 않았네.' 이 구절은 내 삶의 주문이야. 이 말은 100세가 된 사람한테도 해당하는 말이야."

앙투와네트 와킨스에게 이 화두를 꺼내자 젊은이들에게 분명히 해주고 싶은 말이 있다고 했다.

"내가 해주고 싶은 말은 걱정하지 말라는 거야. 살아보니, 나이의 고개를 넘을 때마다 이전에는 없던 기회들이 생기더라고. 그리고 각 고개마다 다른 기쁨들이 있어. 사람들은 나이 드는 걸 지나치게 두려워해. 걱정하지 마. 나이 드는 건 모험과 같으니까."

많은 인생의 현자들이 노년기를 모험하다 보면 새로운 기회와 관심사들이 펼쳐진다고 말한다. 헨리 데이비드(82세)는 경제 대공황이 한창이던 시절 가난한 농가에서 자랐다. 헨리의 가족은 농사를 지어 근근이 생계를 유지했다.

"대공황은 삶을 대하는 사람들의 태도를 바꾸어놓았어. 하는 일, 그리고 소망까지도 바꾸었지. 다들 가난에서 벗어나기 위해 더 나은 삶을 살려고 안간힘을 썼어."

정말 그랬다. 헨리는 과학기계 디자인 분야에서 박사학위를 땄다. 그는 70세까지 일했다. 그리고 깨달았다. 나이 드는 것이 '신나는 경험'이 될 수 있다는 사실을.

"젊었을 때보다 은퇴 후 훨씬 다양한 봉사활동을 할 수 있게 되었어. 그것도 아주 즐겁게 말이야. 무엇이든 내가 가진 것을 나눌 수 있다면 정말 즐겁지 않겠나. 그런 면에서는 경험이나 지적 호기심도 충분치 않고, 아직 배운 것도 많지 않은 20대보다는 우리같이 나이 든 사람들이 훨씬 유리하지. 살면서 얻은 지혜의 조각들을 한데 모아 사회에 보탬이 되도록 내놓는 것도 지금 내 삶의 일부라네. 역사협회나 다른 기관들과 함께 아주 즐겁게 일하고 있지. 이렇게 신나게 산 것이 한 10년쯤 됐나. 20년 전에는 이용하지 못했던 구슬들도 이 나이가 되면 꿰어서 보배로 만들 수 있다네."

젊어서 나이 드는 걱정을 하는 것은 시간 낭비다. 나이 드는 건 생각보다 훨씬 괜찮은 일이니까.

열일곱 번째
젊을 때, 100년 쓸 몸을 만들어라

많은 사람들이 질병에 대해 말하면 흔히 죽음부터 떠올린다. 그래서 세상이 다 아는 건강 관련 상식이나 주변 사람들의 잔소리에 콧방귀를 뀌는지도 모르겠다. 나는 건강에 해로운 습관을 가진 사람들이 죽음 운운하며 자신의 습관을 정당화하는 모습을 적지 않게 보았다. 한 예가 내 장모님이다. 스코틀랜드 태생인 장모님은 150센티미터 남짓한 키에, 적극적인 성격이다. 유머감각도 탁월하고 게임도 곧잘 한다. 지금껏 내가 알고 있는 사람들 중에 가장 다정다감하다. 하지만 장모님은 베이컨이며 소시지, 고기, 술, 단것 등을 굉장히 즐겨 먹었다. 담배도 하루에 한 갑씩 피우는 애연가인데다가 운동은 전혀 안 했다. 습관을 바꾸어야 한다는 말도 자주 했지만 소귀에 경 읽기였다.

장모님은 그러한 습관들을 고스란히 즐기며 "살만큼 살면 되지, 뭐." 하는 말을 자주 했다. 장모님은 요즘 사람들이 죽음에 관해 지나치게 걱정을 많이 하며 그 때문에 매사에 지나치게 엄격하게 군다고 불만을 터트리곤 했다. 장모님뿐 아니라 비슷한 사례를 나는 숱하게 겪었다. 내 주변에 비만이거나 흡연자 혹은 운동을 전혀 하지 않는 사람들은 이런 말을 하곤 한다.

"어차피 천년만년 살 것도 아닌데 뭐. 몇 년 덜 살면 그만이지. 지금 좋아하는 걸 하면서 살래."

독실한 가톨릭신자였던 장모님은 내 잔소리를 귀찮아하며 당신의 건강은 다 신의 뜻에 맡겼으며 갑작스레 세상을 떠난다 해도 마음의 준비가 되어 있다고 말했다.

인생의 현자들은 이러한 태도는 잘못이라고 말한다. 한 가지 사실을 간과했기 때문이다. 건강에 해로운 짓을 한다고 해서 일찍 죽는 것이 아니라 몇 년 혹은 몇십 년을 만성질병으로 고통받을 수도 있다는 사실이다. 담배 피우는 사람, 과식하는 사람, 종일 꼼짝 않고 누워 TV만 보는 사람 중 대다수는 자신에게 닥칠 최악의 상황이 어느 날 갑자기 죽는 것이라고 지나치게 안일한 생각을 하는 경우가 많다. 하지만 현실적으로 그렇게 쉽게 죽는 경우는 드물다. '병은 쾌락의 이자'라는 말이 있듯이 그렇게 살아온 사람들은 나날이 버거워지는 병의 무게를 짊어지고 살아야 한다.

내 장모님 이야기로 다시 돌아가보자. 장모님은 60세에 수많은 합병증을 유발하는 당뇨병을 얻었다. 몇 년 후에는 유방암이 발병했고 폐기종이 생겼으며 심부전증 진단도 받게 되었다. 합병증이 생기면서 장모님의 몸무게는 더욱 늘었고 체중이 점점 몸에 부담을 주었다. 하지만 그중 어떤 병도 장모님을 급작스러운 죽음에 이르게 하지는 않았다. 장모님은 결국 82세에 폐암으로 세상을 떠났다. 장모님은 마지막 20년을 만성질병들을 앓으며 산 것이다. 활동적인 분이었지만 사회활동과 여행은 물론 하다못해 일상생활까지 마음대로 할 수 없는 끔찍한 노년을 보냈다.

인생의 현자들은 지금 건강관리를 어떻게 하느냐가 미래의 삶에 결정적인 영향을 준다는 데 동의한다. 하지만 얼마나 오래 사느냐가 아니라 어떻게 살 것인가에 초점을 맞추어야 한다. 60세 정도 되면 그때부터 평균적으로 20년을 더 산다. 걱정해야 할 것은 그 20년 동안의 삶의 질이다. 인생의 현자들이 강조하는 것도 바로 이것이다. 죽음은 생각하고 말고 할 문제가 아니다. 젊은 나이에 삶의 방식을 바꾸어야 한다. 더 오래 살기 위해서가 아니라 더 나은 70대, 80대 혹은 그 이후를 위해서다. 혹시 아는가. 지금 몸으로 100년을 살게 될지.

토드 울레트(77세)의 간결한 설명을 들어보자.

"나이를 먹는 건 괜찮아. 헌데 산소탱크가 달린 휠체어에서 살아야 한다면 어떻겠어? 지금 알아서 미리 막을 수 있다면 무조건 막아야지. 나이가 들면 인생을 훨씬 더 느긋하게 즐길 수 있는 기회가 생기거든. 단, 끔찍한 질병에 시달리지 않는다는 전제 하에 말이야. 건강을 유지할 수 있다면 어떤 노력이라도 해야지. 담배나 몸에 해로운 것들은 절대 하지 말아야 하고. 그런 것들이 쌓이면 나중에 그 여파가 반드시 드러나니까 말이야."

샬롯 베가(84세) 역시 같은 생각이다.

"젊어서 몸을 어떻게 다루었는지는 나이가 들면 고스란히 나타나는 법이야. 젊어서 검진도 제대로 받고, 체중도 관리하고, 몸을 혹사하지 말고 건강에 신경 써야 해. 지나친 흡연, 음주, 약물 모두 몸을 망치게 만들지. 이런 것들을 절제해야만 나이 먹어서 고생하지 않는다네."

인생의 현자들의 의견은 건강과 관련한 연구결과와도 일치한다. 100년 전의 삶을 살펴보자. 그때는 급성 전염병으로 일찍 죽는 경우가 흔했다. 그러다가 위생과 영양상태가 좋아지고 의학이 발전하면서 많은 건강 문제들을 극복하게 되었다. 검사장비들도 좋아지고, 질병들을 조기에 진단할 수 있게 되면서 병으로 인한 사망률은 감소했다.

현대인의 사망 원인은 급성질환에서 만성질환으로 옮겨가는 추세다. 현대인들은 주로 심장병, 뇌졸중, 당뇨병, 폐질환 같은 만성질환으로 사망한다.

이러한 만성질환들은 두 가지 공통점이 있다. 먼저 폐렴-내

할머니 세대에는 이 병을 '늙은이의 친구'라고 불렀는데 이 병에 걸리면 비교적 빠르고 고통 없이 죽기 때문이었다– 같은 병은 몇 년 혹은 몇십 년을 간다. 그래서 이러한 병들을 '만성'질환이라고 부르는 것이다.

현대인들에게 흔한 만성질환들의 또 다른 공통점은 대부분 예방할 수 있는 질환이라는 점이다. 세계보건기구(WHO)에 의하면 만성질환은 모두 미연에 방지할 수 있는 위험 요소들에 의해 유발된다고 한다. 그중에서도 가장 위험한 질병 유발 요소 3가지가 있다. 바로 무리한 다이어트, 운동부족, 흡연이다. WHO의 의견과 인생의 현자들의 의견은 일치한다. 모든 사람이 어떤 이유로든 죽는다. 하지만 만성질병으로 느리고 고통스러운 단계를 거치며 죽어야 할 이유는 없지 않은가? 이러한 병들은 많은 사람들의 어리석은 생각대로 갑작스러운 죽음을 유발하지 않는다. "병은 말을 타고 들어와 거북이를 타고 나간다."는 속담처럼 서서히 몸이 쇠약해지고, 오랫동안 진행된다. 누구든 할 수만 있다면 그런 상황은 피하고 싶을 것이다.

인생의 현자들은 하루라도 빨리 건강을 관리해야 하는 이유를 알려주기 위해 자신들이 몸소 겪은 가슴 아픈 경험을 들려주기도 했다. 내가 고등학교 다닐 때는 교통안전 수업이 있었는데 수업시간에 학생들에게 경각심을 심어주기 위해 끔찍하고 처참

한 교통사고 현장들을 보여주곤 했다. 지금 이 책에서 만성질병으로 고통받는 이들의 사례를 다소 구체적으로 소개하는 것 역시 경각심을 불러일으키기 위한 것이다. 일종의 안전교육이랄까.

다프네 프리(71세)는 가능한 기분 좋게, 삶의 모든 것들을 즐겁게 바라보려고 노력하는 사람이다. 하지만 그녀는 심각한 만성질환을 앓고 있는 남편을 간병하느라 어깨가 무겁다. 남편의 병이 젊어서 제대로 건강관리를 하지 않아서 생겼다고 딱 집어 말할 수는 없지만 생활습관과 매우 밀접한 관련이 있다는 사실은 부인할 수 없다.

"처음 남편에게 심장마비가 왔을 때만 해도 3중 혈관 수술만 받으면 괜찮아질 줄 알았죠. 그런데 그나마 심장마비는 가장 수월한 병이었어요. 그 이후 당뇨병이 오는 바람에 계속 식이요법을 하고 인슐린도 맞아야 했죠. 그러더니 심부전증이 왔고 결국 남편은 쓰러졌어요. 그리고 지금까지 꼬박 15년을 이렇게 지내고 있답니다. 늘 걱정하면서 말이에요. 이런 걱정하지 않고 사는 방법을 알았더라면 좋았을 텐데. 어쨌든 해야 할 일을 하고 있긴 하지만 한편으로는 두려워요. 우린 수시로 응급구조대에 전화를 해요. 당뇨병 때문에 급할 때가 자주 생기거든요. 지금까지 아침에 일어나서 의식을 잃고 혼수상태 직전까지 간 것만도 벌써 세 번째네요. 이제 구급대원들도 우리 집에 오면 묻지도 않고 바로 남편이 있는 침실로 가요."

건강을 망친 이들이 가장 뼈저리게 후회하는 것 중 하나가 바로 흡연이다. 흡연으로 건강이 망가진 사람들은 처음 담배를 피웠던 그 순간을 바꾸어놓을 수 있는 마법의 지팡이가 있다면 무슨 수를 써서라도 그 지팡이를 휘두르고 싶다고 했다. 그들도 젊어서는 담배의 해악을 부인하곤 했다. 기껏해야 일찍 죽기밖에 더하겠느냐고 하면서. 하지만 그렇지 않았다. 테리 루켓(87세)의 사례를 보자.

"젊은 친구들에게 가능한 건강한 생활습관을 택하라고 말해주게. 정신적으로든 육체적으로든 말이야. 나도 젊어서는 꽤 건강했어. 수영이며 하이킹, 테니스, 스쿼시, 핸드볼 등 운동도 즐겼지. 그런데 1940년대에 해병대에 입대하면서 담배를 배웠어. 이후 하루에 담배를 세 갑씩 피웠고 시거도 몇 대씩 피웠지. 한 2년 끊었던 적도 있었는데 다시 피웠어. 1977년, 기관지 폐렴에 걸렸고 결국 담배를 끊긴 했지만 1989년에는 5중 심장혈관 우회술을 받고 1992년에는 악성 폐종양 제거수술을 받았네. 아내는 내 절반 정도 흡연을 했는데 폐암으로 죽었어. 아내가 죽자마자 바로 이듬해에 나는 방사선요법과 화학요법을 받아야 했지. 흡인성 폐렴에 걸렸거든. 내 삶을 네 번째로 위협한 병이지. 젊은 이들에게 꼭 하고 싶은 말은 건강한 식이요법, 운동 그리고 반드시 금연하라는 거야. 굳이 변명하자면 1940년대에는 담배의 중독성이나 심장질환, 폐질환 같은 병들과의 연관성에 대한 정보가 많지 않아서 요즘처럼 잘 알지 못했어. 요즘 젊은 사람들은 그런 변명거리도 없으니 피우지 말아야지."

티나 올리버는 11년 전 세상을 떠난 남편을 생각하면 아직도 가슴 아프다.

"결혼 50주년을 기념하자고 약속하더니 거짓말이 되어버렸지. 결혼한 지 47년 남짓 살다 떠났으니까. 그이는 한동안 아팠어. 심장마비도 왔고 그 전에 경동맥 수술도 받았거든. 남편은 담배를 피웠어. 지금 우리 애들은 담배를 안 피워. 아버지가 어떻게 돌아가셨는지 봤거든. 얼마나 감사한지 몰라. 남편은 심장 수술을 받고는 병원에 5개월 넘게 있었는데 다시는 집에 오지 못했어. 그 동안, 나는 80킬로미터가 넘는 거리를 하루도 거르지 않고 매일같이 병원과 집을 오갔어. 애들도 아버지가 고통받는 모습을 지켜봤지. 남편에게 담배 좀 피우지 말라거나 술 좀 그만 마시라고 하면 늘 이렇게 말하곤 했어. '뭐 어때서? 언젠가는 다 죽어.' 그런데 정작 고통받는 사람은 누군 줄 알아? 바로 가족들이야."

건강을 돌보지 않고 되는 대로 살면서 "뭐 어때서? 누구나 언젠가는 다 죽어." 하는 것은 비겁하다. 과식하고 운동을 게을리

하고 담배를 피우며 살다가 때가 되면 편안하게 세상을 떠난다고 어떻게 장담할 수 있겠는가. 언제 죽을지는 선택할 수 없지만 몇십 년이라는 시간을 건강하게 살다 떠날지 끔찍한 육체의 고통을 이고 하염없이 고통받다가 떠날 것인지는 선택할 수 있다.

열여덟 번째

살아 있는 동안 죽음은 없다

인생의 현자들에게 꼭 묻고 싶은 것이 하나 있었다. 바로 죽음에 관한 생각이었다. 고백컨대 나도 죽음이 두렵다. 내가 죽음이 무엇인지를 처음 안 것은 네 살 무렵이었는데 이후 줄곧 죽음을 두려워하며 살았다. 남들은 그런 걱정 없이 잘도 사는 것 같은데 나는 죽음에 대한 두려움을 떨칠 수가 없었다. 물론 나만 그런 걱정을 하는 것은 아니다. 심리학에는 공포관리(terror management)만 연구하는 분야가 따로 있을 정도이다. 공포관리 이론에 의하면, 죽음을 피할 수 없다는 인식은 잠재적으로 공포를 유발하며 이로 인해 심신이 쇠약해져 스스로 방어할 수 없는 지경에 이르게 만든다고 한다.

인생의 현자들은 죽음의 공포를 경험한 사람들이다. 그들은 통계적으로 70세 이하의 사람들보다 죽음에 훨씬 더 가까이 있다. "날개 달린 시간의 전차처럼" 죽음이 그들 모두에게 "급속하게 다가오고 있다." 지금 얼마나 건강한지, 얼마나 활동적인지는 중요하지 않다. 오늘날 미국인의 평균 수명은 78세(한국인 78세)

이며 인터뷰 대상자 중에는 이미 평균연령대를 넘어선 이들도 상당히 많았다. 현재까지 보고된 세계 최고령자는 적극적인 프랑스 여성인 장 칼망으로 그녀는 122세까지 살았다. 그 정도까지 사는 사람이 또 있을지 모르지만 그 역시 영원히 살지는 못한다.

노인들에게 죽음에 관해 물어보는 것이 금기라는 사실은 나도 알고 있다. 하지만 나는 그들에게 솔직하고 직접적으로 죽음을 어떻게 생각하는지 물어보기로 했다. 가장 먼저 이런 질문을 했다. "어르신 연세가 되면 앞으로 살아야 할 날보다 살아온 날들이 더 많다는 사실을 알게 되잖아요. 삶의 끝자락에 있다는 건 어떤 느낌입니까?" 그리고 이어서 죽음에 대해 얼마나 많이 생각하는지, 삶에 품었던 기대는 무엇이었는지, 평소 죽음에 대해 걱정하는 수준인지 아니면 공포에 사로잡혀 있는지 등에 관한 이야기를 나누었다.

놀랍게도 그들에게서는 죽음에 대한 두려움도, 죽음을 거부하는 모습도 찾아볼 수 없었다. 그들은 죽음에 대해 강렬하고 압도적인 공포를 느끼는 것은 오히려 젊은 사람들이라고 했다. 그들은 죽음을 현실적으로 받아들였고 기꺼이 죽음에 대해 이야기할 준비도 되어 있었다.

인생의 현자들은 죽음을 자주 생각하지는 않으며 젊었을 때보다도 덜 생각한다고 했다. 고령에 이를수록 죽음을 덜 걱정한다는 연구 결과는 이미 알고 있었지만 솔직히 인생의 현자들이 자신의 죽음에 대해 거리낌 없이 말하는 것을 편하게 들을 수 있을 정도로 내 마음은 준비가 되어 있지 않았다. 인생의 현자들이 죽음에 관해 들려준 이야기는 이런 것들이다.

로즈마리 브루스터(90세)는 평생을 거르지 않고 꼬박꼬박 교회에 나갔다. 로즈마리에게 사후의 생을 믿느냐고 묻자 그녀는 이렇게 대답했다.

"궁금할 때가 많지. 사후의 생이 정말 있는지 나도 궁금해. 이제 알게 되겠지. 더 이상 그 문제로 성가시게 걱정하지 않아도 될 거야. 곧 알게 될 테니."

로즈마리는 노인이 된 후 죽음에 대한 감정이 크게 바뀌었다고 했다.

"자네도 어렸을 때는 잠자리에 들면서 죽음에 대해 생각을 많이 하지 않았나? 아프기라도 하면 '이러다 영영 못 일어나는 건 아닐까?' 걱정도 하고 말이야. 난 더 이상 그런 생각은 안 한다네. 나이가 드니까 평화롭게 잠자리에 들게 되더군. 만약 내가 아침에 못 일어난다면 더 좋은 곳에 가 있겠지. 그냥 즐거운 일이라고 생각해. 나도 한때는 몸이 좋지 않거나 하면 잠자리에 들 때 두려웠지. 그런데 지금은 아니야. 당장 죽을 준비가 되어 있다는 말은 아니지만 그렇다고 죽음이 두려운 건 아니라네. 그저 삶의 다른 지평이 있을 거라고 생각해. 이미 그곳에 가서 나를 기다리고 있는 이들도 있고. 전혀 걱정하지 않아. 나도 내가 죽음을 이렇게 받아들이게 되리라고는 생각도 못했지."

이 장의 맨 앞에 등장했던 에드위나 앨버트는 죽음을 대하는 인생의 현자들의 보편적인 모습을 좀 더 구체적으로 보여주었다. 그것은 관심과 호기심, 수용이 한데 어우러진 모습이다. 따뜻하고 재치 있으며, 열린 마음의 소유자인 에드위나는 현재 94세이다. 그녀는 심각한 사고와 병을 겪으면서 죽음과 죽음의 의미에 대해 깊이 생각해보게 되었다.

"우리가 어디로 가는지 왜 아무도 모르는 걸까. 분명 우린 절대 알 수 없는 이유가 있을 거야. 죽음은 신비니까. 제 아무리 똑똑한 사람이라 해도 죽음에 관해서는 나나 그 사람이나 모르긴 마찬가지지. 죽은 다음에 무슨 일이 일어나는지 아무도 모르잖아. 하지만 나는 아주 편안해. 죽음이 두렵지 않아. 솔직하게 말하자면 죽음 가까이 갔던 경험이 내게 큰 영향을 미쳤지만 그 이야기는 하지 않을게. 아주 개인적인 이야기니까. 신이 나를 살려두신 건 뭔가 이유가 있을 텐데 그 이유는 모르겠어. 110세 정도 되면 알게 되려나. 죽어간다는 것도 전혀 두렵지 않아. 죽음은 아주 자연스러운 일이야. 모든 것이 언젠가는 다 사라지니까. 다시 태어나는지 아닌지, 사후에 무슨 일이 벌어질지는 아무도 모르지. 죽음에 관해 이야기할 때 남편이 자주 하던 말이 있지. '당신이 천국에 간다면 정말 좋겠어. 그런데 이제 좀 자면 안 될까?'"

종교적 믿음이 깊은 인생의 현자들은 신앙에 의지해 죽음을 편안하게 받아들이는 경향이 있다. 그들에게 죽음이란 단지 '저세상의 문으로 들어가는' 단계에 지나지 않기 때문이다. 독실한 기독교 신자인 마리 클라크(86세)는 건강이 좋지 않은 상태지만 죽음에 대해서는 걱정하지 않는다.

"내 신앙이 나를 어디로 데려갈지 알고 있죠. 내가 이 세상을 떠날 때 어디로 가게 될지도 알고요. 신이 나를 당신 집으로 불러주실 거예요. 어떻게 보면 게으르게 보일 수도 있지만 그분의 나라에서 그분과 함께하리라는 말씀을 믿으니까요."

설령 마리처럼 독실한 신앙을 갖고 있지 않다 해도 많은 인생의 현자들이 사후의 삶이 있다고 믿었다. 플로라 턴벌(80세)은 죽음을 새로운 시작으로 본다.

"내겐 신이 중요한 존재지. 나는 종교와 종교적 실천의 울타리를 들락날락하며 살았어. 하지만 영적인 것은 늘 생각했다네. 사후에 대한 생각을 물었나? 그건 새로운 모험이지. 나는 천국이 다시 만날 사람들로 가득한 곳이라고 생각하지 않아. 한 번도 만나지 못한 사람들로 가득한 곳일 거야. 그러니 얼마나 설레는 모험이겠나!"

종교가 있는 사람들만 죽음에 대한 공포 없이 노년을 보내는 것은 아니다. 실제로 신을 믿지 않는 인생의 현자들 중에서도 삶의 마지막을 편안하게 받아들이는 사람들이 있다.

내가 인터뷰했던 트루디 스코프너(87세)는 예술작품과 책들이 가득한 뉴욕의 한 아파트에 살고 있었다. 그는 지적이고 세련된 뉴요커의 전형으로 자의식도 높고 분석적이며 매우 폭넓게 살아왔다. 트루디는 종교를 믿지 않는다.

"나는 자연이 신이라고 믿어. 어머니와 할머니는 종교적인 집안에서 자랐지만 아버지는 종교가 없었지. 그래서 우리도 별다른 종교 없이 자랐어."

하지만 로즈마리 브루스터와 마찬가지로 트루디 역시 지금의 나이에 이르니 죽음을 두려워하던 생각이 바뀌었다고 했다. 그 또한 죽음에 대한 공포는 "젊은 사람들에게나 있는 것"이라고 했다.

"삶이 곧 죽음이고 죽음이 곧 삶이지. 죽음을 생각하는 건 더 젊었을 때나 하던 일이야. 그때는 이런 생각을 했던 것 같군. '어떻게 내가 죽을 수 있지? 어떻게 내가 살아 있지 않을 수 있지?' 정말 당황스러운 기분이지. 하지만 최근 몇 년 동안 나는 죽음을 생각하지 않았어. 내게 그리 많은 날들이 남아 있지 않다는 건 알아. 하지만 걱정은 안 해. 할 수만 있다면 매일 밤 나가고 싶은 것도 그런 이유지. 할 수 있는 일은 뭐든 다 하고 싶어. 하지만 죽는 걱정은 안 해. 걱정은커녕 생각도 잘 안 해. 진심이야."

존 스탄스(73세) 역시 좋은 사례를 보여준다. 존은 잉글랜드의 노동자 집안에서 자랐다. 그는 집안에서 대학에 간 최초의 사람이었다. 어렸을 때부터 과학에 관심이 많았던 그는 훗날 유명한 학자가 되었다. 그 역시 사춘기를 보내면서 종교에 흥미를 잃었다.

"사실 여러 가지 이유로 어제 이 문제를 곰곰이 생각해보았네. 내가 종교에 무관심해진 것이 언제부터인지 기억하느라고 말일세. 아마 열여섯 살 때였던 것 같아. 당시 나는 교회에 다니고 있었는데 어느 날부터인가 다 위선이라는 생각이 들더군. 내가 흥미 있었던 건 과학과 철학이었지. 철학과 과학을 공부하면 할수록 종교와는 점점 거리가 생기더군."

존은 이성을 신봉하며 건전한 회의론과 종교를 배제한 현실적인 세계관을 지닌 사람으로, 삶을 위협하는 병과 맞닥뜨렸을 때에도 그의 생각은 바뀌지 않았다. 15년 전 그는 암에 걸렸고 무사히 치료를 마쳤다. 그런데 얼마 전 더 나쁜 소식을 들었다.

"2년 전쯤 다발성 골수종 진단을 받았어. 아주 빠른 시간 내에 죽을 수도 있지."

존은 죽음을 코앞에 마주하고 있지만 그 사실을 침착하게 받아들였다. 그에게 나이와 죽음에 대해 묻자 이렇게 말했다.

"누구나 죽는다는 사실을 받아들여야지. 앞으로 벌어질 일들을 인정할 수만 있다면 삶이 훨씬 쉬워질 걸세. 나는 무신론자이기 때문에 사후의 삶을 믿지 않아. 천국도 기대하지 않고 지옥에 떨어질까 걱정할 필요도 없네. 물론 정말 지옥이 있다면 아주 놀라겠지. 죽음을 현실적으로 바라본다면 살아가는 데 훨씬 도움이 될 걸세."

다른 비종교인들과 마찬가지로 존은 사후의 삶에 기대는 것이 아니라 죽음을 현실적으로 보는 것이 오히려 도움이 되고 더 안심 된다고 생각한다.

죽음을 전혀 염두에 두고 있지 않는 것처럼 보이지만 인생의 현자들이 모든 사람들에게 던지는 한 가지 조언은 삶을 잘 마무리할 수 있도록 미리 준비해두라는 것이다. 실제로 죽음에 대해 물었을 때 그들이 가장 크게 걱정했던 것은 죽음 자체가 아니라 제대로 대비하지 못해 가족들에게 짐만 남기고 떠나는 상황이었다. '마지막 여정을 위한' 준비는 책임감 있는 행동일 뿐 아니라 든든한 위안이기도 하다.

테드와 루시 로완과의 인터뷰는 특히 즐거웠다. 테드의 표현을 빌자면 "꿈에 그리던 소녀를 만나" 57년 동안 결혼생활을 이어온 이 부부는 현재 노인주택지구의 아늑한 아파트에서 살고 있다. 이 부부의 따뜻하고 다정한 환대에 인터뷰를 마치고도 내 미소가 떠나질 않았다. 테드는 성직자이고 루시는 아동복지 단체에서 일하고 있다. 이들은 네 명의 자녀를 잘 키웠고 자녀들 모두 자신들이 사는 지역의 각종 단체에서 활동하고 있다. 84세인 테드는 여전히 지역 교회들을 다니며 설교를 하고 있다.

테드나 루시는 둘 다 전혀 죽음에 가까운 사람처럼 보이지 않았다. 루시가 말했다.

"제 아버지는 98세에 돌아가셨지요. 어머니는 89세에 돌아가셨고요. 나는 이제 80세이니까 최소한 10년은 거뜬히 살 거예요."

테드는 직업 특성상 죽음에 대해 많이 성찰했지만 죽음을 걱정하지는 않는다.

"이따금 추도식을 집도할 때가 있지. 그때는 그 사람의 삶을 어떻게 기릴까 궁리하지. 나는 늘 사람을 잃었다는 상실감보다는 그가 살아온 삶을 축복하는 데 더 무게를 둔다네. 하지만 정작 내 죽음에 대해서는 많이 생각해보지 않았어. 이론상으로는 내가 관여할 바가 아니기도 하고. 로마서에 사도 바울의 편지를 보면 이런 구절이 있어. '우리가 살아도 주를 위하여 살고 죽어도 주를 위하여 죽나니 그러므로 사나 죽으나 우리가 주의 것이

로다.' 이것만 알고 있으면 되지."

그는 죽음을 걱정하지는 않지만 준비는 필요하다고 말한다.

"신경 쓰는 것이 하나 있다면 내가 살아온 삶을 잘 정리해서 주변 사람들에게 짐을 남기지 않는 거지. 내겐 서류와 책들을 정리하는 상자들이 있다네. 유언과 재산에 관한 문제들도 확실하게 마무리해두고 싶고. 이렇게 정리를 해두면 내가 떠나더라도 사람들은 무슨 일을 해야 할지 알 수 있지 않겠나. 주변 정리를 해두면 가족들을 번거롭게 하지 않아도 되고 또 나 자신을 위해서 더 좋겠지."

루시 역시 평안을 위해 삶의 마지막 때를 준비하려 한다.

"나는 죽음을 그리 어렵게 생각하지 않아. 대리인과 유언장 모두 준비가 되었으니까. 당장 걱정스러운 것이 있다면 우리가 쓰던 물건들이야. 우리가 살면서 쌓아온 저 물건들 말이야. 내가 모은 앨범들 좀 봐. 아마 애들은 가지려 하지 않을 거야. 그래서 어떻게 처리해야 할까 고민 중이라네. 편지들을 보관한 테드의 상자들도 그렇고. 우리 부부는 정리하는 걸 아주 좋아해. 삶을 정리하는 일을 진심으로 즐기고 있어."

이러한 정서는 다른 인생의 현자들에게서도 쉽게 볼 수 있었다. 자신의 물건을 '정리'하는 행위는 삶의 마지막을 정리한다는 의미로 살아온 모든 것들을 정돈해 매듭을 잘 짓겠다는 상징적인 의미이다. 죽음에 관해 인생의 현자들이 들려준 이야기 속에는 걱정이나 두려움은 없었다. 다만 호기심과 수용, "여정을 잘 준비하고 싶은" 바람만 있었다. 7장에서 보게 되겠지만 죽음을 대하는 인생의 현자들의 자세는 우리에게 어떻게 살아야 할지를 역설적으로 보여준다.

열아홉 번째
배우고 다가가라

잭 로우와 로버트 카의 책《풍요롭게 나이 들기》중 내가 가장 좋아하는 구절이다.

"인간은 혼자 살 수 없는 동물이다. 컴퓨터광이라면 '인간은 타인과의 상호작용을 통해 발전하고 역할을 하도록 유전적으로 프로그램이 되어 있다.'고 말할지도 모른다. 다른 사람들과 이야기하고, 접촉하고, 관계를 맺는 것은 행복의 가장 필수 조건이다. 이러한 것들은 아이들이나 나이 든 사람들에게서만 볼 수 있는 특징이 아니다. 요람에서 무덤까지 우리 모두에게 해당하는 말이다."

나이 든 사람들의 사회적 관계 양상은 사뭇 다양하다. 어떤 이들은 생을 마칠 때까지 든든한 관계 속에서 안정적으로 산다. 또 어떤 이들은 잃어버린 소중한 인연의 빈자리를 새로운 관계로 메우고 살기도 한다. 그런가 하면 어떤 이들은 상실의 아픔을 극복하지 못하고 외로움과 고립감에 고통받기도 한다.

연구 자료를 보면 의미 있는 역할과 만족스러운 관계를 만드는 사회적 애착관계는 몸과 마음의 건강과 매우 밀접한 관련이 있다. '앨러매다 카운티 연구(Alameda County Study)'로 알려진 유명한 연구 결과에 따르면 죽음을 앞둔 노인들이 사회적인 유대관계가 없을 때 건강에 문제가 생기는 경우가 더 많으며 건강에 좋은 운동이나 활동 등도 적게 하는 것으로 나타났다. 이에 대해 사회과학자들은 '사회적 역할과 인간관계가 더 많을수록 노후의 건강과 행복이 더욱 커진다.'고 정리했다.

그렇다면 무엇이 문제인가? 중년에 갓 접어든 사람들은 인간관계나 생산적인 역할을 유지하기 위해 노력할 수 있다. 하지만 사노라면 중대한 변화도 생기기 마련이다. 은퇴, 사랑하는 사람과의 이별, 장거리 이사 등을 겪다 보면 인간관계를 지키고 만들기가 더욱 어려워진다. 배우자와의 사별도 문제다. 65세 이상 여성 중 거의 절반이 배우자와 사별했다. 가정 구조도 바뀌고 있다. 혼자 사는 노령 여성의 비율이 증가해 1960년대에는 24퍼센트에서 현재 40퍼센트까지 늘었다.

인생의 현자들은 다른 사람과 관계를 유지하는 것은 매우 중요하지만 실제로는 몹시 어려운 일이라고 말한다. 트루디 스코프너(87세)는 여전히 활동적으로 살기를 원한다. 하지만 마음이 맞는 친구를 만나기가 점점 어려워지는 것이 문제다. 친구들 대부분이 이미 세상을 떠났기 때문이다.

"나는 영화도 즐겨 보고 재즈며 음악 연주 듣는 것도 좋아하지. 음식이 맛있는 식당에서 외식하는 것도, 춤추는 것도 좋아해. 극장식 클럽 회원이기도 하다네. 그런데 문제는 함께 시간을 보낼 사람들이 너무 적다는 거야. 친구들이 몇 명 있긴 한데 다들 바쁘지. 자네도 알다시피 난 은퇴한 사람이야. 아무 때나 뭐든지 할 수 있을 정도로 시간이 많다고."

아이브 캔터(77세)는 트루디보다 젊고 결혼도 했다. 하지만 아이브 역시 소외감이나 외로움을 느낀다. 아이브의 경우 사는 곳을 옮기는 바람에 소외감이 더욱 커졌다. 그와 아내는 뉴욕을 떠나 자녀들과 손자 손녀들이 가까이 있는 뉴잉글랜드 외곽으로 이사를 했다. 그런데 아이브는 늘 이방인 같은 느낌이 든다고 했다.

"나는 줄곧 뉴욕에서만 살았어. 그런데 여긴 뉴욕과 많이 다르더라고. 여기서는 유대감을 느낄 수가 없어."

은퇴 역시 그의 사회적 유대감을 약화시킨 요인이다. 그에게 중요한 것은 다시 활기를 찾고 새로운 관계를 찾는 일이다.

"내 또래 사람들은 다른 사람들과 함께 지내야 해. 그러면 지내기가 수월하거든."

인생의 현자들은 60세가 되면 고립된 삶을 살 여지가 있음을 파악하고 다른 사람들과 관계를 다지기 위한 조치를 취해야 한다고 말한다. 니콜 엠브리즈(70세)는 매우 다양한 활동을 하는데, 그것은 노화에 대비하기 위한 의도적인 결정이자 그녀 삶의 중요한 부분이다.

"고립되고 싶지 않으면 늘 다가가야 해. 노인네들에겐 아주 중요한 거야. 나는 이 근방 시골에서 사는 노인들을 아주 많이 봤어. 그들이 나이 들어가는 모습도 봤고. 처음 이곳에 왔을 때 그 양반들은 예순이나 일흔쯤 되어 보였지. 그런데 점점 나이를 먹어갈수록 고립되더군. 참 슬픈 일이야. 나나 남편에게도 일어날 수 있는 일이니까. 우린 딸 하나뿐이거든. 이곳에 친척이 사는 것도 아니니까 우리도 의자에만 붙어사는 그런 사람들이 되기 쉽지. 나이가 들어갈수록 중요한 건 인연을 맺으며 살아야 한다는 거야."

인생의 현자들은 다른 사람과의 관계 속에서 살기 위한 방법을 제안한다. 이 전략을 혼자 이용해도 좋고 부모님이나 조부모님과 함께 공유해도 좋다. 그럼, 나이가 들어도 계속 관계를 맺고 유지할 수 있는 두 가지 전략을 살펴보자.

관계의 끈을 놓지 않기 위한 두 가지 전략

첫째, 배울 기회를 이용하라

세상에 관심을 가지고 호기심을 자극하는 것이 있다면 배워라. 새로운 사람들을 만날 수 있고, 친구나 가족들과 의미 있는 대화를 나눌 수 있으며 다른 사람들과 지식을 공유하는 등 여러 가지 장점을 얻을 수 있다.

이 사실을 특히 환기해준 인생의 현자 한 분이 있다. 자그마한 체구에 두꺼운 안경, 보행 보조기를 이용해 다니는 아놀드 슈와르츠가 그 주인공이다. 내가 아놀드를 만난 것은 뉴욕시립노인복지센터에 있는 접견실에서였다. 약해 보이는 첫인상과 달리 아놀드는 개구쟁이 소년 같았다.

"난 농담하는 걸 좋아해. 이곳에서도 아주 인기가 많다고!"

그와 있다 보면 그의 나이가 95세라는 사실은 아예 잊게 된다. 그는 독일 태생으로 나치를 피해 미국으로 망명했다. 그는 행복한 결혼생활을 하고 있으며 아들도 한 명 있다. 신체적 제약은 있지만 여전히 손수 운전도 한다. 아놀드에게 행복의 비결을 물었다.

"호기심 때문이라네. 나는 늘 사람들에게 관심이 많았어. 모든 사람들에게 말이야. 독일에 있을 때는 나치며 공산주의자들, 시오니스트들과도 대화를 나누곤 했어. 호기심이 워낙 많다보니 살면서 얻은 게 많아. 컴퓨터만 해도 그렇지. 내가 컴퓨터를 배우기 시작했을 때가 이미 여든 후반이었어. 처음에는 배울 생각이 없었어. 그런데 호기심이 생기더라고. 그래서 컴퓨터를 꼭 배우고 죽어야겠다고 생각했지. 아무리 나이가 많은 사람이라도 내게 묻는다면 나는 꼭 컴퓨터를 배우라고 권하고 싶어. 물론 컴퓨터를 가르쳐줄 손주가 있으면 훨씬 수월하지."

항상 무언가를 배우려는 자세와 새로운 인간관계를 위해 노력하는 아놀드와의 인터뷰는 유쾌하고 유익했다. 나는 그에게 무수히 많은 질문을 던졌다. 인터뷰를 마칠 무렵 아놀드가 빙긋이 웃으며 말했다.

"하나 아쉬운 게 있네. 원래 자네를 인터뷰하려는 심산이었는데 하질 못했어. 인터뷰할 때 상대의 반응 보기를 좋아하거든. 다음번에는 꼭 내가 물어봄세!"

둘째, 관계의 끈을 유지하고 새로 엮기 위해 노력하라

인생의 현자들은 타인과 더 큰 유대감을 품을 수 있도록 구체적인 목표를 세우라고 충고한다. 예컨대 이전부터 활동해오던 집단에서 방법을 찾아가는 것도 좋다. 의도적으로 소셜 네트워크 활동을 계속하고, 일정을 만드는 다수의 인생의 현자들은 그런 활동을 통해 고립되는 것을 방지한다.

에이프릴 스턴(71세) 역시 남편과의 사별 이후 의도적으로 더욱 활발하게 사회활동을 한다. 그녀의 충고를 들어보자.

"내 인생에서 사람들이 얼마나 중요한지를 깨달았지요. 그래서 매일 누군가를 만날 수 있도록 계획을 짜요. 남편이 있을 때만 해도 그런 계획은 세운 적이 한 번도 없었는데 이젠 달라요. 남편이 있었을 때는 주말을 비워두곤 했지요. 내키면 둘이 언제든 나갈 수 있도록 말이죠. 지금은 그렇게 텅 빈 주말이 있으면 어떤 일이라도 채워 넣어 일정을 만들어요. 그렇게 하는 것이 지금 내겐 중요하니까요."

샌디 허진스(89세) 역시 비슷하다. 샌디는 혼자가 될까봐 걱정스러웠고 뭔가 조치를 취하기로 결심했다.

"나는 혼자 살아. 애들은 둘이 있는데 한 명은 조지아에 살고 다른 한 명은 텍사스에 살지. 그래서 혼자 사는 거야. 애들하고 늘 얘기를 나누긴 하지만 그래도 다른 사람들과 밖에도 나가고 함께 다녀야 한다는 걸 알았어. 그래서 나름대로 철칙을 세웠지. 바로 초대에 무조건 응하는 거야. 어떤 자리든지 상관없어. 무조건 '그래, 그래, 갈게.' 하는 거야. 가고 싶건 가기 싫건 상관없이 무조건 간다고 하지."

인간관계의 끈을 놓치지 않고 유지하고 또 새로 엮다 보면 자연스레 활발하고 적극적으로 살게 되지만 때론 독선적으로 될 때도 있다. 하지만 그럴지라도 혼자 고립되지 않으려면 적극적으로 다가가야 한다. 헨리 데이비드는 사교적으로 지내다 보면 배우는 게 있다며 타인과 관계를 잘 유지해야 한다고 강조한다.

"내 교훈은 이거야. 사교적으로 되는 법을 배워라! 주변 사람들과 어울리는 것을 즐겨야 해. 헐뜯고 비난하지 말고. 사람들과 지내다 보면 좀 손해를 볼 때도 있고 이득을 볼 때도 있지만 그런 건 따지지마. 주변 사람들과 형성할 수 있는 공감대가 무언지도 찾아야 해. 다른 사람들도 똑같아. 외로움을 느끼기도 하고 든든한 친구를 원하기도 하지. 나 같은 경우는 어떻게 하다 보니 주변에 온통 보수적인 정치 성향의 사람들만 있는 곳에 살게 되었어. 헌데 그들 중에도 좋은 사람들이 있다는 걸 느끼고 있다네. 허허. 진보를 지지하는 내가 이렇게 말하기는 좀 그렇지만 말이야."

친구와 관계를 유지하고 새로운 관계를 만들기 위해 의식적으로 노력해야 하는 것은 비단 노인들에게만 해당하는 것은 아니다. 인생의 현자들은 중년이 되면 관계망이 좁아지는 것을 인지하고 그것을 유지하기 위해 조치를 취해야 한다고 강조한다. 호기심을 잃지 말고 배움의 기회를 놓치지 않는 것은 관계를 유지하는 데 있어서 중요한 비결이라고 말한다. 또한 오래된 인연

을 소중히 지키면서 적극적으로 활동하는 것 역시 중요한 비결

이라고 입을 모은다.

스무 번째
미루다 늦는다

사람들은 미래를 준비하는 데 머뭇거리고 망설인다. 나이 든 사람들 역시 삶이 이제껏 살아온 것처럼 앞으로도 그렇게 흘러가리라고 생각한다. 그래서 죽기 전까지 독립적으로 잘살 수 있을 것이라고 믿는다. 하지만 죽음은 그렇게 갑작스레 찾아오지 않는다. 나이를 먹다 보면 슬슬 제약을 받는 것이 많아지는데, 신중하게 계획을 세워둔 이들은 좀더 오랫동안 잘살 수 있다.

가족과 노화를 주제로 꽤 오랫동안 연구를 해오다 보니 고령의 부모님에 대한 질문을 많이 받게 된다. 질문은 대개 이런 식이다.

"우리 부모님이 건강에 문제가 있어요. 게다가 자꾸 단절감을 느끼기도 하시고요. 큰 집에서 두 분이 사시니까 이래저래 관리하는 데도 어려움이 있어요. 그렇게 사시다가 넘어져서 뼈가 부러진다든지 하면 그때 가서야 집을 옮기실 거예요. 왜 부모님들은 좋은 시설로 옮길 생각을 안 하시는 걸까요?"

그러면 나는 나 역시 정말 그 이유를 모르겠다고 대답한다. 내

231

주변에도 굳이 그런 불안정한 상황과 고립, 귀찮은 집안일 등을 무릅쓰면서 노인을 위한 시설로 옮기는 것은 무조건 마다하는 친척들이 있다. 노인들을 위한 시설에 있으면 누릴 수 있는 혜택이 훨씬 큰데도 말이다. 오죽하면 나는 농담삼아 '고집불통 부모님'이라는 제목으로 책을 써야겠다는 말을 자주 하곤 한다. 미래의 계획을 제안해도 도무지 그것을 합리적으로 이해하려 들지 않는 부모님들에 대한 자녀들의 답답한 속내를 바탕으로 말이다.

아이다 먼슨(92세)는 매우 적극적으로 살고 있다. 하지만 그녀는 살다 보면 스스로 살아갈 수 없는 때가 온다는 것을 경험을 통해 익히 알고 있다. 그녀는 나이가 들면 어디에서 살지 일찌감치 계획을 세워두라고 충고한다. 많은 사람들의 문제 중 하나가 건강에 이상이 생겨야 비로소 거처를 옮기기로 결심한다는 것이다. 이미 그때는 원하는 주거형태 중 상당 부분을 포기해야 한다. 아이다는 노후를 미리 준비해두면 본인만 편한 것이 아니라 가족들 역시 편하다고 강조한다.

"나이를 먹으면 꼭 해야 하는 것이 있지. 바로 결정을 내리고 준비하는 거야. 준비만 잘되어 있다면 삶의 모든 단계를 잘 보낼 수 있어. 앞으로 다가올 삶의 단계를 준비하지 않으면 감당하기 어려워질 수도 있지. 나이를 먹으면 노년기를 어디에서 보낼 것인지를 선택해야 하는데 이 문제는 특히 중요해. 사람들은 그 결정을 내리는 데 너무 오랜 시간을 끌지. 만족스럽고 편안하게 지낼 수 있는 곳, 필요한 시설이 잘 갖춰져 있는 곳을 골라야지. 되도록 빨리 고르는 게 좋아. 어떤 시점을 지나고 나면 결정 내리기가 훨씬 어려워지거든. 내 가족도 그런 일을 겪었지. 아버지는 새어머니와 함께 플로리다에 살고 계셨어. 우리는 더 나은 시설이 있는 곳으로 옮기시길 바랐지. 그래서 부모님을 모시고 노인들을 위한 거주시설을 여러 곳 둘러봤어. 그런데 어디를 가든 부모님은 이렇게 말씀하시는 거야. '정말 좋은 곳이구나. 그런데 우리에겐 맞지 않는 것 같다.' 그런데 막상 부모님들에게 그런 시설이 정말 필요한 때가 오자 원하는 것들을 다 고려하면서 당신들 스스로 결정을 하기에는 너무 늦은 거야. 누군가 부모님을 대신해 결정해야 했지. 부모님 마음에도 들지 않는 곳으로 말이야. 그런 경험을 했기에 우리 부부는 노후에 우리가 머물 장소를 미리 골랐어. 그리고 꽤 젊은 나이부터 노인들을 위한 거주시설에 들어와 살았지. 그래야 진짜 집처럼 익숙하고 편안하게 느껴지니까. 그 후로 지금까지 하고 싶은 일을 다 하고 의미 있는 일도 하면서 살고 있지. 물론 애들 역시 우리 걱정은 하지 않고 살아."

나는 어째서 사람들이 삶의 질이 훨씬 좋아지는데도 노인들을 위한 거주시설로 가려는 계획을 미리 세워두지 않는지에 대해 몇 가지 가설을 세워보았다. 첫째, 독립적인 삶에 가치를 두는 사회풍토 때문이다. 많은 사람들이 자기 집을 마련하려고 아등바등 안간힘을 쓰며 산다. 게다가 집은 막강한 자율성의 상징이다. 일부 연구에 의하면 노인들은 노인거주시설에서는 사생활이 침해당할 것이라고 걱정하는 것으로 나타났다. 특히 70세 이상 연령대, 즉 결혼을 하면서 부모님 집에서 나와 새로운 보금자리를 꾸리고 가족을 일군 전형적인 세대에서는 이런 걱정을 하는 경향이 더욱 두드러진다. 설상가상으로 자신들의 보금자리를 떠나 노인들을 위한 거주시설로 옮기는 것에 대한 안 좋은 편견도 보태진다. 노인들을 위한 거주시설이 더 나은 삶을 보장해주는 데도 말이다.

노인들을 위한 거주시설에는 여러 종류가 있다. 완전히 독립적인 생활을 할 수 있는 노인형 주택을 임대 및 분양하는 형태부터 일정 시설에 입소해 식사와 일상생활에 필요한 모든 서비스를 제공받는 형태에 이르기까지 다양하다. 노인거주시설은 요양원과는 다르다. 요양원은 병든 사람이나 건강이 악화되어 거동하기 어려운 사람들을 대상으로 하는 곳이다. 이에 반해 노인들을 위한 거주시설은 안전하고 안락하며 질 높은 노후의 삶을 위한 각종 서비스와 시설, 프로그램이 마련된 다양한 형태의 주거 공간으로 누구나 자신의 활동력, 생활 방식, 건강, 사회적 필요 정도에 따라 자신에게 맞는 시설을 선택할 수 있다.

이 책을 위해 만난 인생의 현자들 가운데 약 150명 정도가 노인거주시설에서 생활하고 있었다. 그들 가운데 극히 일부를 제외하면 대개 살던 집을 떠나 시설로 들어온 것이 지금까지 한 것 중에 가장 훌륭한 선택이었다고 말했다. 다수의 노인들이 처음에는 이러한 시설을 꺼린다는 사실을 나도 알고 있다. 하지만 이런 시설에 있는 노인들은 대부분 이런저런 도움을 받으며 생활을 할 수 있기 때문에 실제로 더 많은 자유를 누리며 의미 있는 활동과 인간관계를 맺을 수 있다고 말한다. 이처럼 긍정적인 면이 매우 많다보니 대다수의 인생의 현자들이 노후의 거처로 노인거주시설을 알아보라고 권하는 것이다.

에드워드 호란과 그의 아내도 은퇴자를 위한 거주시설로 옮기고 나서 이 사실을 깨달았다.

"우린 식당에서 밥을 먹어. 그러니 하루에 최소한 두 번은 다른 사람들을 만나지. 이전에는 미처 알지 못했어. 규칙적으로 다른 사람들과 즐거운 시간을 갖는 것을 내가 얼마나 그리워했는지 말이야. 이곳에서는 다른 사람들과 함께 이런저런 취미활동도 같이 해. 매일 아침 운동도 하고. 그러니 건강도 좋아지고 대화도 많이 나누게 되지. 다양한 관심사에 맞게 꾸려진 작은 규모의 모임도 꽤 있어. 수영장도 있고 매일 아침 모이는 당구 모임도 있고 카드놀이를 하는 모임도 있지. 나는 글쓰기 모임에 가입

했어. 덕분에 자극을 많이 받지. 사회적으로, 지적으로, 육체적으로 하고 싶은 것들을 이곳에서 대부분 할 수 있다네."

론 휴튼(90세) 역시 매우 독립적인 사람으로 이전에는 노인거주시설에 확신이 없었다. 그는 재무관리 분야에서 저널리스트로 활동하다가 직접 사업체를 운영했다. 그러다가 1985년에 은퇴한 후로 아내와 함께 매우 만족스러운 삶을 살았다.

"우리는 삶을 즐겼습니다. 취미활동을 하느라 늘 바빴지요. 여행도 함께 다녔고요."

그의 목소리에 슬픔이 어렸다. 론의 아내는 몇 년 전 세상을 떠났다. 그는 관절염이 심각해져 균형을 잡거나 거동을 하는 데 어려움을 겪었고 몇 번 넘어지기도 했다. 결국 그는 노인거주시설로 옮기기로 결심했다. 처음에는 망설였지만 곧 생각을 실행에 옮겼다. 그는 옮기기 전의 삶을 회고해보면 왜 노인거주시설에서의 삶이 더 유익한지 분명히 드러난다고 했다.

"예전에 몬태나에 있는 작은 회사에서 뮤추얼 펀드를 팔았죠. 그런데 마을에 유독 과부들이 많은 거예요. 목사님에게 그 이유를 물었더니 이렇게 대답하시더군요. '이 마을 사람들은 대부분 목장 노동자들입니다. 모두 힘들게 노동을 해서 목장을 세운 사람들이지요. 그들의 자녀들도 다 목장일을 하지요. 아들에게 목장을 물려주고 나서 부모들은 이 마을로 오고요. 마을에 와서도 여성들은 계속 일을 해요. 요리를 하고, 집안일도 하고 계속 일을 하죠. 그런데 남자들은 갑자기 할 일이 없어져요. 결국 시름시름 약해져서는 죽죠.' 난 열심히 살라고 말해주고 싶습니다. 할 일이 있다는 게 얼마나 신나는 일인지 모릅니다. 매일매일 기대할 일이 생기죠. 나는 그림 수업을 들을 겁니다. 늘 배워보고 싶었죠. 노인거주시설은 꽤 괜찮은 곳입니다. 어떨 때는 아침에 일어났는데 특별한 이유도 없이 우울하고 외로울 때도 있어요. 그러면 옷을 입고 아침을 먹으러 갑니다. 사람들과 아침을 먹다 보면 우울함은 어디론가 사라지죠."

노인거주시설은 노인들에게는 이상적인 환경일 수 있다. 자율성이 없어지고 의존적인 사람들이 가는 곳이 아니라 오히려 정반대의 장소가 될 수도 있다. 노인거주시설에 대해 아직 관망하고 있는 부모님이 있다면 이 책에 나온 다른 분들의 사례를 말해도 좋을 듯하다. 어쩌면 부모에게만 이익이 되는 것이 아니라 모든 가족 구성원들의 불안과 스트레스를 없애줄 결정을 내리는 도화선이 될 수도 있다.

그리고 꼭 기억해야 할 것
나이와 싸우지 마라

많은 사람들이 할 수만 있다면 흐르는 시간이라도 잡아 노화를 멈추고 싶어 한다. 이런 심리를 반영하듯 시중에는 노화를 막아준다는 약품에 화장품, 의료기술까지 넘쳐난다. 하지만 인생의 현자들은 말한다.

"잊어버려라. 그리고 나이와 싸우지 마라!"

나이와 싸우지 말고 노화 과정을 받아들이고 변화하는 신체 능력과 상황에 맞춰 적응하라는 것이다.

노인학자들은 이러한 과정을 '보상이 수반된 선택적 최적화(Selective Optimization with Compensation)'라고 부른다. 성공적으로 나이를 먹는 사람들은 자신에게 가장 가치 있는 일을 '선택'하고 그 일에 집중함으로써 상황을 '최적화'하고, 능력을 극대화해 상실한 다른 능력을 '보상'한다. 이는 노화와 싸운다는 개념과 아주 상반되는 개념이다. 앞서 양육에 관한 조언을 들려주었던 클레이턴 그리너프는 달리기 비유를 들었다.

"인생이란 자기 앞에 놓인 길에 서 있는 것과 같다네. 그 길에서 만약 빨리 뛸 수 없다면 더 천천히 달릴 수도 있겠지. 하지만 절대 멈춰서는 안 돼. 할 수 있는 한 달려야 해. 물론 어느 정도 한계가 있다는 사실은 인정해야 할지도 몰라. 그럴 때는 그냥 이렇게 생각하는 거야. '그래. 내가 할 수 있는 건 이 정도야.' 그러고는 한계의 끝을 아주 조금만 더 늘리는 거지. 그래야 계속 달릴 수 있는 동기가 생기니까."

인생의 현자들은 노화를 이야기하며 걷기를 자주 언급했다. 실제로 물리적으로도, 비유적으로도 걷기와 노화는 비슷하다.

마지막으로 카롤리나 레스(71세)의 현명한 지혜를 들어보자.

"나는 걷기를 아주 좋아했어. 그런데 5년 전쯤 심장에 문제가 생겼다는 진단을 받았어. 큰 산에 더 이상 오르지 못할 거라더군. 한번은 내가 자주 좋아하는 애디론댁 산에서 네 명의 친구들을 만나 언제나처럼 즐겁고 신나게 산을 오르려고 했지. 그런데 나는 정상까지 가지 못하고 중도에 그만둬야 했어. 무척이나 속상하고 화가 나더라고. 친구들에게 앞서 오르라고 하고는 혼자 산을 내려오면서 펑펑 울었어. 그러고는 그 길로 짐을 꾸려 집으로 돌아왔지. 집에 와서 앞으로 어떻게 해야 할지 생각하고 또 생각했어. 그랬더니 내게 주어진 선택사항들이 보이더라고. 내게 벌어질 일들을 인정하지 않고 늘 분노하며 지낼 것인지 혹은 산에 오를 수 있는 다른 방법을 찾아볼 것인지. 일단 나는 현실을 인정하는 법을 배워야 했어. 그래서 매년 산으로 가서 딱 내가 오를 수 있는 만큼만 오르고 있어. 이젠 그 산들이 그렇게 거대하게 느껴지지 않아. 나 역시 그렇게 젊지 않고."

인생의 현자들은 포기를 모른다. 그들은 달콤한 광고문구나 값비싼 의학 기술에 기대어 노화를 막으려고 안간힘을 쓰지 않는다. 그저 달리고, 산을 오르고, 인정하고, 적응한다. 그렇게 절망이 아닌 만족의 삶을 향해 간다. 뒤에 오는 이들에게 훌륭한 이정표가 될 자취를 남기며.

두려움 없이 나이 들기 위한 5가지 조언

누구나 나이 먹기를 두려워한다. 그 두려움을 억누르기라도 하듯 노
인들을 멀리하거나 차별하지만 그것은 위험하다. 인생의 현자들은 나
이 들어서도 충만하고 풍요로운 삶을 살려면 노화에 대해 좀더 긍정
적인 인식이 필요하다고 말한다. 부정은 최악의 적이다. 노화를 부정
하면 노년기를 대비한 계획을 세우지 못하고 일어나지 않을지도 모르
는 부정적인 일들을 무의미하게 두려워만 하게 된다. 이 장에서는 현
명하고 두려움 없이 노년을 맞기 위한 5가지 조언을 들었다. 먼 미래
의 일이 아니라 지금 해야 할 일들이다.

LESSON 16. **나이 먹는 것은 생각보다 괜찮은 일이다** 그러니 쓸데 없이 나이듦에 대한 걱정으로 시간을 낭비하지 마라. 노년의 삶은 기회이자 모험, 성숙의 시간이 될 수도 있다. 나이를 먹는 건 탐험과 같다.

LESSON 17. **100년을 써야 할지도 모른다! 몸을 아껴라** 건강에 해를 끼치면서 "얼마나 오래 살든 신경 안 써."라는 변명 따위는 하지 마라. 병은 쾌락의 이자다. 흡연, 형편없는 식습관, 운동부족 같은 것들로 일찍 죽지는 않는다. 몇 년 혹은 몇십 년 동안 만성질환에 시달리며 고통받을 뿐이다.

LESSON 18. **아직 오지도 않은 죽음을 미리 걱정하지 마라** 죽음을 걱정하느라 불안해하며 시간을 낭비하지 마라. 대신 그저 삶의 마지막 순간에 대비해 계획을 잘 세워두라.

LESSON 19. **관계의 끈을 놓지 마라** 중년 이후에 찾아올 사회적 고립에 대해 진지하게 생각해야 한다. 중년에 접어들면 의식적으로 새로운 기회와 새로운 인간관계를 만들어 유지하려고 노력해야 한다.

LESSON 20. **노후의 거처를 계획해두라** 주변 노인들이 노인거주 시설에 막연한 두려움과 편견을 갖고 있다면 방치하지 마라. 삶에 제약을 받는 것이 아니라 오히려 더 나은 삶을 살 수 있는 새로운 기회가 될 수도 있다.

6장

후회 없는 삶
'그랬어야 했는데'에서 벗어나는 법

거트루드 타워, 76세

잊지 말게. 지금을 살 기회는 단 한 번뿐임을! 섣불리 어리석은 짓으로 망치면 안 돼. 조심하고 또 조심하게나. 지금 하는 일을 훗날 기억하게 될 테니. 그 기억은 즐거움으로 남을 수도 있고 후회로 남을 수도 있다네. 고등학교 동창회를 앞둔 한 친구가 내게 이렇게 말하더군. '가장 좋은 건 모든 사람들의 눈을 똑바로 볼 수 있다는 거야. 후회도, 부끄러움도 없이 당당하게.' 무슨 일을 시작할 때면 그 일이 앞으로 후회할 일은 아닌지 늘 생각해보게.

전설적인 프랑스 가수 에디트 피아프가 부른 〈아무것도 후회하지 않아〉라는 노래가 있다. 그녀는 이미 모든 대가를 치렀고, 쏠어버렸으며, 잊었기 때문에 아무것도 후회하지 않는다고 노래한다. 실제 삶도 이런 태도로 산다면 정말 멋질 것이다. 하지만 대부분의 사람들은 지난 일을 후회한다. 그것도 대개는 일상의 자잘한 일들이다. 이를테면 '삼류식당에서 맛없는 음식을 먹는 게 아닌데', '직장동료에게 그렇게 쌀쌀맞게 굴지 말았어야 했는데', '차가 도로 한복판에서 멈추기 전에 엔진오일을 갈 걸' 같은 것들이 대부분이다. 물건을 사놓고 돌아서서 후회하는 '구매자의 후회'와 비슷하달까. 나는 10대인 딸과 새차를 사러 갔다가 스포츠카처럼 날렵한 차를 덜컥 사놓고는 집에 와서 생각하니 불편하고, 신뢰도 가지 않는데다, 휘발유도 너무 많이 먹는 차라 후회했던 적이 있다. 이런 식의 후회는 늘 생기며 보통 잠시 우울해하다가 흘려보내기 마련이다.

하지만 어떤 결정 때문에 평생을 후회하며 사는 사람들도 있다. 〈사랑과 영혼〉이나 〈식스 센스〉 같은 영화는 그런 예를 잘 보여주는데, 영화에서는 주인공이 기적의 힘을 빌어서 잘못된 일을 바로잡거나 하지 못했던 말을 한다.

그러나 현실에서 그런 후회는 평생 극심한 고통으로 남는다. 할리우드 영화에서처럼 기적이 일어나거나 타임머신을 타고 과거로 돌아가 잘못을 다시 바로잡을 수도 없기 때문이다. 안타깝게 놓친 기회들, 다른 사람에게 상처가 되는 행동을 했거나 꼭 해야 할 말을 미처 하지 못한 것은 아무리 오랜 세월이 지나도 깊은 후회로 남는다. 시인 존 그린리프 휘티어는 그런 후회를 이렇게 표현했다.

"말로나 글로나 가장 슬픈 말은 '그렇게 되었어야 했는데'다."

스물한 번째
정직하면 당당하다

노인들을 인터뷰하면서 "살면서 가장 중요한 가치관 혹은 원칙이 있다면 무엇입니까?" 하고 물었다. 거의 모든 분들이 "늘 정직하라.", "정직", "늘 진실을 말하고 타인을 속이지 마라." 등의 대답을 가장 먼저 했다. 70대 이상 노인들에게 '정직'은 논의의 여지가 없는 최우선 가치이며 어렸을 때부터 뼛속 깊숙이 새기고 자라온 삶의 규범이기도 하다. 그것은 후회를 피하기 위한 실질적인 지침이자 그들이 삶을 통해 어렵사리 체득한 값진 지혜이기도 하다.

아니 호프만(83세)은 후회 없는 삶에 대해 모범답안 같은 대답을 들려주었다.

"정직은 우리 삶을 이끌어줄 단 하나의 귀중한 가치관이지. 나는 정직이 모든 것을 지배한다고 생각하네. 자신에게 정직하다면 아내와 가족, 그리고 주변 사람들에게도 정직하겠지. 그러면 아침에 거울을 보며 이렇게 말할 수 있다네. '난 아무것도 잘못하지 않았어.' 정직하다면 늘 옳은 결정을 내릴 거라는 말일세."

정직에 대한 인생의 현자들의 관점은 달리 해석할 여지가 없다. 간혹 누군가 "이 바지 입으면 나 뚱뚱해 보여?" 하고 묻는 경우 이따금 하는 '선의의 거짓말'은 괜찮다고 하는 정도다. 인생의 현자들은 놀라울 정도로 항상 정직할 것, 초지일관 청렴할 것, 늘 타인의 신뢰를 얻는 사람이 될 것 등을 한목소리로 강조했다. 그렇지 않으면 후회하게 될 것이라고 했다. 정직이라는 처방은 특별한 경우에만 적용되는 것이 아니라 항상적이고 무조건적인 처방이었다. "정직해야 할 때는 정직하라."라든지 "그 시점에는 정직해야 한다."라는 조언은 듣지 못했다. 인생의 현자들은 정직을 조건 없는 처방으로 보았다. 그 무엇보다 먼저 정직하라고 말이다.

아서 모펫(86세)은 부친에게서 이 교훈을 배웠다고 했다.

"'정직이 최선의 정책'이라는 말은 내가 가장 중요하게 여기는 원칙이야. 내 아버지는 옷가게를 하셨지. 저기 큰길을 따라 가다 보면 '누구에게나 같은 가격을 받습니다.' 라는 문구가 걸린 상점이 보일 거야. 아주 단순한 말이지만 이 말에 모든 것이 함축되어 있지. 이 말에는 상점에 들어오는 모든 이들을 공명정대하게 대한다는 의미가 들어 있어. 같은 물건이라도 그 지역 주민이 아닌 손님에게는 더 비싼 가격을 받고 가까운 친구나 지인에게는 더 싸게 파는 상점들도 있잖아. 그러면 안 된다는 거야. 누구나 똑같이 대하는 거지. 살아가면서 위험한 함정과 올가미에 빠지지 않으려면 이 원칙을 가장 기본으로 삼아야 해. 모든 사람을 공명정대하게 대해야 해."

'공명정대'는 일상에서 흔히 사용하는 말은 아니다. 하지만 70대 이상의 노인들은 이 말을 흔하게 쓰고 매우 중요하게 여긴다. 이들은 '공정한 조처(Square deal, 1902년 미국 루즈벨트 대통령이 무연탄광산의 광산 노조 파업에 개입해 일방적으로 고용주 편을 들어주지 않고 관례대로 노사 양쪽에게 공정하게 중재를 하면서 사용한 말이다. 이후에도 루즈벨트는 이 공정한 조처 정신에 입각해 하루 8시간 노동제, 아동 및 여성의 노동 제한, 산업재해보상법 등을 적극 추진했다 – 옮긴이)'를 매우 중시하던 시대에 자랐다. 인생의 현자들은 타인에게 공정하고 정직하게 대하면 스스로도 떳떳한 기분이 든다고 말한다. 반대로 이 규칙을 위반하면 후회하게 된다는 것이다. 곧바로 후회하지는 않을지 몰라도 여든 혹은 그 이상의 나이가 되면 삶을 되돌아보게 될 것이고, 그때 과거에 정직하지 못했던 자신의 모습과 그로 인해 생긴 일들을 후회하게 될 것이라고 단언한다. 정직하지 못한 말이나 행위는 삶에 몹시도 기나긴 흔적을 남긴다.

정직함을 주제로 인터뷰를 하다가 조금 특별한 노인을 만났다. 어느 일요일 늦은 오후, 마지막 햇살이 요양시설에 있는 유진 언하트(80세)의 방 창문에 길게 걸려 있었다. 유진은 깔끔하게 손질한 짧은 회색 머리에 단정하고 잘생긴 할아버지였다. 외모만 보면 나이보다 훨씬 젊어 보였지만 그는 뇌졸중을 앓았고 그여파로 말하는 데 어려움을 겪고 있었다. 그는 더듬더듬 말을 잇다가 간간이 멈추고 생각에 잠기기도 했다. 그러면서도 그는 경험에서 우러난 귀중한 지혜를 나눠주었다.

유진은 한국전쟁에 참전했고 전쟁이 끝난 후 제조업에 종사했다. 직업 특성상 먼 곳까지 출장을 자주 다녔는데 그러면서 지금까지도 후회가 되는 실수를 범했다.

"들어보게, 아주 중요한 말이니까. 내가 하고 싶은 말은 정조의 의무를 저버려서는 안 된다는 걸세. 나는 정말 최악의 남자일세. 신뢰할 만한 남편이 아니었거든. 그게 후회돼. 정조를 지키는 것이 결혼생활에서 얼마나 중요한지 난 정말 강조하고 싶네. 되돌릴 수만 있다면 다시 되돌리고 싶은 순간이고. 암, 되돌리고 싶고말고. 정말 어리석었지. 아내는 정말 훌륭한 사람이었어. 난 아내와 화해하질 못했지. 마지막 순간까지도 정직하지 못했다네. 이 말을 하기가 정말 힘들어. 그 생각만 하면 우울해지지. 하지만 젊은 친구들에게 전해주게. 나 같은 실수는 절대 하지 말라고 말이야. 몸도 마음도 정직해야 한다는 사실을 꼭 기억해야 한다네."

같은 원칙을 말한 이가 또 있다. 바로 레리 핸들리이다. 레리는 직장생활에서 배신을 경험했다. 레리의 영업지역을 탐냈던 부정직한 직장 선배가 책략을 꾸며 그를 해고당하게 만든 것이다. 몇십 년이 흘렀지만 레리에게 이 경험은 여전히 상처로 남아 있다. "믿고 신뢰했던 사람에게 배신당했을 때 기분을 아나?" 그런 경험을 했기에 레리는 이후 직장생활을 하면서 정직에 더욱 역점을 두었다. 그는 타인을 정직하게 대하면 만족감-그의 표현을 빌자면 기쁨-을 느낀다고 말한다.

"직장생활에서 가장 중요한 것은 정직과 신뢰라네. 고객에게 절대 허튼소리는 하면 안 돼. 솔직하게 말해야지. 예전에 내 제품을 구매하고 싶어 하는 고객들이 있었지. 나는 고객들에게 이렇게 말했어. '글쎄요. 이 제품이 고객님께 잘 맞을지 모르겠습니다.' 어떻게 보면 영업을 오히려 망치는 말을 한 셈이지! 하지만 정직함은 늘 효과가 있어. 나는 내 조카들은 물론 다른 사람들에게도 늘 정직하고 진실한 삶을 살라고 강조하지. 그렇게 살면 거짓말이 탄로나지는 않을까 하는 걱정도, 다른 사람들이 내게 실망하지는 않을까 하는 걱정도 할 필요가 없어진다네. 항상 정직하면 언제나 평화롭게 살 수 있다네. 그건 정말 즐거운 일이지."

그런가 하면 인생의 현자들 가운데는 직장생활을 할 때 정직하지 못했으며 그로 인해 엄청난 심리적 고충을 대가로 치러야 했던 이들도 있다. 조던 와이저(77세)가 그런 경우다. 조던을 만난 곳은 뉴잉글랜드에 있는 농장주택을 개조해 만든 집이었다. 우리는 넓고 아늑한 거실에서 커피를 마시며 봄이 움트고 있는 바깥 풍경을 내다보았다. 조던은 자수성가한 사람이다. 브루클린에서 자란 조던은 고등학교를 자퇴하고 군에 입대를 했다가 훗날 성공한 기업인이 되었다. 내가 인터뷰했던 다른 사업가들과 마찬가지로 그는 이윤을 더 많이 남기기 위해 법을 어기고 싶은 유혹에 빠졌고 '떳떳하지 못한 행위'를 저질렀다. 하지만 그 일을 계기로 삼아 그 후로는 그런 유혹을 단호하게 떨치고 정직함을 평생의 신조로 삼게 되었다.

"내 경험을 말해주지. 그래야 이해할 테니. 내가 수입해서 판매하려는 물건이 있었는데 생산국에서 바로 수입하기에는 관세율이 너무 높았어. 그래서 우리는 우선 다른 나라로 그 물건을 보내 마치 그 나라에서 만든 것처럼 다시 상표를 붙여 미국으로 들여왔지. 그렇게 하면 세금도 훨씬 적게 낼 수 있었고 물건을 들여오기도 쉬웠거든. 부정한 짓을 저지른 거야. 세관당국이 낌새를 채고 우리를 주시했지만 다행히 통관수속은 마쳤지. 대단한 규모의 탈세도 아니고 완전히 사기라고도 보기 힘들었거든. 하지만 교묘히 법망을 피해가는 행위였지. 그런 짓은 저지르면 안 되는 건데 말이야. 마음이 편치 않았어. 그래서 그 이후로는 절대 그런 짓을 하지 않았다네. 그럴 만한 가치가 있는 일이 아니거든. 자다가 한밤중에 벌떡 일어나 '이렇게 되면 어쩌지? 저렇게 되면 어쩌지?' 하며 불안에 떨고 싶지 않다면 절대 그런 짓은 하지 말게. 돈 때문에 그런 찜찜한 짓을 할 필요는 없어. 그럴 가치가 없지. 약간의 금전적 이득을 볼수는 있지만 영혼이 파괴된다네."

스물두 번째
기회가 묻거든 '네!' 라고 답하라

나는 삶의 가능성이 너무 적다고 생각하는 사람들을 많이 만났다. 그들은 칸막이로 둘러싸인 사무실이나 좁은 공간에 꼼짝 않고 틀어박혀 제한된 공간이 주는 익숙함 속에 머물기로 이미 결심했다. 시간을 너무 많이 소모하게 될까봐 혹은 고생할까봐 두려워 승진의 기회를 거부한 사람들도 보았고, '모험을 좋아하는 타입'이 아니라는 이유로 해외에서 1년에서 2년 정도의 시간을 보낼 수 있는 기회를 마다하는 사람들도 보았다. 또 사람들 앞에 나서기가 두렵고 일도 너무 많아진다며 직장에서 프레젠테이션을 할 수 있는 기회를 포기하는 이들도 보았다. 이들은 스스로 정한 한계의 틀에 자신을 가두고는 거기서 벗어나라고 하면 오히려 화를 낸다.

이런 태도를 인생의 현자들은 어떻게 볼까? 그들은 하나같이 크나큰 실수를 하는 것이라고 꼬집는다. 새로운 기회가 올 때마다 '네'라고 적극적으로 맞아야 한다는 것이다. 인생의 현자들이 시간과 관련해 가장 흔히 언급하는 후회스러운 일 역시 기회가 찾아왔을 때 문을 굳게 닫아두고 그 기회를 받아들이지 않은 것이었다. 그들은 직장생활에서 받을 수 있는 가장 큰 보상은 일을 더 할 수 있는 기회라고 말한다.

조 슐레터(73세)는 이 교훈의 중요성을 절실히 느끼게 해주었다. 경제대공황 시대에 태어난 다른 아이들과 마찬가지로 조 역시 가난한 집안에서 힘겨운 어린 시절을 보냈다. 남달리 영특했던 그는 아이비리그 대학 중 한 곳에 입학했고, 집안 최초 대학생이 됐다. 학교를 마친 후 그는 엔지니어가 되어 기업 경영진의 위치까지 오르게 되었다. 60대에는 기업육성 시설의 리더가 되었고 신망 있는 대학의 MBA과정 학생들을 대상으로 기업가정신에 관해 강의도 하게 되었다.

가난한 집에서 태어났지만 기업인으로 성공하고 훗날 인재들을 양성하는 직업으로 길을 바꾼 인생의 현자, 존이 들려주는 가장 중요한 조언은 바로 '네'라고 대답하는 것이다.

"내가 살면서 고수한 한 가지 원칙은 '아니오'라고 대답해야 할 명백한 이유가 없는 한 '네'라고 대답하는 거야. 내 삶에 '아니오'라는 대답은 없었다네. 나는 내게 주어진 일들을 흔쾌히 받아들였지. 재미있는 일은 아니었지만 하다 보면 흥미가 생기는 경우가 많아. '네'라고 말할 때 기회가 온다네. 하지만 그 기회가 두 번씩 오는 경우는 많지 않지. 이 긍정의 원칙은 '이 일을 하겠

습니까?' 하고 묻는 사람이 있는 곳이면 어디든, 직장이든 봉사
활동을 하는 곳이건 다른 곳이건 어디라도 모두 해당되지. '좋아,
해보자!' 하고 받아들이는 거야. '새로운 일은 하고 싶지 않은데.'
라고 생각하는 순간 삶은 지루해져. 자격이 없다고 생각해서 망
설여서는 안 된다네. 나 역시 내가 자격이 없다고 생각했지만 그
냥 받아들였던 일들을 얼마든지 떠올릴 수 있네. 누구든 새로운
일을 통해 또 다른 무언가를 배울 수 있고 여러 가지 방식으로
보상받을 수도 있어. '아뇨. 못하겠는데요.' 혹은 '하고 싶지 않은
데요.'라고 말하는 사람은 많은 것들을 놓치기 마련이지. 삶은 모
험이야. 모험을 하려면 먼저 '네'라고 대답해야 한다네."

살다 보면 대부분 선택의 여지가 없는 상황에서 전환점을 맞
게 된다. 그 선택이란 '머무를 것인가, 더 나아갈 것인가' 같은 문
제가 아니다. 주로 직장에서 무언가 새로운 일을 할지 말지 결정
하는 경우가 많다. 새로운 책임을 지게 될 기회이자 낯선 사람과
낯선 곳으로 가게 될 기회 말이다. 직장생활을 가장 행복하게 했
던 인생의 현자들이야말로 언제 '아니오'라고 해야 하는지, 언제
현재 하고 있는 편하고 익숙한 일에서 벗어나 다른 일을 하기로
결정해야 할지 정확한 지점을 말해줄 수 있다.

셸리 도날드슨은 규모가 큰 사회사업 프로그램을 지휘하고
있다. 그녀 역시 기회가 왔을 때 긍정적인 대답을 하라고 적극

권했다. 설령 위험이 따르더라도 말이다.

"늘 열려 있어야 해. 그래야 새로운 기회가 왔을 때 붙잡을 수 있지. 내가 처음으로 직장을 옮길 때가 기억나네. 직업소개소에 있는 사람이 내게 이런 말을 했어. '왜 이 직책에 지원하지 않는 거죠?' 그래서 난 말했지. '경력 5년 이상인 사람을 구한다고 해서요.' 난 내가 그 일을 못할 거라고 생각했어. 그래서 거절하려고 했지. 그랬더니 그 사람이 이렇게 말하더군. '그건 우리가 알아서 할게요.' 난 면접 기회를 얻었고 직장을 옮겼지. 위험을 피하기만 하면 새로운 기회를 얻지 못하는 법이야."

앞에서도 여러 가지 지혜를 들려주었던 앨버트 폴섬은 정말 놀라운 사람이었다. 농장주인 그는 자신의 사업을 여러 분야로 확장했다. 지금의 성공에 이르기까지 수도 없이 많은 장애를 만났고 그로 인해 고통도 겪었다. 직원들을 위협하는 해고나 규모 축소 같은 것이 아니라 농장의 존립을 위태롭게 하는 자연재해나 화재 같은 것들 때문이었다. 현재는 일선에서 물러난 후 비상근직으로 편안하게 사업에 관여하고 있는 그는 자신의 경험을 회고하며 이렇게 말했다.

"나는 정말 멋진 삶을 살았다네. 운도 따랐고 건강도 좋았고 말일세. 내게 어마어마하게 중요한 충고를 해달라고 했나? 하나 말해줌세. 어느 날 잠을 깊이 들지 못하고 꿈을 꾸었어. 그러고

는 아침에 일어나 시를 썼다네. 내가 시인이라고 생각은 안 하네
만 나는 내가 쓴 시를 복사해서 손주들에게도 하나씩 나눠줬지.
한번 들어볼 텐가?"

그는 잠시 숨을 고르고는 시를 읊었다. 다음은 그 시의 일부
이다.

만약 네가 '할아버지, 난 앞으로 어떻게 하면 좋죠?'라고 묻는다면

뭐라고 대답해주면 좋을까?

찬란하게 달렸던 눈부신 경주 이야기를 해줄까?

아니면, 숨 가쁘고 고통스럽고 두려웠던 경주 이야기를 해줄까?

삶이 네게 건네주는 역경과 시련

그리고 땀

그래도 용기를 얻을 수 있겠니?

불리한 패를 쥐고도

두 배로 내기를 걸 수 있겠니?

앨버트는 설명을 덧붙였다.

"아버지와 나는 카드놀이를 즐겼지. 이 시는 거기서 착안한 거
야. 아버지가 이길 때가 꽤 많았어. 언젠가 내가 아버지에게 어
떻게 이긴 거냐고 물었어. 그랬더니 아버지가 이렇게 말씀하셨

어. '잃었을 때는 두 배로 걸었단다.' 아내와 나는 그 충고를 따랐지. 어느 날 밤이었어. 자다가 깨서 보니 하늘이 온통 붉은 거야. 우리 헛간에 불이 난 거였어. 불은 헛간을 모두 집어삼키고 온실마저 일부 태우고는 꺼졌어. 가족들과 화재 잔해들을 정리하고 나는 헛간을 이전의 두 배 크기로 다시 지었어. 아버지가 보더니 물으시더군, '뭐하는 게냐?' 난 말했지, '아버지가 그러셨잖아요. 잃었을 때는 두 배로 걸라고요!' 우린 늘 잃으면 두 배로 건다는 원칙을 지키고 살았어. 한 번은 우박이 내려 농장이 다 망가진 적이 있어. 유리창들이 모조리 깨졌지. 우린 다시 유리를 끼워 넣었어. 더 크게, 더 많이 말이야. 또 한 번은 겨울이었는데 폭설이 내렸어. 아침에 일어나니 온실이 무너졌더라고. 아무것도 남아 있지 않았지. 그래서 우린 더 크고, 더 튼튼하게 온실을 다시 지었어. 내가 쓴 시도 그런 이야기지. 내 시를 읽으려니 좀 부끄럽긴 하네만 내 삶을 압축해놓은 글이라네."

중대한 시점에서 위험을 무릅쓴 인생의 현자들은 삶을 회고하면서 매우 만족스러워했다. 그에 반해 기회가 왔을 때 도전하기보다는 안주하거나 포기했던 이들은 뒤늦게 자신의 선택을 후회했다.

이는 우리 모두가 마주하는 실존적 딜레마다. 한꺼번에 두 길을 모두 갈 수는 없다. 어느 지점에서는 결정을 해야 한다. 가지 않기로 한 결정도 결정이다. 로버트 프로스트는 〈가지 않은 길〉이라는 시에서 "노란 숲 속에 두 갈래로 난 길"을 만나 선택을 해야 하는 여행자의 시각으로 이러한 상황을 아름답게 묘사했다. 프로스트의 시에 나오는 여행자와 마찬가지로 우리도 반드시 하나의 길을 선택해야 한다. 그리고 이렇게 말하게 될 것이다.

"그리고, 똑같이 아름다운 다른 길을 택했습니다. 그 길에는 풀이 더 있고 사람이 걸은 자취가 적어, 아마 더 걸어야 할 길이라고 생각했던 게지요. 그 길을 걸으므로, 그 길도 거의 같아질 것이지만."

나는 정반대의 결정을 한 사람들을 인터뷰하면서 이 시를 떠올렸다. 두 삶을 나란히 놓고 보면 기회를 받아들인 사람과 그렇지 않은 사람의 삶의 결과가 뚜렷이 보인다. 한 길은 위험이 따르지만 만족스럽게 살 수 있다. 다른 길은 좀더 신중하게 선택한 길이지만 후회가 따른다.

로드(80세)와 빈센트(77세)는 비슷한 점이 많다. 둘 다 동부의 대도시에서 살고 있고 살아온 배경도 매우 비슷하다. 나이 차이는 조금 있지만 결혼생활을 오래 했다는 점도 비슷하다. 또한 명문대를 나왔고 예술에 조예가 깊다. 로드는 음악에, 빈센트는 글쓰는 데 관심이 많다. 1950년대 두 사람은 모두 그다지 즐기지 않으면서도 직장에 매여 있다는 사실을 깨달았다. 하지만 삶이 기회의 손을 내밀었을 때, 한 사람은 '예'라고 대답했고 또 한 사람은 '아니오'라고 대답했다. 그로 인해 모든 것이 달라졌다.

로드는 매우 활발한 성격에 취미도 다양하다. 하지만 그가 일 이야기를 할 때는 아쉬움이 비쳤다. 마치 제대로 해보지 못해 미련이 남는 일이 있는 것처럼 말이다.

"나는 평생을 한 직장에 다녔어. 젊어서는 늘 때가 되면 직장을 떠날 거라고 말하곤 했지. 떠나야 할 때를 명확하게 알게 된 순간도 있었어. 내가 다니던 회사에서는 5년, 10년, 15년, 20년, 25년 단위로 근속 직원들에게 상을 주었어. 직장에 입사하고 첫해에 한 고참 간부가 부장님의 30년 근속 기념을 축하하는 자리에 온 걸 봤어. 부장님은 지팡이를 짚고 다리를 절며 사무실에서 나왔지. 정말 끔찍한 모습이었어. 누군가 말하더군, '몇 달 전에 심장마비가 와서 죽다 살아났어요.' 고참 간부도 사무실에서 나와 부장님 옆에 나란히 섰어. 그 역시 끔찍한 모습이었지. '맙소사, 이 일이 건강에 치명적일 수도 있겠구나.' 그때 난 결심했어. 나는 저런 모습이 되지 말아야지, 하고 말이야. 나는 매일 퇴근 시간보다 좀더 빨리 나왔어. 다른 사람에게 잘 보이려고 야근을 하는 일 같은 건 절대 없었지."

회사일을 그다지 헌신적으로 하지 않았음에도 불구하고 로드는 간부가 되었고 조기퇴직을 해도 될 정도로 돈도 벌었다. 하지만 든든한 은퇴자금에도 불구하고 로드는 늘 정체돼 있었던 자신의 직장생활이 후회스러웠다. 일을 하면서 한 번도 열정과 의욕을 느껴보지 못했기 때문이다.

"난 직장을 다니면서 내가 동료들보다 일을 더 잘한다고 생각해본 적이 한 번도 없어. 그렇게 치열하게 먹고 먹히는 회사에 있다 보면 누구든 그렇게 되지. 돌이킬 수만 있다면 그런 회사에는 애초에 발도 들이지 않을 걸세. 내가 원해서 그런 것이지만 옹호할 생각은 없어. 절대 하지 않을 거야. 다시 한다면 어느 정도 두려움도 감수해야지. 나는 신입사원들에게 이런 말을 자주 했어. '일어서서 소리쳐라!' 난 그러지 못했거든. 지나치게 소극적이었어. 나는 다른 사람들에게는 '자신에게 늘 엄격하게 굴 필요는 없다.'고 말하면서 나 자신에게는 굉장히 엄격했지. 그 회사를 통해 돈은 충분히 벌었지만 다시 돌아간다면 다르게 살 거야. 내겐 다른 무엇보다도 음악이 소중해. 배우나 가수까지는 아니더라도 지휘자나 뭐 그런 비슷한 일을 했더라면 좀 다르게 살았을 거라는 생각이 들어."

로드와 인터뷰를 하고 얼마 있지 않아 빈센트와 인터뷰를 하게 되었다. 인터뷰를 하다 보면 마음을 여는 데 시간이 꽤 걸리는 이들도 있다. 그런 사람들은 이야기를 툭 터놓기까지 많이 망설이고 주저한다. 하지만 빈센트는 달랐다. 시원시원하게 자신의 이야기를 들려주었고, 정확한 어휘와 완벽하게 잘 짜인 문장을 구사했다. 그의 삶의 철학이 엿보였다. 그의 아파트에는 책들이 빼곡했다. 빈센트는 나이가 준 선물을 매우 긍정적으로 생각하는 사람이었다.

"누구나 자신이 상상하는 것보다 훨씬 더 자유로울 수 있다네."

빈센트의 직업 경험은 로드와는 확연하게 달랐다. 앞에서도 언급했듯이 두 사람은 살아온 배경이나 최초의 직업 등에서 매우 공통점이 많다. 하지만 빈센트는 삶이 기회를 내밀었을 때 그 기회를 잡았고 그 지점이 삶의 전환점이 되었다.

"누구든 운이 좋다면 좋아하는 일을 하면서 자신의 소명을 찾을 수도 있지. 서른두 살에 나는 직장인으로서는 그다지 성공적이라고 볼 수 없는 직업을 버리기로 결심했다네. 그리고 내가 늘 꿈꾸던 작가의 길로 들어섰지. 선택이 안겨준 변화는 놀라웠어. 즐기면서 돈도 벌었으니 말이야. 그런 기회를 지닌 사람은 아주 드물지. 어때, 자네도 한번 시도해볼 텐가?"

물론 빈센트도 그 선택을 하기까지 쉽지만은 않았다. 하지만 그는 선택했고 그것을 결정한 날은 그의 삶에 매우 특별한 순간이 되었다.

"그날 여자친구 로라와 난 해변에 앉아 있었지. 아이들 한두 명이 뛰어놀고 있었고 저만치서 여성 해군 예비부대가 오고 있었어. 꽤나 여유로운 풍경이었지. 난 로라에게 이렇게 말했어. '난 늘 작가가 되고 싶었어. 이제 내가 진심으로 하고 싶은 일을 하기 위해 노력하고 싶어. 작가가 되기로 결정하기까지 32년이 걸렸어. 물론 먼저 역량을 쌓아야겠지. 우선 잡지사에서 일할 생각이야. 당장은 입에 풀칠하기 힘들 수도 있겠지. 어쩌면 평생 그렇게 살아야 할 수도 있겠고. 하지만 마흔이 돼서 과거를 되돌아보며 '내가 원하는 일을 선택할 결단력만 있었더라면' 하고 후회하고 싶지는 않아.' 그러자 로라가 나를 보며 이렇게 말했다네. '그 결정을 하는 데 왜 그렇게 오래 걸렸어?' 그때 몇 년을 만나온 내 눈앞의 여인이 정말 특별하고 용기 있는 사람이라는 사실을 깨달았지. 운 좋게 그 여인과 사랑에 빠져 결혼도 하게 되었네."

빈센트는 전기, 소설, 연설문 등 다양한 장르의 글을 쓰며 작가로서 성공궤도를 달렸다. 그가 주는 교훈은 '열정이 없는 일에 갇혀 있지 말라.'는 것이다.

"사람들은 대개 20대에서 30대를 좋아하지도 않는 일에 묻혀 지내지. 물질적인 보상이 꽤 크거든. 40대 혹은 50대가 되면 개중 똑똑한 사람들은 지금 하는 일을 다시 생각해보지. 나는 일에 관한 한 '평범한 사람 증후군'을 넘어서야 한다고 생각한다네.

그게 뭐냐고? 해변에 앉아 밀려왔다가 다시 밀려가는 물을 바라보고 있노라면 이런 말이 들릴 걸세. '이봐, 거기 평범한 사람, 무슨 걱정이야? 하늘을 봐. 하늘의 별들은 당신이 회사에 얼마나 돈을 많이 벌어다줬는지 전혀 신경 쓰지 않아. 그건 정말 중요한 게 아니거든.'"

나는 로드와 빈센트를 만난 후 깊은 인상을 받았다. 서로 닮은 부분이 많았던 두 사람이기에 더더욱 그랬는지도 모른다. 두 갈래 길, 두 개의 선택. 한 사람은 만족스러운 삶을 살게 되었고 나머지 한 사람은 '그때 그랬더라면'이라는 회한을 갖게 되었다. 그 차이를 결정한 것은 적절한 순간에 변화를 받아들이고 그 결정이 가져올지도 모르는 위험까지도 기꺼이 감수했느냐 아니냐였다.

스물세 번째
여행을 내일로 미루지 마라

내가 만난 인생의 현자들은 저마다 다른 지역, 다른 문화적 환경에서 자랐다. 하지만 공통점이 하나 있다. 그들 대부분이 한 지역에서 어린 시절을 줄곧 보냈다는 점이다. 시골에서 자란 이들은 거의 18년 동안을 고향을 떠나지 않고 살았을 것이다. 도시에서 자란 사람도 마찬가지다. 이웃이 삶의 경계선인 그런 삶을 살았다. 폴란드인 이웃을 두거나 이탈리아 레스토랑에 간 것을 아주 이국적인 체험으로 기억하는 이들도 있다. 90세의 한 노인은 내게 이런 말을 했다. "자네도 나처럼 캔자스 같은 시골에서 자라면 평생 동안 아는 사람들 전부가 다 캔자스 출신이 된다니까."

제2차 세계대전은 많은 남성들의 인생을 바꾸었다. 태어나 자란 고향 마을이 세상의 전부였던 그들은 프랑스, 북아프리카, 호주, 하와이 등 광활한 세계로 보내졌다. 당시를 기억하는 80대 혹은 90대에 접어든 노인들은 작은 시골마을에서만 살다가 세계로 내던져진 그때, 놀랍고도 당황스러웠던 기억을 떠올리며 고개를 젓는다.

잭 덴코(87세)는 당시의 느낌을 이야기해주었다.

"2차 세계대전 때 나는 태평양 부근에서 복무하고 있어서 뉴기니 원주민들과 이야기를 하곤 했지. 그 나라 말은 도무지 할수가 없어. 부족별로 다 다르거든. 하고 싶은 말이 있으면 손짓, 발짓으로 설명하는 거야. 우리에게 베풀어준 것을 생각하면 그들은 세계에서 가장 아름다운 사람들이야. 그때 많은 걸 배웠지. 세상은 참 넓어."

전쟁 후 사람들은 전보다 훨씬 큰 세상을 보게 되었다. 특히 TV의 출현으로 다른 나라의 풍경이나 사람들이 사는 모습을 안방에서도 볼 수 있게 됐다. 중산층이 비행기를 이용하기가 쉬워졌고 해외여행도 다닐 수 있게 되었다. 그러나 1960년대까지만해도 비행기를 타 본 사람은 극히 드물었다. 인생의 현자들 중일부는 열성적으로 여행을 다녔다. 국내는 물론 세계 곳곳을 탐험했다. 그런가 하면 상대적으로 여행을 많이 다니지 못하고 다니더라도 잠시 다녀온 이들도 있다. 얼마나 많은 나라들을 여행했건 혹은 한 곳에 줄곧 머물러 살았건 상관없이 인생의 현자들에게는 한 가지 공통점이 있다. 그들 모두 '여행을 더 많이 했더라면' 하고 바란다는 것이다.

삶의 마지막에 서 있는 인생의 현자들은 하나같이 여행에 큰 의미를 두었다. 그들은 장시간에 걸쳐 여행 이야기를 하고도 이야기를 마칠 무렵이면 늘 아쉬운 듯 말했다.

"늘 그곳에 가보고 싶었는데……."

인생의 현자들 중 가장 열정적인 여행가를 꼽자면 단연 리 페리에(97세)다. 1930년대 젊은 나이에 첫 세계여행을 위해 배에 오르면서부터 그의 여행 인생은 시작되었다. 그는 1년 중 절반은 세계를 돌며 보냈다. 당시만 해도 여행이 쉽지 않던 때였다.

"우여곡절도 많았지. 위험한 상황에 처했던 적도 있었고 중국 오지에서는 몇 번이나 목숨을 잃을 뻔했다네. 그래도 하나 배운 게 있다면 여행할 기회를 놓치지 말아야 한다는 거야. 정당한 기회라면 말이야. 약간은 모험심도 있어야겠지."

리의 아내는 65세이며 그녀 역시 모험가 기질이 다분하다. 리보다 세계여행을 4번이나 더 다녔다. 리는 라틴아메리카를 여행하다가 사고를 당해 헬기로 수송되었던 적도 있다. 그럼에도 불구하고 리는 아직 여행이 끝나지 않았다고 했다. 그는 자신이 걷는 데 약간 문제가 생겼다는 사실은 인정한다. 하지만 리 같은 여행가를 포함해 자신이 한 여행에 만족하는 사람은 없었다. 그들은 말한다. 꼭 보고 싶은 곳들이 있다고, 꼭 가보고 싶다고.

인생의 현자들이 여행에 관해 젊은이들에게 던지는 메시지는 바로 '지금 당장 떠나라.'는 것이다. 이 책의 초반에 소개했던 루스 햄은 주변 사람들이 가장 후회를 많이 하는 것이 여행을 미루다가 너무 늦어버린 경우라고 했다. 그녀 역시 남편의 도움이 없었더라면 그런 실수를 할 뻔했다.

"남편이 내게 여행의 중요성을 알려주었지. 그 사람은 여행을 사랑했거든. 난 그 정도로 좋아하지는 않았어. 마지못해 했지. 난 남편에게 좀더 나이 먹을 때까지 기다리자고 했어. 그런데 남편은 고집을 꺾지 않았어. 그 사람은 이렇게 말했지. '아니, 지금 당장 가자. 우리가 나이가 더 들어 여행을 갈 수 있을지 없을지 어떻게 알아?' 그래서 우린 세계 방방곡곡을 다녔어. 유럽도 가고 아시아도 갔지. 그런데 정말 좋더라고. 남편 말이 맞았어. 나중에 아프게 될지, 죽을지 어떻게 알아. 그러니 할 수 있다면 지금 당장 떠나. 경제적으로 큰 무리가 없고 가족이나 직장에 타격을 주지 않는다면 젊을 때 가능한 많이 다녀."

마르셀라 요세프(76세) 역시 때를 놓치지 않고 여행할 수 있었던 것을 매우 감사하게 생각한다. 그녀는 젊었을 때는 여행할 기회가 없었다. 결혼하고도 고향 근처에서 살았고, 결혼과 동시에 남편이 새 직장에 다니게 되는 바람에 신혼여행조차 가지 못했다. 하지만 부부는 신중하게 계획을 세워 조금 일찍 은퇴를 하고 여러 곳으로 여행을 다녔다.

"은퇴를 계속 늦추면서 지칠 때까지 일만 한다는 건 말도 안 된다고 생각해. 남편과 나는 50대에 은퇴를 했어. 여행을 하고 싶었거든. 먼저 미국 모든 주를 샅샅이 다 다녔지. 캐나다와 유럽에도 갔고. 애들이 대학에 간 후에 돈을 아주 아껴 썼어. 그래야 여행을 할 수 있으니까. 우린 줄기차게 여행을 다녔지. 남편이 병이 생겨 더 이상 여행을 할 수 없을 때까지 말이야. 아프기 전에 여행을 다닌 것이 얼마나 다행인지 몰라. 우린 여행에서 만난 모든 순간을 사랑했어. 우리만의 여행이니까. 지금도 후회는 없어."

훗날 후회하지 않기 위한 해답을 하나 더 얻었다. "시간과 몸이 허락하는 한 여행을 하라. 할 수 있다면 가장 좋아하는 동반자와 함께하라." 이 메시지는 여행을 미루다 때를 놓쳐버린 인생의 현자들이 특히 더 강조한 것이다.

베티나 글로버(86세)와 기나긴 인터뷰를 하는 동안 그녀에게서 후회나 불만은 거의 볼 수 없었다. 하지만 그녀는 평생을 거의 집을 벗어나지 않고 살았다. "늘 하와이에 가보고 싶었는데, 한 번도 못 가봤어. 아, 이젠 너무 늦었지." 하고 말하는 그녀의 눈에는 안타까움이 짙게 어려 있었다.

잭 발터(81세)는 은퇴 후 아내가 암에 걸리는 바람에 사별했다. 혼자 여행을 몇 번 가긴 했지만 여행을 즐기기엔 너무 늦었다는 사실을 깨달았다.

"우리 부부는 은퇴를 하면 여행을 많이 하기로 했지. 그런데 정작 은퇴 후에는 린이 세상에 없었어. 너무 늦었지. 몇 번 혼자 여행을 가긴 했는데 여행지 자체는 나쁘지 않았지만 혼자 가니까 재미가 없더군. 캐나다 로키산맥을 버스를 타고 지나가는데 풍경이 정말 아름다운 거야. 아내 린에게 이렇게 말하고 싶더군. '저 빛깔 좀 봐.' 물론 아내는 듣지 못하지. 난 여행에서 보고 느끼는 것들을 아내와 나누고 싶었는데, 너무 오래 기다리는 바람에 때를 놓쳤지."

이런 말을 하는 사람도 분명 있을 것이다. "여행, 물론 좋지요. 하지만 그럴 여유가 있나요?" 그런 물음에 인생의 현자들은 주저 없이, 다른 곳에 지출할 돈을 아끼거나 먼저 사용해도 좋을 만큼 여행은 가치 있는 일이라고 답한다. 여행은 견문을 넓혀주고, 삶의 구심점을 찾게 도와주고, 여러 가지 새로운 것들에 도전하게 해주므로 아주 많은 이익을 가져다준다는 것이다.

도나 로플린(78세)은 다른 무엇보다도 여행을 우선순위에 두라는 충고를 흥미롭게 들려준다.

"주방을 개조할지 여행을 할지 결정해야 한다면 단연 여행이죠! 젊어서 여행하면 나이 들어서는 하지 못하는 것들을 더 많이 할 수 있답니다. 돈이야 나중에라도 벌면 되니까요."

물론 여행이 젊은이들만의 전유물은 절대 아니다. 하지만 인생의 현자들은 나이가 들면 여행의 고단함을 견디기가 힘들어진다고 현실적인 이야기를 해준다. 여행을 하면 나이가 들어서도 세상을 제대로 볼 수 있는 특별한 힘이 생기므로 더없이 중요하다고 강조하는 인생의 현자들도 있다. 여행은 인생을 잘살았다는 기분을 느끼게 해주는 데도 한 몫 한다.

로즈마리 브루스터는 여행의 중요성을 뼈저리게 느낀 나머지 갖은 노력을 다해 남편과 함께 그토록 좋아하던 여행을 갈 수 있었다. 로즈마리의 남편은 많이 아팠다. 하지만 병도 그들을 막진 못했다. 로즈마리는 말했다.

"남편은 8년째 신장 투석을 받고 있어. 그런데도 우린 여행을 그만두지 않았지. 그저 밤낮이 바뀌었을 뿐."

난 로즈마리의 이야기가 더 듣고 싶어 청했다.

"남편 투석 일정 때문에 우리는 밤에 일어났어. 길거리 한복판에서 투석을 하지 않으려면 서둘러야 하니까. 우린 새스커툰이며 브리티시콜럼비아, 뉴올리언스를 다녔지. 쉬운 일이 아니었지만 우린 함께 여행을 하고 싶었고, 아프다는 이유로 모든 것을 놓치고 싶지 않았지. 그래서 여행을 한 거야. 여행을 가려고 돈도 모았어. 덕분에 때를 놓치지 않고 했지. 이동식 링거거치대며 각종 장비들도 다 챙겼어. 버스여행을 다닐 때는 사람들이 버스에서 다 내리고 나면 링거를 교체했어. 그렇게 미국이건 캐나다

건 어디든 다닐 수 있었어."

여행을 할 수 없다는 어떤 구실도 로즈마리 부부의 이야기에
는 무색해진다. 자, 이제 가고 싶은 곳, 보고 싶은 곳 목록을 만들
어라. 그리고 편안하게 여행을 누릴 수 있으리라 생각되는 시기
를 계획하라. 단, 90대에 떠나는 건 피하길 바란다. 버스투어 말
고 다른 여행은 할 수 없다. 운 좋게 기회가 생긴다면 주저할 이
유가 뭐가 있겠는가? 갈 수 있을 때 어떻게 그 여행지에 갈지 계
획을 세워라. 많은 인생의 현자들이 삶의 마지막 10년은 여행을
더 많이 다니지 못한 것을 후회하며 보내는 경우가 많다. 그들의
전철을 밟고 싶지 않다면 기억하자. "오늘 할 일을 내일로 미루
지 마라."는 격언은 여행에도 해당한다.

일단 멈추고 보고 들어라

대부분의 사람들이 지구상에 있는 수백만 명의 잠재적인 배우자들 중에서 한 명의 특별한 사람을 만나 남은 인생을 함께 보내게 된다. 어찌 보면 기적이다. 대부분의 사람들이 직장에서, 취미생활을 즐기다가, 술집에서, 소개팅에서, 동창회에서 혹은 인터넷을 통해 서로 만난다. 그리고 결혼을 결정할 때는 수많은 가능성들 중에 운명적인 느낌이 드는 단 한 명의 특별한 사람을 찾는다. 사회과학자들은 이를 '배우자 선택 과정'이라고 부른다.

인생의 현자들도 배우자를 결정하는 일은 인간사에서 가장 중요한 일이라는 사실에는 모두 동의한다. 자신이 직접 경험하거나 다른 사람들의 사례를 숱하게 보아온 인생의 현자들은 '요즘 젊은이'들이 배우자를 충분히 신중하게 생각하고 고르지 않는다고 여긴다. 세 가지 측면에서 위험하고 자칫 재앙까지 초래할 수 있는 선택을 한다는 것이다. 첫째, 열정적으로 사랑에 빠져 너무 급하게 일을 저지를 수도 있다. 로미오와 줄리엣처럼 말이다(결국 그들이 어떻게 되었나 생각해보라). 둘째, 사람들은 특히

30대 중반의 사람들은 더 나은 상대가 나타나지 않을지도 모른다는 두려움 때문에 자포자기 심정으로 결혼을 선택할 수도 있다. 셋째, 뚜렷한 명분이나 이유 없이 결혼에 말려들 수도 있다. 포커게임을 하다가 여자친구와 결혼하겠다고 시큰둥하게 발표한 남자도 있다. 적절한 때인 것 같다는 이유에서였다. 그는 카드를 칠 때도 곧잘 허세를 부려 남을 속이길 잘하는 친구였다.

인생의 현자들은 이런 결혼은 필사적으로 반대한다. 충동적인 감정이건, 마지막 기회라고 느꼈건, 피할 수 없는 운명에 빠져들었건 상관없이 인생의 현자들은 일단 멈추고, 보고, 들으라고 충고한다. 자신의 결정에 질문을 던지고 또 던져야 한다고 강조한다. 그렇지 않으면 정말 깊이 후회하게 될지도 모른다고.

이를 증명해줄 만한 실패를 경험한 인생의 현자들도 있다. 많지는 않지만 어떤 이들은 첫 번째 대실패를 겪고 난 후에 두 번째 결혼에서야 '제대로 된 결정'에 만족할 수 있었다. 이들은 대개 실패의 원인이 결혼 전에 충분한 시간과 노력을 들여 상대를 제대로 알려고 하지 않았기 때문이라 판단했다. 그들은 나쁜 사람과 결혼하지 말라고 강력하게 충고한다. 펠리스 모튼(78세)이 무뚝뚝하게 던진 말처럼 말이다.

"나쁜 사람과 결혼하느니 차라리 하지 않는 게 낫지. 현재의 남편과 나는 둘 다 재혼인데 그 생각을 염두에 두고 신중하게 판단해 결혼했지. 덕분에 지금까지 우린 행복하게 살고 있어."

키스 쿤의 충고도 들어보자.

"상대에 대해 서로 충분히 깊이 알기 전에는 절대 서두르지 마. 젊은 사람들이 결혼을 결정할 때 쉽게 걸리는 덫이 있어. 사랑에 빠져 로맨틱한 상황에 놓이면 누구나 상대에게 좋은 모습만을 보이는 법이야. 상대가 듣고 싶어 하는 말만 하지. 그것만 보고 결혼을 결정하는 것은 아주 위험한 일인데도 사람들은 늘 그 덫에 걸린다니까."

"로맨틱한 상황"에 잠재된 위험은 많은 인생의 현자들이 언급하고 주의를 주었던 부분이다. 사라 팔머(84세) 역시 한 번의 이혼을 겪고 행복한 결혼을 했다. 사라도 비슷한 이야기를 한다.

"보이는 모습이 전부는 아니야. 결혼하기 전까지 그 사람의 본색을 알기가 무척이나 어렵다는 건 참 끔찍한 일이지. 첫 결혼 때 나는 내 남편이 나와 같은 것을 원한다고 생각했어. 하지만 그는 내가 원하는 바는 전혀 몰랐고 나 역시 그 사람이 원하는 것을 전혀 알지 못했어. 우린 서로 완전히 다른 것들을 원했지. 마치 밤과 낮처럼 말이야. 하지만 정말 심각한 문제는 사랑에 빠져 눈에 콩깍지가 씌는 바람에 아무것도 보지 못했던 거야."

헨리 데이비드(82세)는 행복한 결혼의 비결을 묻는 질문에 망설이지 않고 대답했다. "신중하게 선택하라." 그는 덧붙여 훗날 후회하지 않기 위한 대책들도 이야기 해주었다.

"젊은 친구들에게 경고해주고 싶은 말이 있네. 평생의 반려자를 고르는 일은 가능한 먼 미래를 내다 보면서 아주 신중하게 하라는 거야. 함께 미래를 나누고 싶다고 생각했던 그 사람이 살다 보면 미래에 걸림돌이 될 수도 있다는 사실을 알아야 해."

케이트 드 종(75세)은 여러 가지 면에서 기쁨으로 가득했던 자신의 삶에 대해 몹시 이야기하고 싶어 했다. 한 예로 그녀는 자신이 살고 있는 중서부 지역의 도시를 사랑한다.

"난 이 도시가 좋아. 정말 상상을 초월하는 훌륭한 곳이지."

케이트는 현재 만족스러운 사회생활을 하고 있다.

"좋은 벗들도 있고 이렇게 건강하니 정말 축복받았지. 이 모든 것들이 내 삶을 행복하게 해주고 있다네. 나 역시 가능한 많은 것들을 되돌려주고 싶다는 생각이 들더라고. 그래서 자원봉사를 하고 있어. 이 일 역시 사랑한다네. 내 재능으로 할 수 있는 일이 있으니까."

하지만 인터뷰가 진행되면서 케이트는 속마음을 열고 가장 크게 후회하는 일을 털어놓았다. 바로 결혼 상대자를 더 신중하게 고르지 못한 것이었다. 그 결정은 케이트의 삶에 거대한 먹구름을 드리웠다. 케이트의 부모님은 그녀가 어렸을 때 이혼했다. 케이트의 성장기였던 1940년대 초반에는 이혼이 아주 드문 일이었다.

"그때는 이혼이 흔하지 않았어. 어머니는 내내 굴욕감과 적개심을 안고 사셨지. 어머니가 그런 감정을 드러내고 사신 것은 아니지만 난 알 수 있었지. 평생을 이혼 때문에 속을 끓이고 사셨다는 것을."

어머니를 지켜보면서 케이트는 자신은 절대 이혼하지 않겠다고 결심했다. 하지만 불행히도 그녀는 남편을 잘못 만났다. 그녀가 지금껏 내린 결정 중에 최악의 결정이었다. 케이트는 실수를 만회할 방법을 찾아보았으나 50년 동안 불행한 결혼을 유지하는 것만이 유일한 길이었다.

"내 결혼생활을 말로 표현하자면 정말 험난한 여정이었다네. 그렇게 된 데는 그 결혼을 하기로 결정한 내 책임도 있지. 난 이혼은 하고 싶지 않았거든. 남편은 자기 방식대로만 사는 사람이야. 그 사람 인생에서 내가 차지하는 비중은 정말 작지. 그래서 나도 내 방식대로 삶을 일구었어. 우린 함께 살기는 하지만 부부 같지 않아. 의사소통이 안 되는 것이 가장 큰 장벽인 것 같아. 나는 말하기를 좋아하는데 그 사람은 무뚝뚝해. 그 사람은 감정 표현을 잘 못 해. 왜 그런지는 모르겠어. 난 한 번도 그런 적이 없고 그럴 일도 없을 거니까."

케이트의 메시지는 분명하다. 결혼하기 전에 상대를 알아가는 시간이 몇 년이 걸릴 수도 있고, 몇십 년이 걸릴 수도 있지만 그 시간을 갖지 않으면 남은 평생이 힘들어질 수도 있다. 그러니 초혼이든 재혼이든 이후 후회를 막을 수 있는 황금 같은 기회를 그냥 날려서는 안 된다. 제프리 베이어(91세)의 이야기처럼 말이다.

"결혼식장에 들어가기 전에 두 번이고, 세 번이고 아니 열 번이라도 충분히 생각해야 해. 그 어떤 결정보다도 더 신중해야 하니까. 특히 결혼하고 싶은 동기를 더 철저히 살펴서 만약 그릇된 이유 때문이라면 결정을 미루게. 그 결정은 기다릴 만한 충분한 가치가 있다네."

스물다섯 번째
너무 늦기 전에 꽃을 보내라

일상생활을 하다 보면 했던 말 때문에 후회하는 경우가 종종 있다. 이성을 잃고 결국에는 후회하게 될 말을 성급하게 상대에게 퍼붓거나 이메일로 불쾌한 농담을 보내고는 내내 후회하기도 한다(인터넷을 이용하면 몇 분 만에 그 말이 전 세계로 퍼질 수도 있다). 그런데 인생의 현자들은 말을 했을 때보다 하지 못한 말이 있을 때 더욱 크고 오래 후회한다고 말한다. 하지 못한 말은 깊은 후회로 남는다. 먼 훗날의 관점에서 보면 만약 누군가에게 할 말이 있다면 너무 늦기 전에 해야 한다. 인생의 현자들 역시 이 점을 강조한다. 그들 중에는 하고 싶은 말을 할 기회를 얻었던 사실에 감사하는 이들도 있고 그러지 못해 깊은 후회를 하는 이들도 있다.

랄프 벨리츠(72세)는 매우 적절한 격언을 이용해 이 점을 강조했다.

"산 사람에게 꽃을 보내라. 죽은 사람에겐 보내도 보지 못한다."

후회 없는 삶을 위한 그의 원칙은 바로 '바로 지금 하라.'는 것이다.

"젊은이들에게 살아 있는 사람에게 꽃을 보내라고 말해주게. 세상을 떠나고 나면 꽃을 보낸들 무슨 소용이 있겠나? 꽃을 보내야 한다면 바로 지금 보내게. 다음 주까지 기다리지 말게. 다음 주에 그 사람이 이 세상에 없을 수도 있지 않나? 누군가를 원망하고 있다면 당장 바로잡게나. 다음 기회는 없을지도 모른다네. 그러니 할 수 있다면 바로 지금 하게."

대부분 사람들이 가장 가까운 사람들에게 못한 말이 있음을 후회한다는 점은 흥미로운 역설이다. 가장 가까운 사람들이라면 가장 대화를 많이 하는 이들 아니던가? 많은 인생의 현자들이 결혼 후 배우자에게 감정을 표현하지 않는 것을 당연하게 여기게 되었다고 말한다. 그리고 그것이야말로 깊은 후회의 원천이 되었다고 고백한다.

그로버 사이크스(89세)는 아내를 깊이 사랑했고 아내가 세상을 떠난 뒤에도 쉽게 그 슬픔을 떨쳐버리지 못했다. 그는 그다지 후회가 많은 사람은 아니다. 하지만 한 가지만큼은 정말 후회가 된다고 했다.

"아내는 희귀병을 앓았어. 주치의는 아내에게 살아 있는 동안 수혈과 온갖 의료조치들을 받아야 한다고 말했지. 그렇게 하지 않으면 한 달 안에 죽을 거라면서. 하지만 아내는 아무것도 하지 않기로 결정했네. 아내는 2주를 버텼어. 그때 아내와 더 많은 이야기를 나눌걸. 아무 이야기라도 말이야. 아내는 워낙 말이 없는 사람이라 말을 많이 하길 원치 않았어. 지금 생각해보니 나도 아내와 비슷했던 것 같아. 그런데 지금은 정말 후회가 돼. 그때 아내와 대화를 많이 나누지 못했던 게 말이야. 그런 회한 때문에 아내가 가고 난 뒤 무척이나 힘든 시간들을 보냈지. 지금이라도 아내에게 이 말을 꼭 해주고 싶네. 당신은 내가 진심으로 결혼하고 싶었던 처음이자 마지막 사람이라고."

할 핍스(81세)는 신중하고도 선명한 삶의 지혜들로 가득한 매우 감동적인 이야기를 들려주었다. 할은 아내를 진심으로 사랑했고 55년 동안 행복한 결혼생활을 했다. 아내가 떠난 지 3년이 지났지만 여전히 아내의 죽음을 슬퍼하고 있다. 후회 없는 삶을 살기 위해 해야 할 일을 묻자 그는 자신이 범했던 실수를 털어놓으며 눈물을 훔쳤다.

"정말 후회돼. 아내에게 얼마나 사랑하는지 말하지 못한 것이. 그 말을 꼭 했어야 했는데 하지 못했지. 아내를 잃기 전까지만 해도 알지 못했어. 그래서 나는 할 말이 있으면 꼭 표현하라고 말하고 싶네. 아내와 나는 그런 감정들을 잘 드러내지 않았어. 특히 나는 그런 감정들을 대수롭지 않게 여겼지. 돌이켜보면 모든 것을 그렇게 당연하게 여기지 않았더라면 우리 삶이 훨씬 더 만족스러웠을 것 같네. 아마 아내도 똑같이 생각했을 거야."

가장 가까운 사람에게조차 너무 늦기 전에 할 말을 하기가 그토록 어려운 일인 줄 누가 알았겠는가? 어쩌면 자존심 때문일 수도 있고 애당초 과묵하게 타고났을 수도 있고 어색하거나 쑥스럽기 때문일 수도 있다. 하지만 이렇게 후회하는 사람들과는 대조적으로 기회가 있을 때마다 할 말을 하며 살았던 것을 매우 감사하게 생각하는 이들도 있다. 그 말은 주로 '사랑해'처럼 단순한 것이었다.

데니스 세처(81세)는 이렇게 말한다.

"사랑한다는 말은 정말 하기 힘들지. 특히 내 아내 마조리에겐 더욱 힘들었어. 그런 말도 못하는 내 자신이 원망스러웠지만 어쩐지 입이 잘 떨어지지 않더군."

그러다가 아내 마조리가 병원신세를 지게 되면서 전환점을 맞았다.

"아내가 많이 아팠던 적이 있어. 수술을 받게 되어서 나도 병원에 갔지. 그런데 수술 후 첫날 밤 이후로는 병원에 가질 못했어. 딸애가 갔지. 결국 딸이 내게 그러는 거야. '아빠, 병원에 가세요. 엄마가 아빠를 찾아요.' 그래서 병원에 갔어. 그런데 수술을 한 아내의 모습을 보니 눈물이 걷잡을 수 없이 흐르는 거야. 감정을 주체할 수가 없더라고. 내 말과 행동으로 아내도 내가 자신을 얼마나 생각하는지 이해하는 것 같았어. 무엇이 중요하고 그렇지 않은지 깨닫게 된 경험이었지."

슬프게도 루스 햄은 비행기 사고로 대학생이던 딸을 잃었다. 성인이 된 자녀를 주제로 이야기를 나누던 중 그녀는 내게 웃으며 이렇게 말했다.

"자식은 절대 떠나보내질 못해. 절대로. 가슴에 묻어둘 뿐이지. 딸과 내가 늘 하던 게 있어. 무슨 이야기를 했건 간에 전화통화 끝에는 늘 사랑한다는 말로 끝을 맺었지. 그렇게 한 게 얼마나 다행인지 몰라. 내가 딸애에게 마지막으로 했던 말이 바로 '사랑한다'였거든."

나이가 들면 거의 모두가 너무 늦기 전에 하고 싶거나 묻고 싶은 말이 생기는 모양이다. 이제 겨우 50대 중반인 나 역시 그렇다. 내 경우에는 하고 싶었던 말보다 묻고 싶었던 말이 더 많다. 내 부모님은 두 분 다 외동이었다. 그래서 내겐 삼촌도, 이모도, 고모도, 조카도 없다. 내게 부모님 이야기를 해줄 사람이 단 한 명도 없다. 부모님에게 "아버지는 왜 생화학자가 되셨어요?" 혹은 "어머니는 대학에서 영문학과 희곡을 전공하셨는데 대학원에는 어떻게 가셨어요?" 같은 질문을 할 기회만 얻을 수 있다면 그 무슨 일이라도 할 것 같다. 하지만 너무 늦었다.

후회할 일은 하지 않는 것이 가장 좋지만 어떤 후회는 상황을 되돌릴 수 있는 두 번째 기회가 있는 경우도 있다. '공부를 더 많이 할 걸' 혹은 '여행을 더 충분히 할 걸' 같은 목표들은 너무 늦은 때가 아니라면 얼마든지 다시 할 수 있는 것들이다.

하지만 하지 못한 말이나 묻지 못한 말들 가령, 용서를 비는 말부터 사랑한다는 말에 이르기까지 묻어둔 말들은 대상이 떠나고 나면 절대 하지 못한다. 그러므로 돌이킬 수 없는 후회를 하지 않는 비결은 단 하나, 지금 바로 말하는 것이다.

그리고 꼭 기억해야 할 것
자신을 있는 그대로 받아들여라

이 장에서는 후회 없는 삶을 살려면 잊지 말아야 할 것들이 무엇인지에 대한 인생의 현자들의 조언을 들었다. 이제 이 장을 마무리하면서 독자들과 나누고 싶은 삶의 답이 하나 더 있다. 바로 '후회 없는 삶'이란 조금 과장된 말이라는 것이다. 후회 없는 삶을 추구하는 것은 매우 가치 있는 목표이며 일상생활에서 더 나은 결정을 내리도록 도움을 준다. 하지만 잊지 말아야 할 것이 한 가지 더 있다. 바로 대부분 사람들에게 그 목표는 비현실적이라는 점이다. 그래서 인생의 현자들은 또 다른 인생의 해답을 귀뜸한다. 살면서 실수를 범하거나 잘못된 결정을 내렸다 하더라도 자신을 너무 탓하지는 말라는 것이다. 자신이 한 일을 두 번 다시 생각하지 않는 사람은 드물 것이다. 문제는 그 실수나 결정이 과연 후회할 만한 일인가 하는 점이다. 실수를 용납하지 못하고 지난 일에 대한 후회에 빠져지내는 것이야말로 가장 큰 후회를 부르는 일이다. 후회는 극복할 때 의미가 생긴다.

앨리스 로세토(85세)는 후회를 극복하는 방법으로 자기수용

연습을 권한다.

"내가 저질렀던 실수에서 배운 것이 있다면 바로 이미 일어난 일은 돌이킬 수 없다는 거야. 먼저 있는 그대로 자신을 인정해야 해. 나는 그게 참 힘들었어. 나는 조금만 더 열심히 노력한다면 정말 모든 것을 제대로 완벽하게 할 수 있을 거라는 말을 끊임없이 들으며 자랐거든. 하지만 모든 일이 그렇지 않다는 사실을 받아들여야 할 때도 있었지. 그리고 반드시 그렇게 되지 않아도 괜찮아. 그게 바로 자기수용이야. 한 번 결정을 내리면 혹은 방향이 정해지면 뒤돌아보거나 예측한다고 해서 바꾸지 못해. 몇 년전 누군가 내게 했던 이 말처럼. '신발을 샀다면 옆 상점에서 파는 신발에는 눈길도 주지 마라!'"

마릴린 스티플러(69세)는 이렇게 말한다. 자신에게 더 관대해지라고, 지난 일에 대한 죄책감에서 벗어나라고.

"다른 사람을 다정하게 대해야 하듯이 자신에게도 다정해야 하네. 나는 걱정도 많고, 기대도 많고, 죄책감도 많은 집안에서 자랐어. 그런데 나이를 먹을수록 자신에게 관대해지고, 자신을 소중하게 대접하는 것이 아주 중요하다는 것을 알게 되었다네. 사람들은 자신에게는 너무 가혹하게 굴거든. 자신에게 지나치게 엄정한 판단의 잣대를 들이대진 마. 편하게 생각해. 스스로를 좀 더 편하게 대해주라고."

인생의 현자들은 하나같이 말했다. "나이가 들면 결국 자신을 용서해야 한다."고. 한 번의 실수나 잘못된 결정으로 오랜 세월 후회를 짊어지고 왔다면 이제 그 후회를 내려놓으라고.

후회할 일을 만들지 않기 위한 5가지 조언

후회는 매우 고통스러운 경험이다. 그렇기에 "후회할 일은 하지 말자."는 말은 꽤 설득력이 있다. 그리고 이 장에서 제시한 5가지 조언은 장기적으로 후회할 일을 만들지 않을 수 있는 검증된 것들이다. 젊은 사람들에게 어떤 충고를 해주겠느냐는 질문에 많은 인생의 현자들이 이런 대답을 들려주었다. "문제를 일으키지 마라!" 인생의 현자들이 강조한 정직함, 삶의 중대한 결정들을 신중하게 생각하라 같은 삶의 지침들은 함정에서 벗어날 수 있도록 우리를 이끌어준다. 후회를 줄이는 5가지 조언을 정리했다.

LESSON 21. **정직하라** 훗날 당신이 가장 후회하게 될 일은 바로 크
건 작건 정직하지 못했던 행동들이다. '공명정대'하지
못했던 사람들은 훗날 크게 후회하며 고통스러워하는
경우가 대부분이기 때문이다.

LESSON 22. **기회가 묻거든 '네!' 하고 대답하라** 새로운 기회나 도
전할 일이 생겼을 때 긍정적으로 받아들이면 그렇지
않은 경우보다 훨씬 후회가 적다.

LESSON 23. **더 많이 여행하라** 할 수 있는 한, 필요하다면 다른 일
을 포기하더라도 여행을 많이 다녀라. 대부분의 인생의
현자들이 여행 경험이 삶의 가장 중요한 부분이라고 회
상한다. 그리고 더 많이 여행하지 못한 것을 후회한다.

LESSON 24. **배우자를 고를 때는 신중 또 신중하라** 중요한 것은 빠
른 결정이 아니다. 충분히 시간을 두고 미래의 배우자
를 알아가야 하며 남은 평생을 함께할 수 있는지를 살
펴본 후 결정하라.

LESSON 25. **하고 싶은 말이 있다면 바로 지금 하라** 결국 "그렇게
되었을 수도 있었는데." 라는 슬픈 말로 끝나는 경우가
많다. 이승을 못 떠난 한 많은 영혼들이 영매를 통해 못
다한 이야기를 전하는 드라마 〈고스트 위스퍼러〉는 그
저 드라마일 뿐이다. 마음 깊숙한 곳에 있는 진심을 나
눌 수 있는 유일한 순간은 그 사람이 살아 있을 때다.

7장

행복은 선택일 뿐
나머지 인생을 헤아리는 법

제인 힐리아드, 90세

우리 부모님은 내가 열세 살 때 이혼하셨어. 엄마와 나, 언니 셋은 지독하게 고생을 했어. 1952년 남편마저 세상을 떠나고 나니 황망함과 어려움에 정신적으로도, 경제적으로 제대로 추스르지도 못하고 살았어. 지금 돌아보면 어떻게 살았는지 그저 놀라울 뿐이야. 이후의 삶은 비교적 쉬웠어. 왜냐고? 내가 가진 것에 감사하고 가지지 않은 것, 할 수 없는 것에 더 이상 슬퍼하지 않아야 한다는 사실을 터득했거든. '고맙습니다.'라는 말을 들으면 새삼 내가 축복받았음을 깨닫게 돼. 행복은 얼마나 많이 가졌는지에 달린 것이 아니라 내가 성취한 것, 예술적 취향, 유머 감각, 지식 습득, 인격이 성숙하는 과정, 감사함의 표현들, 타인을 돕는 만족감, 친구가 주는 기쁨, 가족의 편안함, 사랑의 즐거움 등에 달려 있지.

지금까지 이 책을 읽었다면 눈치 챘겠지만 각기 다른 주제 속에서도 인생의 현자들이 반복해서 강조하는 부분들이 있다. 마치 교향곡에서 반복되는 악상처럼 주제와 상관없이 인생의 현자들의 조언 속에서 되풀이되는 것들이다. 예를 들어 시간을 효율적으로 사용해야 한다는 것, 그리고 인간관계와 열린 대화의 중요성, 정직함과 청렴함의 가치 등은 인생의 현자들이 거듭 강조한 삶의 덕목들이다.

수년 동안 수많은 인생의 현자들을 만나 "삶에서 얻은 가장 중요한 것은 무엇입니까?"를 묻고 그 대답을 들으며 나 역시 얻은 것이 많았다. 삶의 길을 앞서 걸어온 그들이 나누어준 역사적이고 개인적인 경험과 그를 바탕으로 체득한 구체적이고도 핵심적인 지침과 해답은 삶의 진정한 가치를 되새겨보게 하며 우리가 가야 할 방향을 제시해준다. 그것은 곧 우리 삶을 변화시키는 데 도움이 되는 인생관이자 세계관이다. 누구든 인생의 현자들처럼 생각하는 법을 배우면 인생에 큰 도움이 되리라고 믿는다.

이 장에서는 지금까지 다룬 세부 주제들의 근간이 되는 세계관에 관한 인생의 현자들의 조언을 소개한다. 이는 그들이 지금까지 제안했던 삶의 지혜들을 뒷받침해줄 만한 개념적 틀이라고 할 수 있다.

여기서 소개하는 5가지 조언은 주제를 불문하고 인생의 현자들이 특히 강조했던 것들로 만족스러운 삶을 위한 근본 원칙들이기도 하다.

스물여섯 번째
주어진 날들을 헤아려라

인생의 현자들의 견해에서 가장 중요한 부분 특히, 젊은 사람들의 사고방식과 뚜렷하게 구분되는 점은 모든 것을 시간과 연관해서 본다는 점이다. 70세 이상 노인들에게 시간은 실로 삶의 본질이다. 시간은 그들이 헤엄치고 있는 바다이며 그것에 대한 인식이야말로 이 책에 나오는 모든 교훈들을 만든다. 사람에게는 저마다 제한된 삶의 시간이 있다는 심오하고 깊은 존재론적 인식은 인생의 현자들의 삶 전 분야를 관통한다.

젊었을 때 친구의 갑작스런 죽음처럼 예기치 못한 경험을 하고 나면 인생이 짧다는 사실을 불현듯 깨닫기도 하지만 보통은 젊은 나이에는 인생이 짧다는 사실을 믿지 않는다. 앞에 남겨진 수십 년의 삶이 끝도 없이 길어 보여서 딱히 시간을 걱정할 필요가 없다고 생각하기 때문이다. 그러다 중년이 되면 인간이 시간의 동물이라는 사실을 조금씩 깨닫기 시작한다. 하지만 온갖 수단을 이용해 그 사실을 부인한다. 두 번째 혹은 세 번째 배우자를 얻거나 보톡스 주사를 맞기도 하고 열심히 운동을 하기도 한다.

그러나 삶의 어느 지점에 오면-내 생각에는 70세를 전후해서-시간에 속해 있음을 확연하게 깨닫게 되면서 심리학자들이 '제한된 시간의 지평선'이라고 부르는 현상이 나타난다.

인생의 현자들은 단 한 가지의 중요한 진실, 즉 '인생은 짧다.'는 것을 말하기 위해 아주 다양한 표현과 비유를 이용했다.

'뼛속까지 깊숙이' 알고 있는 어떤 사실이나 해답을 누군가에게 알려주고자 애를 써보지만 듣는 이는 관심은커녕 오히려 반감을 표하기까지 해 안타까운 마음이 들 때가 있다. 10대들을 대할 때 이런 느낌을 흔히 경험한다. 10대 아이들에게 그들에 앞서 그 시기를 거쳐온 어른으로서 경험을 통해 알고 있는 사실을 알려주고자 할 때가 있다. 가령 자세를 반듯하게 하라거나 패스트푸드를 덜 먹으라는 것들 말이다. 하지만 정작 그런 말을 하면 대부분의 10대들은 '또 그 소리' 하며 지겹다는 표정을 짓거나 '알았다고, 근데 당신보다 내가 더 잘 알아.' 하는 눈빛으로 빤히 쳐다볼 때가 많다. 손으로 귀를 틀어막고 "안 들려!" 하며 소리치기 직전의 표정을 할 때도 있다. 그런 점에서 보면 시간에 관한 이 조언에서만큼은 우리는 모두 10대다.

삶의 행로가 한눈에 내려다보이는 생의 마지막 고갯마루에 서 있는 인생의 현자들은 절박한 목소리로 말한다. "인생은 짧다."고.

어떤 이들은 이 사실을 갑자기 터득했을 것이고 또 어떤 이들은 천천히 깨달았을 것이다. 어찌됐든 거의 모든 인생의 현자들이 삶의 끝에 서보니 인생이 숨이 찰 정도로 빠르게 지나가며 나이가 들수록 그 속도는 더 빨라진다고 말한다. 아마도 인생의 현자들이 시간을 흥청망청 낭비하는 젊은이들을 보면 물을 펑펑 쓰는 도시 사람들을 보는 사막 사람들의 심정이 되지 않을까.

조던 첸(68세)은 이런 말을 했다.

"인생이 짧다고 하더니 살아보니 그 말이 사실이더군. 68년이라는 세월이 정말 믿을 수 없이 빠르게 지나갔어. 내가 고등학교를 졸업한 것이 엊그제 같은데 그게 벌써 50년 전이야. 눈 깜박할 사이라는 말 있지 않나? 그 말처럼 정말 짧다네."

애시 페이스트(99세) 역시 나이를 먹어갈수록 시간이 더 빨리 가서 순식간에 100세가 되었노라고 했다.

인생의 현자들은 말한다. 젊은 사람들 역시 지금 자신들 나이가 되면 이렇게 말할 것이라고. "시간이 정말 쏜살같이 흐르는구나!"

그들은 이 피해갈 수 없는 진리를 젊은 사람들이 지금 당장 깨우치길 바란다. 이는 그들을 우울하게 하려는 것이 아니라 시간을 현명하게 사용하기 바라기 때문이다. 성서에 나오는 인물 모세도 이 사실을 분명하게 말한다. "우리에게 우리의 날들을 세도록 가르치시어 우리의 마음이 지혜에 이르게 하소서."

인생의 현자들은 삶의 진리가 얼마나 쉽게 잊히고 억압되는 지를 알고 있다. 그래서 우리에게 주어진 날들을 헤아리라고 말한다. 그리하여 제한된 시간을 효과적으로 사용하고 하루하루를 현명하게 살아갈 수 있는 방법을 선택하라고 강조한다.

문제는 젊은 사람들이 이 사실을 어떻게 인지하고 어떻게 행동할 것인가 하는 것이다. 삶의 끝자락에 도달해서야 인생이 짧다는 사실을 몸소 느낄 수 있다면 그 전에는 도대체 어떻게 해야 하는가?

나는 젊은 나이에 한 친구를 저 세상으로 떠나보낸 적이 있다. 그 후 한동안은 삶에 끝이 있다는 생각에 잠시 내 삶의 방식을 되돌아보기도 했다. 하지만 며칠 지나지 않아 별반 달라진 것 없는 평소의 소모적인 삶의 방식으로 되돌아왔다.

조 바노이(94세)는 젊은 사람들이 시간이 한정돼 있다는 사실을 늘 유념하며 살기란 얼마나 어려운 일인지를 지적한다.

"처음 태어나서는 시간이 느리게 흘러가죠. 그때는 '내가 60이나 70이 되면 어떡하지.' 하는 생각은 꿈에도 하지 않으니까요. 하지만 언젠가는 60 혹은 70이 되지요. 다른 모든 사람들처럼. 누구도 예외는 없어요. 그리고 80, 90세가 닥쳐요. 정말로 빨리, 무슨 일이 일어났는지도 모를 정도로 엄청 빨리 오지요."

얼마나 오래 사느냐는 상관없이 인생은 짧다. 그 사실을 깊이 깨달은 사람이든 그렇지 못한 사람이든 삶을 잘살아내는 비법은 한 가지다. 주어진 나날을 최대한 활용하는 것이다.

'카르페 디엠!' 라틴어인 카르페 디엠은 흔히 '현재를 잡아라.'로 번역되지만, 원래 하루를 '수확하라.'는 의미에 더 가깝다. 인생의 현자들이 말하고자 하는 바도 바로 그것으로, 우리가 매일 수확하지 않아서 잃는 '기쁨, 즐거움, 사랑, 아름다움'들이 무수히 많다는 의미다. 사람들이 저지르는 가장 흔한 실수는 삶의 즐거움들, 살아 있다는 그 자체의 기쁨을 누리지 않는 것이라고 그들은 말한다. 많은 인생의 현자들이 (유대교이건 아니건) 탈무드의 격언을 인용했다. "우리는 즐기지 못한 모든 주어진 기쁨들에 책임을 져야 할 것이다."

현재 이 순간을 붙잡는 것이 얼마나 중요한지 그리고 그것이 인생을 얼마나 크게 바꾸는지를 깨달은 인생의 현자들도 매우 많다.

제네비브 포타스(72세)의 이야기를 들어보자.

"나는 이제야 지금 바로 이 순간을 사는 법을 배우고 있다네. 나는 지금까지 많은 시간을 평생 일어나지 않을지도 모르는 일들이 벌어지면 어떡하나 하는 걱정들을 하며 보냈지. 하지만 많은 시간이 흐른 후에 깨달았어. 중요한 것은 지금 이 순간에 충실한 것이라는 사실을 말이야."

다행스럽게도 대부분의 인생의 현자들은 삶의 접근 방식을 바꾸어야 하는 적절한 시기에 '현재를 잡아라.'는 교훈을 깨닫는다. 그럼에도 불구하고 많은 인생의 현자들이 좀더 일찍 그 사실을 깨닫지 못해 주어진 날들을 제대로 활용하지 못한 것을 후회했다.

나는 베시 셔먼(86세)이 손녀에게 보낸 편지를 매우 인상 깊게 읽었다. 베시는 손녀가 이 편지에 담긴 내용을 잘 새겨두기를 바랐다.

사랑하는 손녀에게

너무 걱정하지 말거라. 황금 같은 우리 삶을 '○○하면 어쩌지?' 혹은 '○○하지 않으면 어쩌지' 같은 걱정들과 바꾸기에는 시간이 많지 않단다.

할머니는 스무 살에 첫 직장을 구해 월급 대부분을 저축하고 살았지. 한 선배가 너무 아등바등 살지 말고 젊음을 즐기라고 귀중한 충고를 해주었지만 귀를 닫고 살았어. 그땐 그 말이 무슨 의미인지도 몰랐으니까. 공연 한 편, 연극 한 편을 볼 때마다 내 통장 잔고가 줄어든다는 사실에 늘 신경 썼지. 그리고 나는 모든 것들을 잘해내고 싶어서 정말 정신없이 살았단다.

그렇게 시간을 보내고 나이를 먹으니 내가 알던 사람들, 사랑했던 사람들이 하나둘 세상을 떠났단다. 그제야 난 깨달았지. 이 하루가, 매 순간이 얼마나 소중한 것인지를. 사랑하는 사람들과의 진실한 관계야말로 우리 삶의 진정한 축복이라는 사실을 뒤늦게 알게 되었지.

상실을 통해 현재를 충실하게 사는 것이 얼마나 중요한지 깨닫게 된 인생의 현자들도 있다.

매리 베스 그리스하버(74세)는 말했다.

"우리 아들이 네 살 때 심하게 다친 적이 있어. 그 사건 때문에 나는 '삶은 선물'이라는 인생관을 갖게 되었지. 인생은 아무 때나 빌려보고 반납할 수 있는 도서관의 책 같은 것이 아니야. 장기적인 계획을 세우지 말라는 말이 아니라 무슨 일이든 미루지 말라는 말이야."

트루디는 건강에 문제가 생기면서 이런 생각을 하게 되었다.

'언젠가 어떤 일을 이룰 것이라고 생각해선 안 된다. 그 언젠가가 바로 어제일 수도 있다.'

힘든 시간을 통과한 끝에 얻게 된 삶의 비밀 혹은 답을 이야기하는 인생의 현자들의 표정에는 기쁨이 묻어났다. 안도의 한숨과 함께 지어보이는 아련한 미소 속에서 "마침내 이해했어!" 하는 소리가 들리는 듯했다. 인생의 현자들은 삶을 열정적으로 포용하려면 무엇보다 시간을 잘 이용하라고 말한다. 하루하루가 다시는 되돌아오지 않는 나날이기에 그 시간들을 최대한 이용해야 한다는 것이다.

발레리 젠킨스(74세)는 삶을 열정적으로 포용하는 모습을 구체적으로 보여준다.

"내가 하고 싶은 말은 무슨 일이든 너무 오랫동안 미루지 말라는 거야. 왜냐하면 다른 때는 하지 못하는, 딱 그때 해야만 하는 일들이 있거든. 그랜드캐니언 아래에는 휠체어 전용 통로가 없어. 아래로 내려가고 싶으면 두 다리가 멀쩡할 때 가봐야 한다는 말이지."

이 주제와 관련한 조언 중 내가 가장 좋아하는 것은 해리어트 와그너(75세)의 조언이다.

"'장례식은 참석 못하더라도 친구는 지금 당장 만나라.' 내가 가까운 친구들에게 자주 했던 말이라네. 아내와 나는 친구들의 장례식에는 가지 않을 걸세. 견딜 수 없을 것 같으니까. 하지만 친구들이 초청하는 즐거운 자리나 행사에는 언제든 갈 거라네. 간혹 캔자스나 사우스캐롤라이나 혹은 산간벽지에서 '설마 정말로 오지는 않겠지,' 하는 생각에 초청장을 보내는 친구들도 있어. 하지만 그런 초청장을 받으면 우린 간다네. 파티를 정말 좋아하거든. 친구들에게 이렇게 말하지. '자네 장례식에는 가지 않을 걸세. 그래서 여기 온 거라네.' 그러면 친구들도 정말 좋아하더라고. 우릴 미쳤다고 생각할 수도 있겠지만 우린 정말 그렇게 하고 있어. 그리고 우리를 따라하는 친구들까지 있더라니까."

"우리의 나날들을 헤아리는 데" 실패한다면 앞으로의 일들을 만들어가는 것이 아니라 일어날 일들을 기다려야 하는 위험을 감수해야 한다. 또한 미래에 일어날 일들이 계획했던 것과는 전혀 다를 수도 있다는 위험 역시 감수해야 한다.

인생의 현자들은 말한다. 지금 이 순간, 우리에게 주어진 것들에서 행복을 찾으라고. 이러한 인생관을 일상의 습관으로 만들라고 말이다. 삶을 대하는 이러한 태도는 인생이 짧다는 사실을 깨달아야 얻는 선물이다.

스물일곱 번째
행복, 내가 고른 선물

그레첸 펠스프(89세)는 머리는 백발이지만 동글동글한 이목구비가 마치 소녀 같은 느낌을 주는 할머니였다. 늘 웃음을 띠고 있는 얼굴은 더없이 행복하고 만족스러워 보였고 평소에도 굉장히 활동적이었다. 그런 그레첸 할머니가 매우 빈곤하게 자랐고, 남편과 한 아이를 잃는 모진 풍파를 겪었으며 현재도 간간이 몸을 꼼짝도 할 수 없을 정도로 심한 관절염을 앓고 있다는 사실은 쉽게 믿기지 않았다. 그레첸은 늘 평온하면서도 강인했고 재치가 넘쳤다.

젊은이들에게 전해주고 싶은 가장 중요한 삶의 가치관을 묻자 그레첸은 망설임 없이 말했다.

"89년을 살면서 내가 배운 건 행복이란 조건이 아닌 선택이라는 거야."

이 말을 듣는 순간 나는 속으로 '유레카!'를 외쳤다. 그러고는 좀더 자세히 설명해달라고 그레첸을 졸랐다. 그녀는 더 만족스러운 삶을 살고 싶으면 자신의 행복에 책임을 지는 순간이 반드시 있어야 한다고 했다. 우리에게 일어나는 모든 일들을 다 통제하려고 노력하라는 말이 아니라-그레첸은 이 말을 하면서 웃음을 터트렸다-행복을 향한 우리의 의식을 통제하라고 했다.

"내가 해줄 수 있는 한 마디는 내 삶에서 일어나는 내 행복은 내가 책임지는 거라는 사실이야."

나에게는 충격적일만큼 강렬한 인상을 준 이 교훈은 인생의 현자들에게는 매우 보편적인 진리였다. 글로리아 바스케즈(86세)는 그들이 지닌 혜안을 잘 보여주었다.

"내 선택으로 고통스러운 상황에서 벗어날 수 있다는 사실을 깨닫자 머리에 전구가 켜지는 것 같았어. 굳이 고통을 견디고 감수할 필요가 없더군. 근본적인 것을 바꿀 수 있는 사람은 바로 나 자신이니까. 그 사실을 깨달은 순간이 내 인생의 전환점이 되었지."

모 아지즈(75세)는 좀더 자세히 설명해주었다.

"자네에게 일어나는 모든 일들을 다 책임질 필요는 없네. 하지만 어떤 태도를 취할지, 어떻게 반응할지는 스스로 완벽하게 통제할 수 있어야지. 짜증, 두려움, 실망 같은 감정들은 모두 자신이 유발한 감정이야. 반드시 잡초 뽑듯 없애야 하는 것들이지. 그런 감정들이 어디에서 연유했는지 곰곰이 생각해보고 수용한 다음에는 흘러가게 두는 거야. 외부로부터 온 압박이 내 감정과 행동을 결정하도록 내버려두는 것은 내 인생의 최고경영자 역할을 스스로 포기하는 것이나 다름없다네."

인생의 현자들의 입장에서 보면 행복이란 외부의 조건에 의존하는 수동적인 것도 아니고 타고난 성격의 결과도 아니다. 매일매일 부정을 넘어 긍정을, 환멸을 넘어 희망을, 권태와 무관심을 넘어 기쁨과 새로운 경험을 향한 열린 자세를 선택하는 의식의 변화가 필요하다. 의식적으로 삶을 대하는 태도를 바꿀 때 행복이 만들어진다. 삶이 더 나은 기회를 줄 때까지 기다리면서 무력하게 있는 것과는 정반대다. 실제로 인생의 현자들이 가장 먼저 제시한 교훈이자 가장 핵심적인 세계관이 바로 이것이었다.

70세 이상 노인들은 대부분 젊은 사람들이 걱정하는 부정적인 사건들을 이미 경험했다. 그들이 고난과 위기를 겪고도 행복과 만족감 심지어 기쁨까지도 느꼈다는 점을 알게 되면 더욱 안심이 될 것이다. 그들이 우리에게 전해주는 진심 어린 충고는 '힘든 상황에 적응하라.'는 것이다. 즉, 힘든 일이 생겨도 삶에 내재한 기쁨을 절대 잃지 말라는 의미다.

마거리트 르노(80세)는 이렇게 말한다.

"살다 보면 불쾌한 일들이 많이 일어날 거야. 그런 일들이 생기면 우울하고 부루퉁한 모습으로 신세한탄만 할 것인지 아니면 용감한 얼굴로 삶과 잘 지낼 것인지 둘 중 하나를 선택해야지.

때론 남은 삶을 생각하기에 앞서 자기연민에 빠지게 되는 경우도 많아. 가급적 그 문제를 빨리 조율할수록 삶이 가치가 있음을 깨닫게 되지."

인생의 현자들은 행복은 선택하는 것이라고 생각한다. 어떤 일이 벌어졌기 때문에 행복하게 되거나 우울하게 되는 것이 아니다. 오히려 그 일을 어떻게 생각할지 선택하는 연습을 할 수 있다고 그들은 말한다.

크리스티 갤빈(84세)은 행복이란 "무작정 내게 달려드는 것"이 아니며 각자 의식적으로 기쁨을 포용해야 한다고 말한다.

"숨 쉬는 방법, 빠져나오는 방법을 배우게. 인생엔 수많은 고통이 존재하는데 그 고통에 매몰되면 빠져나오질 못하지. 난 누구든 즐겁게 사는 방법을 선택해야 한다고 생각해. 기쁨과 행복은 그냥 턱 하니 주어지는 것이 아니거든. 자신이 만드는 거지. 어떻게 보면 '감사'야말로 정답일 수 있어. 그러한 태도가 고난을 헤치고 더 나은 방향으로 갈 수 있도록 해준다네."

이러한 인생의 현자들의 태도를 나는 '그럼에도 불구하고 행복한' 태도라고 부른다. 이는 '○○라면 행복할 텐데.'라고 생각하는 대다수의 사람들의 태도와는 큰 차이가 있다. 물론 누구나 저마다 행복의 조건이라고 생각하는 것들이 있을 것이다. '살이 빠진다면', '배우자를 만난다면', '이혼한다면', '다른 사람을 만난다면', '건강하다면', '돈이 많다면' 등등. 그러나 인생의 현자들은 '○○라면 행복할 텐데.' 식의 바람은 무의미한 것이며 필연적으로 실망으로 끝나게 될 것이라고 말한다.

회상해보면 내가 이 교훈을 처음 깨달은 것은 막내 딸 사라를 통해서였다. 당시 사라는 여섯 살이었다. 상점에 그 또래 아이들이라면 유혹을 떨칠 수 없을 정도로 예쁜 인형이 하나 있었다. 길게 늘어뜨린 머리에 여러 가지 도구를 이용해 원하는 대로 머리 모양을 만들 수 있는 인형이었다. 중년 남성인 나는 도대체 왜 아이가 인형의 분홍 머리카락에 파란 하트를 만들 수 있으리라 기대하고 설레며 잠도 못 자는지 궁금할 따름이었다. 하지만 딸에게 그 인형은 행복의 열쇠였다. 드디어 대망의 날이 왔다. 그 인형을 사서 10분 정도 가지고 놀던 딸아이는 실망 가득한 눈빛으로 내게 말했다. "이게 다야?"

심리학자들은 좋은 직장을 구하거나 꿈꾸던 도시로 이사를 하거나 결혼을 하거나 복권에 당첨되는 등 상황의 변화는 단지 사람들이 느끼는 행복의 수준에 일시적인 '충격'을 줄 뿐이라고 말한다. 놀랍게도 대부분의 경우 극히 짧은 시간 안에 사람들은 원래 자신의 행복 수준으로 되돌아간다는 것이다. 그래서 '○○라면' 식의 마음가짐은 기껏해야 아주 잠시 동안 행복의 수준을 확 끌어올리는 것에 지나지 않는다. 그리고 이렇게 끌어올린 행복은 지속되지 않는다. 연구에 의하면 이런 유형의 상황 변화가 장기적으로 행복한 감정을 줄 가능성은 극히 희박하다고 한다.

인생의 현자들이 삶을 대하는 관점은 젊은 사람들이 흔히 갖고 있는 '○○라면 행복할 텐데' 식의 태도와 근본적으로 다르다. 인생의 현자들은 행복하게 되는 것도, 힘든 상황에도 불구하고 늘 행복한 것도 개인의 선택이라고 주장한다. 인생의 현자들은 누구나 엄청난 스트레스나 큰 고통, 감당하기 힘들 것 같은 슬픔에도 불구하고 삶을 대하는 태도를 변화시킬 수 있으며 그러한 태도는 이후의 삶에 영향을 미칠 수 있다고 믿는다. 그들은 또한 '행복하게 만들어줄' 사건을 기다리는 것은 엄청난 실수라고 강조한다. 인생의 현자들이 우리에게 알려준 '그럼에도 불구하고 행복한' 태도는 만족스러운 삶을 이룰 수 있는 가장 희망적인 정보다. 다시 말하면 가장 위협적인 어려움에 부딪혔을 때도 행복하기로 '선택'할 수 있다는 말이다.

의식적으로 행복을 선택해 인생의 전환점을 맞은 인생의 현자들은 매우 많다. 그들 중 일부는 자신의 결정이 인생의 전환점이 된 구체적인 순간을 딱 집어 설명해주기도 했다. 루스 햄이 그런 경우다. 그녀는 앞의 2장에서 진정한 사랑을 찾은 아름다운 이야기를 들려주었다. 나치 시대 독일에서 유대인 아이로 살아가야 했던 루스는 요즘 젊은이들로서는 거의 상상도 하기 힘들 만큼 큰 어려움을 겪었다.

"평온하고 따뜻했던 내 어린 시절이 어느 날 나치 깃발과 제복으로 뒤덮어버렸어. 나는 그 제복이 정말 무서웠어. 무슨 일이 벌어지는지 알고 있었기 때문에 완전히 겁에 질렸지."

루스는 가족과 함께 미국으로 도망쳤고, 이후 루스는 미국에서 살게 되었다. 하지만 불행은 유년시절에서 그치지 않았다. 더 큰 비극이 그녀를 기다리고 있었다.

"이제 슬픈 이야기를 할 참이야. 내겐 아이가 셋 있었지. 막내 딸 셰리는 배우가 되고 싶어 했어. 늘 연기 연습에 몰두했지. 딸애의 연기 지도 선생님은 딸을 '버블'이라고 불렀어. 정말 거품 같은 아이였거든. 늘 쾌활하게 재잘거리던 그런 아이였지. 딸이 스물한 살이 되던 해 어느 날 집에 왔어. 그리고 말했지. '엄마, 방학이에요. 저 카리브 해에 다녀오면 안 될까요? 제 친구의 친구가 거기 살아요. 그 친구네 집에서 잘 수 있대요. 비행기 값만 있으면 돼요. 네?' 그렇게 말하는데 안 된다고 할 이유가 뭐 있겠어? 셰리는 정말 착한 아이였거든. 결국 승낙을 했지. 딸애는 그렇게 휴가를 떠났어. 그런데 정말 믿을 수 없게도 비행기 사고가 난 거야. 딸애는 죽었어. 스물한 살의 나이에. 그렇게 예쁘고 꽃다운 아이가. 그렇게 여행을 많이 다녀도 내게는 단 한 번도 생기지 않았던 비행기 사고가 딸에게 난 거야. 신문에서 그 소식을 읽은 사람도 있을 거야. 누군가 모르는 사람들의 사망소식을 말이야. 38명의 사람들이 죽었지."

루스가 겪은 일은 두 딸을 둔 아버지인 나로서는 생각하기도 싫은 사고다. 나는 루스에게 물었다. "그런 고통을 어떻게 극복하셨는지 말씀해주실 수 있나요?" 루스는 고개를 끄덕였다.

"말해주지. 그 일은 정말 끔찍했어. 하늘이 무너지고 눈앞이 캄캄해졌지. 난 2년 동안 제정신이 아니었어. 우리 가족도 거의 붕괴 직전까지 갔지. 난 그저 기계처럼 살았어. 눈을 뜨면 일하고 일이 끝나기가 무섭게 바로 잠자리에 들었어. 잠만이 유일한 피난처였으니까. 남편이 퇴근하고 오면 저녁을 먹고, 치우고, 바로 자러 가는 생활을 계속 했지. 몇 년이 흐른 후 옆집에 사는 이웃이 말하더군. '루스 씨, 당신은 도망치고 있어요. 잠 속으로 도망치고 있다고요. 당신 남편 조가 우리 집에 왔었어요. 누군가 이야기할 사람이 필요하다면서요.' 그러던 어느 날 대학을 다니던 딸애가 집에 와서는 이렇게 말하는 거야. '엄마, 항상 슬퍼 보여요. 늘 우울한 모습으로 계시니까 엄마한테서 벗어나야겠다는 생각이 자꾸 들어요.' 딸애의 말 때문에 나는 주변을 돌아보게 되었지. 내 자신에게 말했어. '루스, 더 이상 이렇게 살 수는 없어. 지금 너는 네가 사랑하는 다른 아이들마저 쫓아내고 있는 거야. 네 남편을 죽이고 있는 거라고.' 딸애가 '엄마 늘 슬퍼 보여요.' 라고 말하던 날 나는 바뀌었지. 지금 이 요양원에 있는 사람들은 날 보며 '저 사람은 살면서 한 번도 험한 일을 겪지 않았나봐.' 하고 생각한다더군. 사람들은 늘 내게 이렇게 말하지. '루스씨는 정말 가장 행복한 사람 같아요. 늘 웃고 계시잖아요.' 그 사람들이 내가 살아온 이야기를 알아야 해. 내가 조그만 아이였을때 무슨 일을 겪었는지부터 자식을 앞세워 보낸 일까지 모두 말이야. 내가 겪은 일은 인간에게 일어날 수 있는 최악의 일이지. 하지만 난 모든 것을 바꿨어. 난 행복을 선택했지. 내 가족을 위해 그런 선택을 한 거야. 난 가족에게 더 이상 상처주지 않겠노라고 다짐했어. 나는 내 자신에게 말했어. '현재만 생각하자. 가족을 지켜야 한다. 내 가족을 보살펴야 한다. 내가 보살펴야 할 셰리는 지금 없다. 지금 나는 이곳에 있는 다른 사람들을 보살펴야 한다.' 하고 말이야. 그렇게 마음을 먹으니 구렁텅이에서 빠져나오게 되더군. 남편과 내가 살아온 날들만 해도 얼마나 감사한 일이야. 딸애가 죽은 게 1970년대인데, 우린 그 이후에 좋은 나날들을 보냈지. 남편이 죽기 전까지 말이야. 자네가 내 이야기를 다른 사람에게 할 수도 있겠지. 끔찍한 시련을 견딘 여인이 있다고 말이야. 사람들에게 이 말도 해주게. 그 여인은 가만히 앉아서 걱정만 하는 것은 아무 도움이 되지 않는다는 사실을 깨달았다고. 어떤 삶을 사느냐는 생각하기 나름이야. 지금 내 모습이

슬퍼 보이나? 자넨 지금 행복하게 웃고 있는 사람을 보고 있다네."

인생의 현자들은 행복을 선택하기로 의도적으로 결정하고 그것을 실천했다. 가장 행복한 노인들은 자신이 그럴 권리가 있다고 생각한다. 그렇게 실천하는 방법을, 의식적으로 긍정적인 사고를 향해 나아가는 방법을 배웠기 때문이다.

하루하루 이러한 선택을 하는 사람을 생각하면 메리 파머(67세)가 떠오른다. 메리는 뉴욕 시에 있는 노인과 장애인을 위한 복합주거단지 내 아파트에 살고 있다. 그녀를 방문했을 때 메리는 문에서 나를 따뜻하게 맞아주며 거실로 안내했다. 한눈에 보기에도 몸이 몹시 불편해 보였다. 다리에는 커다란 보조기를 착용하고 있었고 왼팔은 힘없이 늘어져 있었다. 메리는 내게 시선을 맞추지 못했다. 이미 30년 전에 시각을 모두 잃었기 때문이다.

1980년대 초반만 해도 메리의 삶은 순탄했다. 그녀는 당시 모든 것을 누리며 살았노라고 회상했다. 높은 임금을 받는 탄탄한 직장도 있었고 딸이 고등학교 졸업을 거의 앞두고 있던 참이라 메리는 앞으로 만끽할 자유를 기대하고 있었다. 그러던 어느 날 아무런 예고도 없이 메리는 중증 뇌졸중으로 쓰러졌다. 삶을 사랑하며 열심히 살던 젊은 엄마에서 어느 날 갑자기 타인의 도움에 의지하며 살아야 하는 중증장애인이 된 것이다.

"몸이 마비되고 망막이 파괴되었지. '기적의 맨 앞자리에 내가 앉아 있다네!'라는 말을 나는 참 좋아해. 나는 완전히 새로운 삶을 다시 배워야 했어. 앞을 볼 수 없고 몸도 내 마음대로 움직일 수 없는 채로 살아가는 법을 배워야 했지. 하룻밤 사이에 내 삶이 통째로 바뀐 거야. 난 재활치료를 받느라 18개월을 병원에 입원해 있었지. 그리고 집에 돌아왔어. 조금 나아진 것이 지금 자네가 보고 있는 내 모습이라네. 난 앞을 전혀 볼 수 없어. 그리고 몸 왼쪽은 마비가 되었지. 오른손에도 수근관증후군이 있어서 여간 힘든 게 아냐. 특히 밤에는 더 저리고 아프다네. 혼자서는 돌아다닐 수도 없어. 시력을 잃으면서 방향감각도 잃었거든. 그래서 아파트를 나서려면 항상 도움이 필요해."

내가 만약 여기서 메리의 이야기를 중단한다면 독자들은 아마 결말을 이렇게 상상할 것이다. 중증장애인 여성이 나이 들어서 뉴욕 시에 있는 1만 명의 소외계층 중 한 명이 되었다. 죽어서야 겨우 사람들의 관심을 끌고, 이 세상에 존재하지 않는다는 사실도 이웃만이 알아차리는 그런 소외계층 말이다.

하지만 메리 파머는 그렇게 주저앉지 않았다. 그녀는 재앙을 극복할 방법을 찾아 현재는 매우 풍요롭고 만족스러운 삶을 살고 있다. 그녀는 교회에 열심히 다니고 있으며 봉사활동도 적극적으로 하고, 소셜네트워크 활동도 계속 하고 있다. 또한 시력에 문제가 있는 다른 노인들의 고민도 상담해주고 있다. 메리는 그 끔찍했던 재앙과 병원생활 이후 중대한 결정을 내리게 되었던 때를 회상했다.

"가장 먼저 나 자신을 불쌍히 여기지 말자고 결심했지. 그렇게 하지 않는다면 그저 멍하니 앉아 궁상만 떨고 있게 될 테니까. 그러면 어떻게 되는지 알아? 악마가 먹이를 가져온다네! 난 그저 살아 있는 것만으로도 기뻤지. 혼자서는 침대도 벗어나지 못하던 때도 있었어. 내가 지금도 새벽 5시에 일어나는 것은 혼자 일어날 수 있는 게 정말 행복해서야! 해야 할 일들을 하고 사는 것, 그게 바로 내가 일어서게 된 비결이라네. 주저앉지 말게. 일어나서 해야 할 일들을 하게. 쇠뿔도 단김에 빼라고 당장 하게나. 어머니는 늘 이렇게 말씀하셨지. '일어나. 침대에 누워 있으면 아무것도 할 수 없어!' 그래서 난 그렇게 한 거야. 결국 난 일어나서 내 삶을 만들어나갔어."

인터뷰를 마치고 아파트를 나서는 데 메리가 나를 불러 세웠다. 그러고는 크나큰 역경에도 불구하고 행복을 선택하기로 결심한 이야기를 짧게 해주었다.

"지금 자신의 삶이 있다는 데 감사해야 해. 난 내 삶에 아주 만족한다네. 물론 보조기 없이 내 힘으로 걷고 싶지. 왼손을 쓰고도 싶고. 하지만 난 앞으로 다가올 날들을 원한다네. 신이 나를 위해 예비해둔 그날들 말이야."

이 외에도 하루하루가 선물이라는 사실을 상기하는 것이 행복을 선택하는 데 도움이 된다는 사실을 깨달은 인생의 현자들이 많았다.

셜리 게리(73세)는 건강에 문제가 있다. 심장에 문제가 있어 심박조율기를 장착해야 하고, 신장병도 있으며 등에도 심각한 문제가 있다. 하지만 그녀는 행복을 선택하는 것으로 매일을 시작한다고 강조했다.

"매일 아침 일어나자마자 내게 말하는 거야. 정말 멋진데! 자, 이 멋진 하루를 어떻게 보내지? 정말 아름다운 인생이잖아. 진심으로 말이야."

셜리는 말을 이었다.

"가끔 아침에 일어나 기분이 좋지 않으면 일부러 나 자신을 계속 축복해. 정말 바보 같고 단순하게 들릴지 몰라도 효과가 있어. 뭐가 얼마나 고통스러운지를 곱씹어 생각하는 건 아무 도움이 안 돼. 일이 얼마나 내게 좋은 쪽으로 돌아가는지를 생각한다면 정말 달라질 거야. 내 인생에서 벌어지게 될 모든 좋은 일들을 생각하는 거지. 그러다 보면 많은 일들이 생각나고 아주 편안한 기분이 들어. 참 멋진 일이지."

앙투와네트 와킨스는 46세에 암으로 세상을 떠난 딸 때문에 고통을 겪었다. 하지만 현재는 삶에 매우 긍정적인 태도로 살아 가고 있다.

"내 삶은 온통 선물인 것 같아. 세상을 떠난 내 딸만 해도 그렇고. 딸애가 세상을 떠나기 2, 3년 전, 그때 딸아이의 삶도 그 애에겐 선물이었지. 우리에게도 선물이었고. 삶 그 자체, 살아 있다는 것 그 자체가 아름다운 선물이야. 암, 그렇고말고. 그렇게 삶을 바라봐야 해. 삶을 즐기게! 내가 겪은 가장 힘겹고 고통스러운 경험은 딸의 죽음이야. 그로 인해 우리는 알게 되었지. 아이나 친구를 잃으면 눈물은 흐르지만 그들과 함께했던 시간이 주는 기쁨은 영원하다는 사실을."

어려움과 곤경이 없는 삶은 드물다. 그럼에도 불구하고 선택권은 전적으로 우리에게 있다. 우리는 긍정적인 태도로 매일매일 삶을 포용하기 위한 결정을 의식적으로 할 수 있다. 그러려면 아침에 일어나서 긍정적인 감정에 집중하며 삶을 스스로 결정할 수 있다는 확신을 가져야 한다.

내가 노년의 삶을 너무 장밋빛으로만 그리고 있다고 생각할까봐 꼭 덧붙이고 싶은 말이 있다. 누구나 70세 혹은 그 이상이 되면 한 가지 혹은 그 이상의 슬픔을 겪는다. 이 사회에 그 어떤 집단도 인생의 현자들만큼 경험을 통해 거둬들인 지식이나 지혜가 풍부한 이들은 없다. 그들은 상실을 수용하고 지속적으로 삶의 기쁨을 느끼면서 그 사이에서 균형을 잡고 걸어가고 있다. 그들은 우리가 더 행복한 삶을 선택할 수 있으며 삶의 여정에 불가피하게 수반되는 고통스러운 사건들이 닥쳤을 때도 그런 선택을 할 수 있다는 사실을 믿어 의심치 않는다. 주어진 인생으로 그 사실을 직접 검증했기 때문이다.

스물여덟 번째

다 괜찮다

더 나은 삶을 위한 길을 찾는 젊은이들에게 꼭 들려주고 싶은 삶의 지혜를 물었을때 많은 인생의 현자들이 빼놓지 않고 한 대답은 바로 이것이다. "걱정은 그만하라!"

그들은 자신의 삶을 반추하며 몇 번이고 이렇게 말했다. "걱정 좀 덜 하고 살걸." 혹은 "온갖 걱정을 다하고 살았던 게 후회돼." 그리고 만약 지나온 삶을 다시 살 수 있다면 미래를 걱정하느라 전전긍긍하며 보냈던 시간들을 모두 되돌리고 싶다고 대답했다.

나 역시 인생의 현자들과 같은 생각을 뼈저리게 느낀 특별한 경험이 있다. 그때 난 30대 중반이었고 내 삶은 한창 절정에 달한 것 같았다. 좋은 대학에서 든든한 일자리도 마련했고 결혼도 했으며 사랑스러운 두 딸의 아버지가 되었다. 연구 능력도 인정받아 다른 대학에서도 관련 강의를 하게 되었다. 그날, 나는 학교 캠퍼스에서 조깅을 하며 즐거운 오후를 만끽하고 있었다. 공기는 선선하고 맑았으며 나뭇잎들은 형형색색으로 물들고 있었다. 삼삼오오 수업을 들으러 가는 학생들의 쾌활하고 싱그러운 웃음소리가 교정 곳곳에 퍼졌다.

행복한 기분에 푹 빠져 교정을 천천히 달리던 중 내 마음속에서는 서른여섯 살의 나와 스무 살 초반의 내가 대화를 나누기 시작했다. 스무 살 초반의 나는 인간관계와 돈 문제, 진로문제, 직업 전망 등에 대해 끝도 없이 걱정을 늘어놓았다. 그도 그럴 것이 20대의 나는 50년 만에 불어 닥친 최악의 불황 속에 졸업을 했다. 동기들과 나는 박사학위까지 받아놓고 고학력 택시 운전기사나 전화상담원으로 사회생활을 마감하게 되는 것은 아닌지 불안에 차서 하루하루를 보냈다.

걱정에 차 있는 스물넷의 나에게 서른여섯의 내가 말했다.

"진정하고, 그만 걱정해."

일어나지도 않은 미래를 걱정하느라 현재를 독살하고 있으며 진정으로 필요한 것은 자신을 믿고 걱정을 그만두는 것이라는 걸, 스물넷의 내가 알게 되길 간절히 바랐다. 상상 속에서 나는 덜 성숙한 나 자신에게 이렇게 말했다.

"자 봐, 다 괜찮잖아! 그런데도 너는 인생에서 중요한 시기의 대부분을 일어나지도 않을 일들을 걱정하느라 낭비하고 있어."

이 날의 기억 덕분에 걱정을 그만두라는 인생의 현자들의 교훈이야말로 내게는 특히 절절하게 와 닿았다. 이 문제에 관한 인생의 현자들의 조언은 단순하고 직접적이다. 걱정은 소중한 삶을 무의미하게 낭비하는 것이다. 더 큰 행복에 다가가는 가장 긍정적인 방법은 걱정을 줄이거나 아예 없애는 것이다. 걱정은 즐겁고 만족스러운 삶에 불필요한 장애물일 뿐이다.

평생을 경제적인 어려움과 싸우며 살아온 존 알론조(83세)는 말수가 적었다. 그는 내 질문에 두 번 생각할 것도 없이 바로 이렇게 말했다.

"걱정한다고 문제가 해결되거나 좋아질 거라고 생각하지 마. 절대 그렇지 않으니까. 그러니 걱정은 그만해."

그게 다였다.

발레리 암스트롱(69세)은 전직 의사로 심각한 문제에 빠진 사람을 많이 보아왔다. 그녀는 주제에서 한 걸음 더 나아갔다.

"걱정하지 마세요. 변명도 필요 없습니다. 걱정하면 제대로 뭔가를 할 수도 없습니다. 건강에 대해 아무리 걱정해도 아무 소용 없습니다. 병원에 가야 하거나, 의사가 나쁜 소식을 전해줄지도 몰라 두려워한다면 묻고 싶습니다. 왜 걱정합니까? 의사가 나쁜 소식을 전해줄지 아닐지 아직 모르잖아요. 그러니 걱정할 건 아무것도 없어요. 공연히 에너지만 낭비하는 거죠. 설령 의사가 나쁜 소식을 전해주었다 해도 걱정할 필요가 전혀 없어요. 뭔가 조치를 취할 수 있으니까요. 걱정은 에너지만 빨아먹고 우리에게 아무것도 주지 않아요. 의사가 위험할 수도 있는 수술을 해야 한다고 말하면 정보를 모으고, 이야기하고, 결정하세요. 걱정은 전혀 필요 없습니다. 지금까지 결정하며 살아왔잖아요. 일어날 일은 일어나게 되어 있답니다."

제임스 후앙(87세)은 이렇게 말했다.

"'왜 걱정하는가?' 나는 내 자신에게 묻곤 하지. 사사건건 잘못되면 어쩌나 하고 계속 걱정한다고 무엇이 얼마나 달라질까? 아무것도 달라지지 않는다는 사실을 깨닫고는 나는 말로 다 할 수 없는 해방감을 느꼈다네. 내가 알려주고 싶은 삶의 해답은 이거야. '다가올 것들을 걱정하느라 시간을 허비하지 말고 사랑하고 즐기는 모든 것들이 흘러들어오게 그냥 두어라.'"

걱정하지 말라는 인생의 현자들의 충고도 중요하지만 그들이 얼마나 강하고 확신에 찬 어조로 이 말을 했는지도 빼놓을 수 없다. 인생의 현자들은 "그 무슨 핑계를 댄다 해도 걱정은 필요 없는 짓이다." "절대 걱정하지 마라." 등 매우 강경한 언어를 사용했다.

엘리스 로세트는 풍요롭고 재미있게 살아온 삶을 회상하며 걱정하지 않고 살아야 하는 구체적인 이유를 들려주었다. 엘리스는 결혼한 지 60년이 지났고 여전히 일을 하는 92세 남편이 있다. 네 자녀의 어머니인 그녀는 오랫동안 마약과 알코올에 중독된 사람들을 도왔다. 엘리스는 걱정이란 본질적으로 통제할 수 없는 것을 통제하려고 하는 헛수고라고 생각한다.

"내가 살면서 깨달은 가장 중요한 것이 있다면 그건 바로 앞으로 일어날 일은 내 힘으로 어찌할 수 없다는 거야. 그리고 이미 일어난 일 역시 바꿀 수 없지. 나는 진정으로 삶과 타협할 줄 알게 되었고 걱정으로부터 벗어나 후련하게 살고 있다네. 내가 할 수 있는 것이 아무것도 없는 상황이라면 걱정 역시 그 상황을 바꾸지 못하지."

나는 이 사실을 깨닫기 위해 아등바등 갖은 노력을 다 했을 정도로 걱정이 많은 사람이다. 아무것도 걱정하지 말라는 말을 듣고 있으니 마치 석기시대 혈거인이나 호빗족이 되라는 말처럼 들렸다. 나는 알고 싶었다.

"도대체 걱정이 없다는 건 어떤 느낌입니까?"

그러자 엘리스가 답했다.

"평온하고 잔잔한 기분이지. 아무것도 신경 쓰지 않는다는 말이 아니야. 예를 들어 주지. 그리 오래 전도 아니야. 내 딸들 중 하나가 아파서 병원에 있었어. 다른 사람들은 걱정으로 밤을 꼬박 지새우곤 할 테지만 나는 그러지 않았지. 물론 딸이 염려되었지만 걱정한다고 바꿀 수 있는 건 아무것도 없다는 걸 알고 있으니까. 그래서 어떤 일이 일어나든 평정을 크게 잃는 법은 없다네."

인생의 현자들이 겪으며 살아온 숱한 어려움과 고통스러운 비극들을 고려한다면 그들이 어느 정도까지는 걱정해도 괜찮다고 할 줄 알았다. 경제대공황을 경험한 사람들이 경제문제를 걱정하는 사람들에게 용기를 주고 싶어서 혹은 제2차 세계대전에 참전했거나 소중한 사람을 잃게 된 사람들이 국제문제를 걱정하는 우리를 독려하기 위해서, 혹은 병을 앓았던 사람들이 우리에게 건강에 좀더 신경을 쓰라고 충고해주기 위해서 어느 정도 걱정은 필요하다고 말하는 것이 합리적인 것 아닐까.

하지만 결과는 뜻밖이었다. 인생의 현자들은 걱정이란 우리의 일상을 좌절시키는 '독'이라고 말하며 우리 능력 안에서 바꿀 수 있는 모든 것을 바꾸라고 충고한다. 인생의 현자들은 시간이야말로 우리에게 가장 소중한 자원이며 걱정은 시간 낭비일 뿐이라고 잘라 말한다.

노후에 걱정하느라 낭비한 시간들을 되돌려 받고 싶다며 아쉬워하지 않으려면 어떻게 해야 할까? 아마 '걱정은 독'이라는 메시지를 끊임없이 상기하는 것만으로도 우리 일상이 달라질 것이다. 즉 불필요하게 걱정하고 있다는 생각이 들 때마다 이 교훈을 떠올리며 되새기는 것이다. 신기하게도 그렇게 할 때마다 인생 걱정거리들이 비켜간다. 그래서 나는 요즘 이 교훈을 주문처럼 외고 있다.

이 외에도 인생의 현자들은 걱정을 벗어버리는 구체적인 방법까지 알려주었다. 인생의 현자들이 걱정을 떨칠 때 활용했던 특별한 방법들을 소개한다. 하다 보면 저마다 나름의 유용한 방법을 찾을 수 있을 것이다.

걱정을 버리는 법

첫째, 하루에 한 가지만 걱정하라

인터뷰를 공평하게 하려고 노력하지만 100세가 넘은 분들과 이야기를 하다 보면 나도 모르게 그분들 이야기에 좀더 무게를 두게 된다. 밝고 긍정적인 성격의 엘리노어 매디슨(102세)도 그들 중 한 명이다. 엘리노어는 멀리 생각하지 말고 당장 그날 일에만 집중하라고 충고한다.

"뭔가 걱정거리가 있고, 아주 많이 걱정된다면 일단 걱정을 멈추고 이렇게 생각하는 거야. '이 또한 지나가리라.' 늘 걱정만 하면서 살 수는 없어. 걱정은 자네와 자네 인생을 무너뜨려버릴 테니까. 하지만 안 하려 해도 어찌할 수 없이 걱정이 솟아나는 경우가 있지. 그럴 때면 걱정을 멈추고 생각하는 거야. '걱정은 아무 이득도 없어. 그러니 한 번에 걱정할 수 있는 만큼만 걱정하고 나머지 걱정일랑 훌훌 털어버리자.' 하루에 한 가지씩만 걱정하는 거지. 앞날을 계획하는 것도 좋은 방법이긴 하지만 늘 그렇게 할 수는 없어. 세상 일이라는 게 늘 내가 바라는 대로 일어나는 게 아니거든. 그러니 가장 중요한 것은 하루에 하나씩만 걱정하는 거야."

둘째, 비가 올 때 필요한 것은 걱정이 아니라 우산이다

루시 로완(80세)은 젊었을 때 숫기 없는 성격과 대인공포증으로 애를 많이 먹었다. 지금 여든이 된 그녀는 쓸데없이 걱정하는 성격을 극복했다. 루시는 걱정스러운 상황을 신중하게 대비하는 것으로 걱정에 대한 해결책을 찾았다.

"우리 어머니는 아주 걱정이 많은 사람이었어. 나 역시 그렇고. 늘 걱정하는 게 일이었던 것 같아. 하지만 나는 준비해야 한다는 사실을 깨달았어. 내가 걱정하는 모든 것들을 미리 준비하는 거지. 남들 앞에서 이야기를 하거나 많은 사람 앞에 설 일이 생길 때마다 할 말을 미리 적어두는 거야. 가끔 교회에서 피아노 반주를 할 때도 있는데 그럴 때면 완벽하게 연주할 수 있을 때까지 연습을 해. 그러면 걱정이 사라지더라고. 수술하고 비슷해. 걱정이 생기면 그 원인을 다 제거해버리는 거지. 나는 걱정이 될 만한 일들에는 모두 대비를 했어. 난 신의 품 안에 있고, 내 주변에는 책임감 있는 훌륭한 사람들도 있어. 앞으로는 걱정하지 않을 거야. 걱정하며 시간 낭비하지 않을 거야. 건강하고 싶다면 건강을 걱정하지 말고 계획을 세워서 미리 대비를 해."

이 충고는 많은 인생의 현자들도 했던 말이다. 그들은 걱정과 걱정을 크게 줄여주는 합리적인 상황 파악 사이에는 명백한 차이가 있음을 안다. 모든 일을 다 마치고 너무도 하찮은 사소한 일 한 가지에 집착하며 걱정하는 것은 전문용어로 '유동불안(free-floating anxiety, 다양한 상황에서 만성적인 불안과 지나치게 걱정하는 심리장애로, 원인이나 대상도 없이 막연하게 떠돌아다니듯 느끼는 불안이라 하여 떠돌이 불안, 불안장애 등으로 부르기도 한다-옮긴이)'이라 한다. 조슈아 베이트먼(73세)의 말에는 인생의 현자들의 의견이 요약되어 있다.

"걱정을 하려면 그 걱정거리가 뭔지는 알아야죠. 최소한 이유라도 알고 정의하는 겁니다. '나는 X가 걱정이다.' 하는 식으로 말이죠. 때론 걱정할 만한 이유가 있을 때도 있겠죠. 이것이 합리적인 상황 파악입니다. 상황 파악이 되면 걱정이 아닌 대비를 할 수 있습니다."

셋째, 흘러가는 대로 내버려두라

인생의 현자들은 어떤 일을 걱정하고, 그 일이 일어나고, 일이 일어난 후의 여파도 경험하면서 모든 과정을 수도 없이 많이 겪어왔다. 그러한 경험을 토대로 그들은 수용적 태도를 걱정의 해결책으로 추천한다. 그들은 '적극적으로 수용하라.'고 말한다. 실제로 이 메시지는 가장 연령대가 높은 층에서 많이 언급했던 말이기도 하다.

때론 인터뷰 대상자들의 나이가 주는 무게 때문에 내가 무장해제되는 경우도 있다. 클레어 모란 수녀가 지나가는 말로 당신 조부가 미국 남북전쟁에 참전했다고 말했을 때 그랬다. 남북전쟁이라니! 내가 놀랐던 이유에는 클레어 수녀의 외모가 실제 나이보다 최소한 20년은 더 젊어 보인 탓도 있었다. 클레어 수녀는 올해 100세로, 은퇴한 수녀들을 위한 거처에서 행복하게 살고 있으며 여전히 적극적으로 지역 봉사단체에서 활동하고 있다. 이 프로젝트를 시작하기 전만 해도 나는 그녀가 들려주는 이야기에 아연실색했다. 흥미로운 인생에 관해 듣고 싶다면 100세 수녀와 잠시 함께 있어보라.

거의 80년에 가까운 삶을 회상하며 클레어 수녀가 젊은 사람들에게 해준 말은 '걱정을 벗어버려라.'였다. 수녀가 되고 얼마 지나지 않아 그녀는 기꺼이 받아들이는 자세를 통해 걱정을 줄이는 기술을 터득했다.

"우리를 위해 미사를 해주시던 신부님이 계셨지. 조금 젊은 신부님이었는데 몸이 약하긴 했지만 아주 섬세하고 참 아름다운 분이었어. 신부님은 구체적으로 말씀하지 않으셨지만 들리는 바로는 외국에서 선교활동을 하고 계셨는데 어떤 일로 갑자기 미국으로 돌아오라는 명을 받으셨나봐. 신부님은 몹시 상심했대. 선교를 중단하고 돌아오기란 정말 힘들었을 거야. 화도 났겠지. 왜 자신이 돌아와야 했는지 납득이 되지 않았으니까. 그래서 신부님은 노신부님께 찾아가 그 이야기를 했대. 그랬더니 노신부님이 이렇게 말씀하셨대. '제가 무얼 해드릴 수 있을까요? 난 그 걱정을 없애줄 수 없습니다. 그 생각이 떠오를 때마다 그냥 내버려두자, 라고 말해보세요.' 신부님이 말씀하시더군. '노신부님 말씀대로 했는데 처음에는 아무 효과가 없었습니다. 하지만 계속 했지요. 얼마 후 그 생각이 또 나서 그냥 내버려두자, 라고 혼잣말을 했더니 괴로운 생각이 사라졌답니다.' 전부 다 사라진 건 아니지만 그냥 내버려두는 것이 답이었던 게지."

클레어 수녀는 내가 만났던 인생의 현자들 중에 가장 평온한 분이었으며 그것은 수십 년간 실천해온 '그냥 내버려두기' 덕분이었다.

클레어 수녀와는 전혀 다른 삶을 살았지만 아주 비슷한 메시지를 주는 이가 있다. 바로 한나 로벨이다. 한나는 1912년 폴란드에서 태어났다. 그녀의 오빠는 미국으로 이민을 갔는데 한나에게도 오라고 부추겼다. 1932년 한나는 오빠의 말대로 미국에 갔지만 다른 가족 없이 혼자 가게 되었다. 한나는 나지막이 말했다.

"나머지 가족들은 나치에게 살해당했어. 도망치려 했지만 너무 늦었지."

한나는 잠시 말을 멈췄다. 뭔가 화제를 바꾸려는 듯했다.

"이 일을 얼마나 오래 생각할 수 있을까? 얼마나 많이 생각할 수 있을까? 그렇게 많이는 생각하지 못한다네."

지금 한나는 맨해튼의 아늑한 아파트에 살고 있는데 헌신적인 딸과 간병인 덕택에 독립적인 삶을 유지할 수 있다. 그녀는 미국에서 믿을 수 없이 놀라운 삶을 살았다. 몇 년 동안 월스트리트에서 근무했으며 성공한 의사와 결혼도 했다. 어쩌면 비극과 기쁨이 혼합된 삶의 경험 때문에 그토록 초연하게 평온할 수 있는지도 모른다. 한나는 후회 속에서 살 수도 있었지만 그러지 않았다. 그녀의 조언을 들어보자.

"인생은 좋은 것이라네. 문제들에서 교훈을 얻어야 해. 그렇지 않으면 문제들이 우리를 집어삼킬 테니까. 삶에 대해 많은 걸 깨닫고 나니 더 이상 괴롭지 않아. 괴롭지 않게 되니 그냥 흘러가는 대로 두게 되더군. 받아들여야 해. 받아들이지 않으면 괴로움의 나락으로 더 깊이 떨어지니까. 차분하게, 흘러가는 대로 맡겨

뒤야지. 사람들은 온갖 것들을 걱정하지만 난 아무것도 걱정하지 않는다네. 그저 느긋하게 살지. 느긋하게 생각하고. 내일 죽을 운명이라면 내일 죽겠지. 달리 방도가 있나? 인생은 짧아. 마음을 열어야지, 활짝. 걱정 대신 수용하는 법을 배우면 모든 게 괜찮아질 거야."

현대인들에게 걱정은 풍토병이다. 걱정을 하도 많이 달고 살다보니 이 교훈을 따라 하는 것이 불가능하다고 생각하는 독자들도 있을 것이다. 하지만 인생의 현자들은 우리에게 끊임없이 해답을 찾으라고 조언한다.

전문가들에 의하면 걱정의 주요 특징은 실제 스트레스 요인의 부재에서 생기는 것이라고 한다. 즉 우리는 실제로 걱정할 것이 없을 때 걱정을 한다는 것이다. 일어날 가능성이 있는 나쁜 일에 대한 걱정 혹은 사랑하는 사람에 대한 걱정 등은 구체적인 문제해결과는 완전히 다른 것이다. 걱정을 한다는 것은 어려운 상황에서 벗어날 방법을 모색하기 위해 우리의 인지력을 이용하는 것이 아니라 우리를 위협할 가능성이 있는 것들을 단순히 곱씹어보는 것에 지나지 않는다.

후회를 줄이는 데 결정적으로 중요한 전략은 문제를 구체적으로 해결하는 데 시간을 사용하고, 걱정하는 데 사용하는 시간은 과감하게 없애는 것이라고 인생의 현자들은 충고한다.

언젠가 귀중한 시간을 낭비한 것을 뼈저리게 후회하는 이도 있을 것이고 단지 걱정을 버림으로써 더 나은 삶을 살게 되는 이도 있을 것이다. 오늘 하루, 조금의 걱정을 덜어낸다면 분명 후자의 삶을 살게 될 것이라 믿는다.

스물아홉 번째
지구만한 행복도 순간 속에 담겨 있다

사람들은 행복을 추구하면서 거창한 것들을 생각하는 경우가 종종 있다. 집을 사고, 배우자를 만나고, 아이를 낳고, 새 직장을 구하고, 더 많은 돈을 벌고 하는 것들 말이다. 하지만 지금까지 만나본 인생의 현자들의 관점에서 보면 이러한 태도는 잘못된 것이다. '○○라면' 행복할 것이라는 유혹은 인생의 현자들 입장에서 보자면 함정이다. 물론 이러한 사실을 삶을 거의 다 살고 나서야 깨닫는 경우도 많다. 그렇다면 그러한 함정을 좀더 일찍 피하려면 무엇을 해야 할까? 인생의 현자들에 의하면 이 문제의 해결책은 삶의 변화를 기다리는 바로 그때 일상생활의 즐거움을 더욱 증폭시키는 것이라고 한다. 즉 맛있는 음식을 먹듯 삶을 '음미'하라는 것이다. 젊은 사람들은 행복을 추구하는 것을 성취해야 할 중요한 목적으로 본다. 종종 미래의 계획에 사로잡히기도 하고 너무 소모적으로 살다보니 현재의 즐거움을 깨닫지 못하기도 한다.

시간이 얼마 남지 않았기에 인생의 현자들은 순간에 온 마음을 기울이고 즐거움을 발견하며 산다. 아침에 마시는 커피 한 잔, 추운 겨울밤 몸을 누일 수 있는 따뜻한 잠자리, 잔디밭에서 먹이를 먹고 있는 예쁜 새들, 어느 날 친구에게서 받은 편지 한 통, 라디오에서 흘러나오는 좋아하는 노래 등(모두 인터뷰에서 들은 '순간들'이다). 젊은 사람들은 그런 순간들을 잃고 나서야 그것이 소중하다는 걸 깨닫는다. 지극히 소소한 일들에 의미를 부여하고 즐거움을 느끼면 일상에서 끌어올린 행복이 차곡차곡 쌓인다. 인생의 현자들은 그 진리가 젊은 사람들에게도 통할 것이라 믿는다.

다수의 인생의 현자들이 이 교훈을 깨달은 것은 경제대공황 때였다. 상실과 박탈의 경험은 그들에게 작은 기쁨을 누릴 수 있는 것이 얼마나 큰 행복인지를 깨닫게 해주었다. 우리에게 필요한 것과 욕망하는 것들은 점점 거대해져 이제 기쁨을 느끼려면 어마어마하게 많은 것들이 필요하게 되었다. 하지만 인생의 현자들은 대부분 작은 기쁨을 음미하는 법을 배우며 자랐다. 소소한 일상의 기쁨에 감사하라는 이 교훈을 가장 잘 묘사한 이는 레리 핸들리다.

"1930년대 우린 대공황을 겪었어. 자네도 지금 불황을 겪고 있다고 생각하겠지만 그때에 비하면 지금은 아무것도 아니지. 당시에는 제대로 먹지조차 못 했으니까. 직장에 나가지 않는 이웃의 가장들이 수두룩 했지. 다들 돈이 없으니 아주 작은 것들도 나눠 썼어. 어쩔 때는 집에 동전 한 닢 없을 때도 있었지. 우리집 가까이에 멋진 공원이 있었는데 그 공원에는 어린이들을 위한 다양한 시설들과 스케이트를 탈 수 있는 커다란 연못이 있었어. 여름이면 그 공원에서 밴드 콘서트가 열리기도 해서 마을 사람들이 모두 가서 보곤 했지. 공원 여기저기에는 팝콘을 파는 손수레도 많이 있었어. 아이들은 동전 한 닢을 들고 '이 돈으로 뭘 할까?'를 결정하기 위해 팝콘 수레 앞에서 몇 분씩 고민을 하곤 했어. 팝콘을 먹을까, 아이스크림을 먹을까, 사탕을 먹을까. 아이들이 망설이는 동안 팝콘을 파는 가난한 청년들은 재촉하지 않고 기다려주었어. 가끔 공원에서 영화를 상영하기도 했는데, 어린이들을 위해 토요일에는 관람료 10센트만 받고 영화를 상영하곤 했어. 영화가 끝나고 돈이 조금 남으면 우린 아이스크림 가게며 팝콘 수레로 가곤 했지. 아! 정말 토요일 오후다운 나날들이었는데……."

"정말 토요일 오후다운 나날들"이었다고 한 그의 말이 지금도 뇌리에서 떠나질 않는다. 요즘 아이들은 흔히 부모와 함께 쇼핑몰에 가서 물건을 잔뜩 사거나 대규모 복합영화관에서 한 상자에 10달러씩 하는 사탕을 사먹으며 토요일 오후를 보낸다. 나는 그 아이들이 자라서 매우 만족스러운 말투로 "아! 정말 토요일 오후다운 나날들이었는데."하고 회상하게 될까? 그럴 것 같지 않다.

인생의 현자들이 행복을 대하는 태도가 우리와 가장 뚜렷하게 다른 점은 큰 것과 작은 것 중 어떤 것과 더 밀착된 관계를 맺고 있느냐 하는 것이다.

우르술라 라우터바흐(76세)는 내게 깊은 깨달음을 주었다. 그녀의 삶은 유난히 굴곡이 많았고 크나큰 비극도 있었다. 구동독에서 자란 그녀는 나치 독재하에 어린 시절을 보냈다. 전쟁이 일어나는 동안 공습대피소에서 웅크린 채 지냈으며 전쟁이 끝난 후 엄청난 상실을 경험했다. 이러한 삶의 경험은 우슬라에게 작은 것도 소중하게 생각하는 능력을 주었다.

"아무것도 당연하게 여기지 말게. 그게 내가 깨달은 중요한 교훈이라네. 살면서 일어날 모든 일에 완벽하게 대비할 수는 없어. 하지만 그럼에도 불구하고 인생은 살 만한 가치가 있지. 하루하루를 즐길 수도 있고 말이야. 바로 삶의 아주 작은 것들 때문이라네. 작은 것의 소중함을 알게 되면 뭔가 일이 크게 잘못되고 있는 순간조차 기쁨을 누릴 수 있다네."

리디아 매키온(73세)은 노년에 접어들어서야 이 교훈대로 살기 시작했다. 지금 젊은 사람들이 미래를 걱정하느라 시간을 낭비하듯 그녀 역시 많은 시간을 보낸 후에야 깨닫게 된 것이다.

"삶을 즐기게. 작은 것들을 즐겨. 아무리 작고 보잘것없는 것들이라도 즐길 만한 가치가 있지. 그 사실을 모르는 사람들이 너무 많아. 나이를 먹고 보니 우리 애들이 처한 상황도 보이고 그 애들이 스트레스에 시달리는 것도 보인다네. 이제 나는 더 이상 신경 쓰지 않는 그런 문제들로 말이야. 나는 알고 있지. 그러한 문제들은 지나갈 것이고, 그 자리에 새로운 방법이 나타나리라는 것을. 난 그저 앉아서 사람들과 즐겁게 지내기만 하면 돼. 이야기도 하고 산책도 하고 말이야. 난 걱정의 먼지들이 쌓이게 그냥 둬. 더 이상 걱정하지 않아. 익숙해지는 거지. 사소한 것들에 더는 얽매이지 마."

인생의 즐거움을 맛볼 수 있는 것은 남달리 낙천적인 성격을 타고났거나 생활에 여유가 있기 때문에 가능하다고 생각하는 사람도 있을 것이다. 하지만 나는 오히려 정반대의 상황에서 삶의 즐거움을 맛보는 경우를 더 많이 보았다. 실제로 아픈 사람들이나 장애인들이 일상의 즐거움에 관심을 더 많이 기울였고 그 즐거움을 훨씬 더 잘 느꼈다. 많은 인생의 현자들이 건강에 문제가 생기고 난 후 삶의 작은 '덤'에 감사하게 되었다고 했다.

타마라 리드(72세)의 사례를 보자.

"난 아주 많이 아팠어. 불행하게도 거의 대부분의 시간을 병마와 싸우는 데 보냈지. 작년에는 더 힘들었어. 뇌수술도 받아야 했고 심장도 감염되어서 매일 항생제를 맞아야 했어. 한동안 요양시설에 있었어. 그때 깨달았지. 내게 닥친 상황에 순응하고 즐기는 법을 말이야. 주변을 돌아보면 즐길 수 있는 것들 천지야. 아름다운 꽃을 볼 수도 있고 멋진 음악을 들을 수도 있지. 볼 수 있는 만큼 보고 들을 수 있는 만큼 듣는 것만으로도 삶이 살 만한 가치가 있다는 사실에 순응하고 감사할 수 있다네."

마리안 럼지(76세)는 몇 년 전부터 건강 문제로 고통을 겪고 있다. 그녀는 자신이 나약해지면서 오히려 삶을 음미할 수 있는 능력이 생겼다고 말한다.

"병치레를 하다 보면 하루하루가 더욱 소중해져. 내일은 어떻게 될지 모르니까. 진부하게 들리지? 하지만 정말 그래. 우리 모두가 너무 쉽게 잊고 살지만 명심해야 해. 잘 들어. 침울하고 뻐딱하게 굴지 말고 주변을 돌아보며 행복하게 살아. 기운차게 발걸음을 내딛는 거야."

기쁨의 순간들을 음미하고 우리 힘으로는 어찌할 수 없는 큰 문제들은 그냥 내버려둔다. 멋진 조언이다. 하지만 나 같은 사람도 그렇게 살 수 있을까. 나는 본래 '매 순간을 음미하는' 성격은 아니다. 사실 다음에 벌어질 일들에 더 집중하는 편이다. 날씨 좋은 날, 달리기를 하러 나가긴 하지만 대부분의 시간은 달리기를 한 후 뜨거운 물에 샤워를 하거나 시원한 맥주를 마실 생각을 한다. 그러다가 막상 샤워를 하거나 맥주를 마시면 다음 날

할 일을 생각한다. 그리고 다음 날이 되어서 일을 할 때면……, 더 설명하지 않아도 다들 짐작하리라 생각한다. 인생의 현자들은 삶의 방식을 바꾸라고 조언한다. 의식적으로 삶의 소소한 것들을 음미하고 바로 이 순간의 기쁨을 특별한 선물로 생각하라고 거듭 강조한다. 그리고 일상생활에서 조금만 노력하면 인식을 바꿀 수 있다고 말이다.

내게 인생의 현자들이 알려준 지혜의 여러 단면들을 새삼 깨우쳐준 플로라 턴불(80세) 이야기를 하고 싶다. 플로라는 시인이다. 나는 그녀를 일상의 철학자라고 부르곤 한다. 여든의 나이에도 플로라는 자신이 사랑하는 사우스웨스트 지역의 아름다운 풍경을 노래하는 시집을 계속 출간하고 있다. 그녀가 삶에 접근하는 방식은 일상의 기쁨들을 포용하고 그러한 태도를 습관으로 굳히는 것이다.

"나는 그날 하고 싶은 일들의 목록을 정하는 것으로 하루를 시작해. 보통 10가지를 정하는데, 다할 수도 있고 그중 한 가지만 할 수도 있지만 어떤 일이 될지는 모르지. 이 목록은 '해야 할 일'의 목록이 아니라 단지 내가 '하고 싶은 일'의 목록이야. 나는 늘 도전할 새로운 일들을 찾아. 그렇다고 행글라이딩을 하겠다거나 그런 건 아니지. 굳이 어려운 일을 찾을 필요는 없다는 말이야. 젊은이들에게 권하고 싶은 방법은 평범하게 들릴지 모르지만 일을 하러 나갈 때 '아!' 하고 깨달음을 얻을 때까지 발꿈치를 들고 가만가만 천천히 걸어보라는 거야. 그런 깨달음은 아주 일상적이고 평범한 일들 가까이에 있거든. 그러니 아무 때나 올 수 있는 그 순간을 대비해두어야지. 마음을 열고 천사의 날개 깃털 같은, 뭔가 다른 것을 기다리는 거야."

신시아 바이서(84세)는 의식적이고 계획적으로 '지금 이 순간'에 존재하는 자잘한 기쁨들에 집중하라고 강조한다.

"내가 주고 싶은 교훈은 주변을 둘러보라는 거야. 주변에 있는 작고 사소한 것들 속에 즐거움이 있다네. 아름다운 것들을 보러 세계를 다닐 필요도 없어. 굳이 멀리 갈 필요도 없어. 그저 창가에 서서 가만히 졸고 있는 강아지나 바람에 흔들리는 나뭇잎을 내다보는 거야. 그렇게 하다 보면 매일 소소한 것들에서 수많은 기쁨들을 느끼지. 얼마 전에 세금 신고를 하느라 세무서에 갔는데, 그곳 야외정원에 앉아 예전에 찍었던 사진들을 봤어. 그저 가만히 앉아서 사진 속 근사한 계곡이며 아름다운 강들을 불러냈다네. 이렇게 가까이에서 작고 빛나는 것들을 찾아내야 해."

많은 인생의 현자들이 순간을 음미하는 것과 삶이 주는 작은 선물들에 감사하는 것을 연결시킨다. 실제로 음미와 감사는 서로 밀접한 관련이 있다.

레나타 모라츠(77세)는 노화의 신비에 대해 오랫동안 성찰해왔으며 현재는 노인들의 임무를 '지혜로운 사람'이 되는 것으로 보고 이 문제를 토론하는 노인들 모임을 이끌고 있다. 레나타는 '감사'는 하루하루를 귀중하게 여기고 아무리 하찮은 것이라 할지라도 일상의 즐거움들을 음미하는 것이라고 말한다.

"일흔이 넘은 내게 앞으로 50년이 남아 있지는 않겠지. 시간이 얼마 없다는 것, 그게 젊은 사람들과 다른 점이야. 그리고 그 사실로 말미암아 얻을 수 있는 중요한 결론은 바로 '감사'라네. 어제와 또 다른 오늘이 내가 주어졌다는 것 자체가 아주 감사한 일이지. 나는 매일 아침 이렇게 말한다네. '그래, 난 살아 있어.' 그리고 매일 밤 이렇게 말하지. '고마워!' 나는 늘 가장 단순하고 평범한 것에 고마워해. 그것이야말로 가장 중요한 것이니까."

펠리시아 데이(70세)는 전직 철학 교수이자 사회활동가였다. 그녀는 현재 암과 투병 중이고 남편은 심장에 문제가 있다. 하지만 매순간 감사하며 살고 있다.

"나는 아이들에게서 삶의 교훈을 얻었네. 아이들은 저마다 내 삶에서 가장 중요한 의미들을 알려주었지. 한 아이는 내게 '신뢰'라는 말이 새겨진 열쇠고리를 주었어. 또 다른 아이는 '기쁨'이라는 단어가 새겨진 돌을 주었지. 이 두 가지가 내 삶을 이끌어나가는 것들이야. 신뢰와 기쁨 그리고 아름다운 모든 것들에, 내가 보고 행하는 모든 것들에 감사하며 살고 있다네."

여기에서 또 하나 새겨두어야 할 중요한 교훈이 있다. 순간의 소중함을 깨닫기 위해 삶이 거의 끝날 때까지 기다릴 필요는 없다는 것이다. 일찍 깨달을수록 행복한 삶을 좀더 오래 영위할 수 있기 때문이다.

말콤 캠벨(70세)은 대학교수였다. 그는 아이비리그 대학에서 성공하기 위해 일 중독자처럼 살았다. 그러다 60대에 닥친 건강 문제와 이혼으로 삶을 다시 생각해보게 되었다. 그는 삶을 음미하는 법을 배웠고 젊은 사람들이 자신보다는 좀더 일찍 그 과정을 시작하기를 바란다고 했다.

"나는, 매 순간을 어떻게 살아야 하는지 배우는 데 평생이 걸렸어. 그렇게 오래 걸리면 안 되는 거였는데 말일세. 내가 너무 미래에만 매달려 살았다는 생각이 들어. 물론 그건 자연스러운 일이긴 해. 누구나 미래를 생각할 테니. 그렇게 사는 것이 나쁘다는 말을 하려는 게 아니네. 하지만 잘 듣게나. 그저 순간 속에 존재할 수 있다는 것만으로도 얻을 수 있는 것이 무척 많다네. 또 지금 바로 이 순간 일어나는 모든 일들에 감사할 수 있다면 역시 많은 것들을 얻을 수 있지. 나는 이제야 그 사실을 알게 되었고 매우 감사하게 생각한다네. 내게 평화를 주기 때문이지. 이 사실을 깨닫고 나면 자신이 있어야 할 자리를 찾게 되지. 그곳은 그다지 평화롭지 않은 세상 속에서도 평온하게 머물 수 있는 곳이라네. 다만, 아쉬운 게 있다면 이 사실을 60대가 아닌 30대에 알았더라면 하는 거야. 그랬다면 이 평온한 삶을 몇십 년은 더 누렸을 텐데. 이것이 내가 젊은 사람들에게 꼭 해주고 싶은 말이라네."

일상 속의 소소한 즐거움들을 음미하는 능력, 순간에 감사하는 마음은 절로 얻어지지는 않는다. 그 첫걸음은 그 무엇도 당연하게 여기지 않는 것이다. 인생의 현자들은 우리에게 말한다. 살아 있음에 감사하라. 우리에게 주어진 나날들, 시간들 속에서 누릴 수 있는 헤아릴 수 없이 수많은 기쁨들에 감사하라.

우리도 나이가 들면 이러한 능력을 갖게 될 가능성이 매우 크다. 하지만 80대나 90대가 아니라 20대 혹은 30대에 시작한다면 삶이 한층 풍요로워지지 않을까.

서른 번째
늘 기도하라

인생의 현자들이 생각하는 삶은 종교나 영적인 생활을 배제하고는 완전하게 이해할 수 없다. 영국 시인 매튜 아널드도 노래했듯 인생의 현자들이 지닌 '믿음의 바다'는 넓고도 깊다. 인터뷰를 하면서 믿음 없는 완전한 삶이란 모순된 삶이라고 말하는 인생의 현자들을 수도 없이 많이 만났다. 대다수 인생의 현자들에게 믿음은 제2의 천성이었다.

이야기를 더 진행하기 전에 먼저 반대의 경우를 말하고 싶다. 종교적 신념이 전혀 중요하지 않은 인생의 현자들 중에서도 완벽하게 행복한 이들이 있다는 사실을 말이다. 개중에는 종교적인 집안과 공동체에서 자랐지만 종교가 큰 의미 없다는 신념을 갖게 된 이들도 있다. 바니 룰로프(90세)가 그랬다. 그는 자신을 현실주의자라고 했다.

"난 종교인이 아닐세. 난 사후의 삶을 믿지 않지. 천국이니 지옥이니 하는 것들도 믿지 않고. 철학적으로는 가능하지만 과학적으로는 증명할 수 없기에 내겐 종교가 의미 없다네. 그저 선하고 정직하게 살려고 노력할 뿐이지."

종교가 없는 다른 인생의 현자들도 비슷하게 말했다. 마크 라이트맨(69세)에게 종교를 묻자 그는 이렇게 말했다.

"종교적 입장에서 보자면 난 전투적 무신론자(다윈의 진화론과 과학을 옹호하며 신을 부정하는 무신론자로 리처드 도킨스가 대표적인 인물-옮긴이)인 셈이지. 인정할 생각은 없네만."

인생의 현자들이 만장일치로 말한 것은 아니지만 '믿음'을 행복한 삶의 핵심 요소라고 생각하지 않는 이들은 상대적으로 적었다(수치로 말하자면 종교나 영적인 것이 전혀 필요 없다고 말한 이들은 1000명 중 50명 정도의 비율이었다). 행복하고 의미 있는 삶을 위해 인생의 현자들이 보편적으로 종교나 영적인 삶을 지지한다는 점은 반론의 여지가 없다.

'믿음을 가져라.' 이 메시지는 기독교, 유대교, 힌두교, 불교, 무슬림 등 모든 종교에 해당하는 것이다. 흥미로운 것은 종교를 비웃거나 스스로 종교와는 무관하다고 말하는 사람들조차 젊은 세대가 일종의 초월적인 믿음을 갖는 것을 바람직하게 보았다. 많은 인생의 현자들이 믿음을 강조하는 것은 개종이나 전도를 하기 위한 것이 아니다. 단지 효과가 있다고 믿기 때문이다. 그들은 절대자에 대한 신앙과 다양한 종교 활동이 더 행복한 삶으로 가는 길이라고 생각한다.

그렇다면 어째서 그토록 많은 인생의 현자들이 영적인 소양을 중요하게 여기는 것일까? 각 종교의 교리가 사실인지 거짓인지에 대한 논쟁은 접어두자. 신학의 함축적인 의미는 제쳐놓고서라도 인생의 현자들은 영적인 믿음과 실천을 추천한다. 그렇게 하는 것이 좋다고 믿기 때문이다. 그들은 종교나 종교 단체와 관계를 맺는 것이 행복한 삶을 살아가는 데 크게 도움이 된다고 말한다. 몇몇 경우를 제외하면 인생의 현자들이 전하는 이 교훈은 "예수 믿고 구원받으시오." 혹은 "이슬람교로 바꾸시오." 하는 식의 포교가 아니다. 그들의 의도는 오히려 팜 멀다우어(79세)가 한 말과 맥을 같이 한다.

"글쎄, 나는 사람들이 어느 정도는 영적인 것을 추구하며 살아야 한다고 생각하네. 각자 선택한 종교의 가르침이 무엇이든 간에 그 가르침을 따르면 삶이 한결 수월해지지."

솔 워싱턴(87세) 역시 같은 생각이다.

"젊은 사람이라면 반드시 신앙이 있어야 한다고 생각하네. 삶이 무엇인지, 자신은 또 누구인지, 이 세상과 어떻게 어울려 살아가야 하는지, 어떤 신조를 따라 살아야 하는지 생각해보게 하니까."

그들의 조언에는 전형적으로 영적인 것을 옹호하는 말들이 있긴 하지만 그것을 실천하는 것은 개인의 몫이다. 인생의 현자들은 어째서 종교적 실천이 좋고 필요한지에 대해 두 가지 이유를 들어 설명한다. 하나는 공동체 생활의 기본이 되고 또 하나는 힘겨운 시기에 대처하는 유효한 수단이 되기 때문이다.

어떤 이들은 종교 활동보다는 영적인 소양이 더 필요하다고 생각하기도 한다. 질리안 페블리(88세)는 이렇게 말한다. "나는 종교인은 아닐지도 몰라. 하지만 난 여전히 영적으로 충만한 사람이지."

하지만 대부분의 인생의 현자들은 종교적 실천을 타인과 함께 하지 않는다면 영적인 생활이 주는 큰 이익을 놓치게 된다고 주장한다. 그들은 유익한 종교 활동에 규칙적으로 참여하는 것이 특별한 의미가 있다고 강조한다. 만약 종교 활동에 참여하는데 관심이 없거나 그럴 의사가 전혀 없다면 이 장은 건너뛰어도 좋다. 하지만 절대자에 대한 믿음이 있는 종교인 중 한 명이라면, 그저 방관자로 앉아 있기보다는 적극적으로 활동하라는 인생의 현자들의 조언을 진지하게 생각해보길 바란다.

실제로 종교 활동은 다른 어떤 행위와는 비교할 수 없을 만큼 큰 도움을 준다는 연구 결과도 있다. 어떤 종교를 갖고 있건 어떤 교파이건 간에 실제로 종교 의식에 참여하는 사람이 더 행복해하는 경향이 있다는 것이다. 또한 규칙적으로 종교 활동을 하는 사람은 자신을 행복하다고 여기는 성향이 더욱 강하다는 연구 결과와, 종교 모임에 참석하는 사람들이 더 큰 삶의 만족을 느낀다는 결과도 있다.

흥미롭게도 어떤 인생의 현자들에게는 종교적인 삶이 내밀한 영적 체험 없이 교회에 꼬박꼬박 잘 다니는 것을 의미하는 경우도 있었다. 마우린 스튜어트(81세)는 평생을 교회에 빠지지 않고 나갔다. 그녀에게 종교란 무엇인지, 영적인 것은 무엇인지를 물었다.

"나는 이곳 교회에 속한 사람이야. 매주 일요일이면 교회에 나가지. 교회 일도 열심히 해왔고. 지금은 교회 장로 겸 선교회 회장직을 맡고 있어. 종교는 내 삶의 아주 큰 부분이지. 내가 그렇게 영적인 사람이라고는 말하지 않겠네. 영적인 삶이 어떤 것인지도 몰라. 나는 영적인 사람이 되기에는 너무 현실적인가봐. 신학적인 부분들은 내가 이해하기에는 어렵거든. 지금도 잘 모르고 앞으로도 잘 모르겠지. 내가 감사하는 건 사람들과의 유대감, 활동 이런 것들이야."

크리스 슐츠(83세) 역시 비슷한 생각이다. 그는 어릴 때부터 미국 중서부 지역 작은 마을에 있는 루터교회에 다녔다. 그가 묘사한 인구 200명 남짓인 작은 마을 이야기는 마치 개리슨 케일러의 '워비곤 호수(Lake Wobegon, 개리슨 케일러가 라디오에 만든 가상의 공간. 워비곤 호수 마을 사람들은 모두 아름답고, 똑똑한 평균 이상의 사람이다. 현실에서는 불가능한 이 마을의 사람들처럼 자신이 다른 사람에 비해 더 매력적이고 괜찮은 사람이라고 믿는 오류를 '워비곤 호수 효과'라고 부르게 되었다 - 옮긴이)'처럼 들렸다. 그는 주관적인 영적 체험보다 교회 공동체 활동을 과하다 싶을 정도로 강조했다.

"나는 교회 활동을 열심히 하는 편이야. 매주 빠지지 않고 교회에 가려고 노력하지. 하지만 나는 교회에서 말하는 것들, 즉 사후 세계나 그런 것들에 강한 믿음을 갖고 있지는 않아. 그럼에도 불구하고 내가 교회를 열심히 다니는 이유는 바로 공동체의 유대감 때문이야. 나처럼 세상일을 걱정하며 사는 사람들과의 관계 말이야. 교회 활동을 하지 않는 사람들도 있지. 내가 보기에 그들은 덜 풍요로운 삶을 사는 것 같아. 물론 다른 것을 통해서 풍요로운 삶을 일굴 수도 있겠지만 교회에만 있는 유일한 특징이 있지."

예상치 못한 사고나 질병 등 삶의 위기에 처했을 때 특수하고 잠재적인 사회적 지원을 제공하는 종교 모임이 빠르고 효과적인 도움이 될 수 있다. 6장에서 고통스러웠던 결혼에 대해 이야기를 들려주었던 케이트 드 종에게 교회는 사회적 지지의 중요한 원천이었다.

"교회 공동체는 내게 아주 큰 의미가 있는 곳이지. 가장 친한 친구들도 교회에 있어. 어떤 면에서는 그들이 혈육보다 더 가족

같을 때도 있지."

그녀는 교회 사람들의 든든한 지지로 역경을 견딜 수 있었다.

"어떨 때는 삶의 가장 밑바닥에서 밧줄의 끝자락을 잡고 매달려 있는 기분이 들 때가 있어. 하지만 그럼에도 불구하고 그 모든 것을 견딜 수 있는 아주 강한 믿음이 있었지. 그 믿음 덕택에 나는 계속 나아갈 수 있었고, 슬픈 일을 겪었음에도 불구하고 세상은 가치가 있는 곳이라고 생각하게 되었지. 내가 원하거나 바란 것도 아닌데 말이야. 내 신앙은 무서울 정도로 강해졌어. 내가 무거운 짐을 혼자 짊어지지 않아도 된다는 걸 깨닫게 되었을 때 모든 것이 달라졌지."

내가 영적 공동체의 가치에 대해 의심을 말끔히 털게 된 것은 11월, 어느 쌀쌀한 날의 특별한 경험 덕분이다. 나는 뉴욕 퀸즈에 있는 힌두교 노인문화센터에서 콩 요리와 빵이 담긴 접시를 앞에 두고 앉아 있었다. 이곳에서는 레크리에이션, 교육 강좌, 건강 검진 등 노인을 위한 프로그램들을 운영하고 있어서 많은 노인들이 요가며 명상, 노래, 춤 등을 배우러 온다. 센터 회원 중에는 가이아나와 카리브 연안의 다른 나라들에서 이주해온 사람들이 많았고 인디언 원주민들도 상당수 있었다. 회원 중 누군가 상을 당하면 다른 회원들이 함께 유족을 방문해 위로하고 장례식에서 힌두교 찬송가를 부르며 고인의 명복을 빌어주는 등 서로에게 정신적인 버팀목이 되어준다.

나는 어떤 공간에 가면 어떤 기운이 느껴진다는 식의 말은 잘 믿지 않는 사람이다. 그런데 그날 센터에서만큼은 공간 그 자체에서 생동감과 활기가 뿜어나오는 듯한 느낌을 받았다. 그날 내 주변에 있던 사람들은 대부분 고령자였지만 놀라울 정도로 활기찬 모습으로 이야기를 나누거나, 노래를 부르거나 나로서는 도무지 흉내 낼 수 없는 요가 동작들을 하고 있었다. 일일이 헤아리기도 어려울 정도로 많은 사람들을 만났지만 그들은 하나같이 다정하고 친절했다. 소개를 받은 이들은 힌두교 관습에 따라 서로를 '삼촌' 혹은 '이모'라고 불렀다.

나는 디파(80세) 이모와 대화를 나눴다. 디파는 몸은 말랐지만 건강한 기운이 넘쳤으며 따스한 미소와 유쾌한 억양의 소유자였다. 그녀는 조금도 망설이지 않고 영적인 믿음에 대해 이야기를 해주었다.

"늘 기도하고 다른 사람들을 도울 수 있는 삶을 살아야 해. 기도하는 사람에겐 뭐든 주어지지. 난 그렇게 믿어. 축복을 받기 위해 교회를 다닐 필요는 없어. 있는 곳이 어디건 기도를 하는 것이 중요하지. 이것은 우리 종교의 가르침이기도 해. 어느 곳에 있건 늘 기도하는 사람을 찬양해주어야 해. 늘 모든 것에 감사해야 해. 신은 우리가 있는 모든 곳, 우리가 행하는 모든 것에 존재하거든. 가령 차를 새로 사면 집에 와서 차에 기도를 드려야 해. 우린 신에게 기도해. 우리 모두를, 우리 도시를, 우리나라를, 전 세계를 축복해달라고."

그녀에게 힌두 센터는 유대감과 소속감을 주는 어마어마하게 중요한 곳이다.

"나는 이 공간을 사랑해! 우린 이곳에 와서 아름다운 음악을 듣고 춤을 추기도 해. 매주 월요일, 수요일, 금요일이면 산책도 해. 센터의 모든 사람들이 함께 건강을 위해 산책을 가는 거야. 우린 서로를 형제나 자매라고 불러. 우리가 더욱 가까워진 것도 이 호칭 덕분이야. 누군가 걱정을 털어놓으면 들어주고 나 역시 걱정이 있으면 망설임 없이 이야기하지. 그러면서 서로 위로를 주고받는 거야. 이런 공간이 있다는 건 정말 멋진 일이야."

믿음의 가치를 역설하는 인생의 현자들은 종교 활동에 적극적으로 참여하라고 권한다. 종교 활동에 참여하다 보면 다른 공동체에서는 좀처럼 경험하기 어려운 깊이 있는 유대감을 느끼게 된다. 더 나아가 각 종교의 교회들은 이 사회에서 몇 안 되는 연령 통합 공동체이다. 가장 고령이었던 인터뷰 대상자는 같은 교회에 다니는 젊은 신도들이 부양 역할까지 맡아 준다고 했다.

또한 인생의 현자들은 오래 살다 보면 피할 수 없이 겪게 되는 고통과 상실의 아픔에 대처하는 수단으로 신앙을 추천했다. 신앙은 고통을 큰 흐름 속에서 바라보게 해 병이나 장애, 사랑하는 사람의 죽음 등 감당하기 힘든 위기에 처했을 때도 크게 낙담하지 않고 현실을 수용하게 해준다. 실제로 내가 인터뷰했던 사람들은 믿음 없이 삶의 시련을 감당하는 다른 사람들을 오히려 불가사의하게 생각했다. 믿음이 깊은 종교인들에게는 신의 치유 능력과 사후에 대한 믿음이 고난을 견디게 해주는 힘이었다. 상대적으로 종교에 덜 의존적인 사람들 역시 영적인 믿음이 삶을 만족스럽게 만들어준다고 했다.

나는 커티스(74세)와 바바라 맥알리스터(73세)를 그들의 아늑한 주방에서 만나 커피를 마시며 이야기를 나누었다. 함께 아침 운동을 하고 돌아왔다는 두 사람은 참 잘 어울리는 부부였다. 겉으로 보기에는 더없이 밝고 건강한 모습이었지만 바바라와 커티스는 건강 문제로 여러 차례 위기를 겪었다. 커티스는 30대 때 생명을 위협하는 뇌염을 앓았다. 바바라는 말했다.

"남편이 직장에서 제게 전화를 했어요. '오늘 나 좀 데리러 와야겠어. 운전을 못 할 것 같아. 팔이 움직이질 않아.' 이후 남편은 회복했어요. 운이 좋았죠. 회복 못 하는 경우도 많거든요."

거기서 끝이 아니었다. 바바라 역시 암 투병을 했다. 가족력이 있는 암이었다. 난소암 3기 판정을 받았을 때 그녀는 40대 후반이었다. "정말 심각했지요. 화학요법과 수술을 받느라 1년이 걸렸답니다. 하지만 괜찮아졌어요. 정말 놀라운 일이지요. 병을 이기리라고는 생각하지 못했거든요."

11년 후 암이 재발했지만 역시 성공적으로 치료를 마쳤다. 그때 커티스와 바바라는 은퇴를 하고 삶을 좀더 여유롭게 즐기면서 살기로 결정했다. 하지만 부부에게 병마는 한 차례 더 찾아왔다. 70대 초반 커티스 역시 암 진단을 받았다. 현재는 회복기에 있다. 이 부부는 자신들이 '광신도'가 아님을 강조했다. 하지만 그들은 자신들이 겪어온 삶의 위기를 극복하는 데 믿음이 매우 큰 힘이 되었다고 말했다.

생명을 위협하는 병마와 싸우며 고통스러운 치료과정을 감당하면서 살아온 바바라는 이렇게 말했다.

"말할 것도 없이 신앙의 힘이 컸지요. 신이 늘 우리와 함께 계신다는 걸 나는 진심으로 느낍니다. 무슨 일이 생겨서 죽게 된다 하더라도 우린 결코 혼자가 아니에요. 신이 늘 함께 계시니까요. 그 믿음만 있다면 아무것도 문제가 되지 않아요. 삶이 어마어마하게 달라진답니다. 혼자 힘으로 감당하기 힘들 때는 그저 이렇게 말하세요. '다 당신께 맡기겠습니다.' 그것이 신이든 누구든 간에요. '내가 할 수 있는 건 다 했습니다. 이젠 다 맡기겠습니다.'라고요."

커티스 역시 같은 생각이다.

"아직도 기억나는군요. 바바라의 복부에 이상한 증상들이 생기기 시작했고 얼마 지나지 않아 난소암을 발견했죠. 치료를 받았고 완치했어요. 아내는 살아 있는 기적이랍니다. 우리는 신께 감사의 기도를 드렸어요. 하지만 이 기적은 우리가 단순히 신의 보호 아래 있다는 사실 그 이상의 의미를 지닌답니다. 아내가 죽는다 해도, 회복한다 해도 우리 믿음은 변함없어요. 그렇다고 광신도는 결코 아닙니다. 삶은 단지 존재하는 것 이상의 의미가 있으니까요. 우리에게는 영적인 믿음이 있어요. 우리가 보낸 70여 년의 세월 그보다 더 좋은 삶은 없으며 이 고난 뒤에는 보상이 따르리라는 영적 믿음이죠."

종교에 덜 열심인 인생의 현자들 역시 예배 등 종교 의식에 꾸준히 참석하는 것이 삶의 비극에 대처하는 데 도움이 된다고 말한다. 에이프릴 스턴도 그렇게 말했다.

"우린 유대인이야. 남편에게는 종교가 아주 중요하지. 시간이 지날수록 그는 종교를 더욱 중요하게 여겼지. 내 삶에서 종교는 그렇게 중요한 부분이 아니야. 난 신을 믿지 않거든. 하지만 내게 중요한 의미였던 종교적 절차들이 있다는 말은 해야겠네. 남편이 죽었을 때 유대교의 애도 의식이 정말 위로가 된다는 사실을 깨달았지. 나는 종교 활동은 거의 하지 않지만 내가 유대인이라는 사실을 느껴. 종교 공동체와의 유대감 덕분이지."

종교에 대해 한 가지 더 말할 것이 있다. 요즘 같은 시대에 특히 중요한 이야기이다. 인생의 현자들에게 영적인 것과 종교가 중요한 역할을 한다는 사실과 그들이 종교를 다른 사람들에게 추천한다는 사실은 당연하게 여겨질 수도 있다. 하지만 타인의 종교에 관대한 모습은 내겐 뜻밖이었다. 대다수의 인생의 현자들은 종교를 충만한 삶을 위한 방편이라고 이야기했다. 하지만 어떤 종교적 실천을 해야 하는지에 관해 구체적으로 말해주려 한 사람은 별로 없었다. 아무리 종교를 깊이 믿는 사람이라 해도 거의 그랬다. 레나타 모라츠(77세)는 매우 확고한 종교적 신념을 가지고 있지만 타인의 종교에는 아주 관대한, 전형적인 인생의 현자들의 모습을 보여준다.

"나는 단 한 번도 내가 관대하고 전능한 신의 사랑을 받는다는 사실을 잊은 적이 없어. 이 사랑 때문에 나는 복음을 전하게 되었지. 하지만 어떤 사람이 교회를 다니건 다니지 않건, 혹은 어떤 종교를 가지고 있건 그건 중요하지 않아. 무슬림이건, 힌두교건, 불교건, 유대교건 그들이 여기 있다면 이렇게 말할 거야. '서로 사랑하십시오. 서로 용서하십시오.' 이 진리는 어느 종교에나 있는 것이거든. 나는 어떤 그룹을 이끌고 있는데 한 남자가 말하더군. '당신이 해야 할 일은 그저 예수님과 구원자를 믿는 것이지요.' 그래서 난 대답했지. '그걸 알고 있다니 정말 축복받은 분이군요. 당신 때문에 저도 행복합니다. 하지만 모두가 그렇게 믿지는 않아요. 사람마다 신앙은 다르니까요.'"

코라 젠킨스(97세) 역시 비슷한 의견이다.

"절대자를 향한 깊은 신앙은 좋지만 광신은 안 되네. 모든 사람들을 평등하게 배려하고 그들에게 관대한 것이 종교의 기본이지."

"깊은 신앙은 좋지만 광신은 안 된다."는 말은 건강하고 영적으로 충만한 삶을 만들기 위한 인생의 현자들의 조언을 가장 완벽하게 요약한 표현이다.

그리고 꼭 기억해야 할 것
대접받고자 하는 만큼 대접하라

인생의 현자들에게 했던 다양한 질문들, 가령 "살면서 터득한 가장 중요한 교훈은 무엇입니까?" 혹은 "삶에서 가장 중요한 원칙들이 있다면 무엇입니까?" 등에 대한 대답 속에서 반복되는 표현들이 있다. 그중 하나가 바로 '황금률'이다. 내가 처음으로 황금률에 관심을 갖게 된 것은 한 연구 보조원이 했던 말 때문이었다. 그는 매우 성실한 젊은이로 우리 연구에서 인생의 현자들이 해준 조언들을 분류하는 일을 돕고 있었다. 한번은 그가 물었다.

"필레머 박사님, 그냥 궁금해서 그런데요, 사람들이 정말 황금률에 이렇게나 관심이 많은가요?"

아마도 어린 시절 주일학교에서 황금률을 배운 사람들이 많을 것이다. 황금률이란 남에게 대접받고자 하는 대로 남을 대접하라는 그리스도교 윤리로, 인류가 탐구한 삶의 원리 중 황금처럼 고귀한 지침이라는 뜻에서 황금률이라고 부른다. 어떤 인생의 현자들은 자신들의 핵심 가치를 딱 이 세 글자로만 표현하는 경우도 있었다.

"삶에 가장 중요한 핵심 가치나 원칙은 무엇입니까?"

"황금률이지."

물론 '황금률'이라는 말 대신 다른 표현을 쓰는 인생의 현자들도 종종 있었다. 예컨대 "남이 너희에게 해주기를 바라는 그대로 너희도 남에게 해주어라." 혹은 "남에게 대접을 받고자 하는 대로 남을 대접하라." 같은 표현도 있었고, 또 어떤 인생의 현자들은 부정표현을 이용해 "남이 내게 하길 바라지 않는 것은 나도 남에게 하면 안 된다."고도 했다.

인생의 현자들이 왜 황금률을 중요한 가치로 거론한 걸까? 그들이 진정으로 말하고자 한 바는 무엇일까? 나는 이 문제에 사로잡혀 인생의 현자들이 황금률에 관해 언급했던 자료들을 다시 찾아보았고, 그들이 들려주고자 한 지침이 무엇인지를 서서히 이해하게 되었다.

그들이 황금률에 빗대어 말하고자 했던 바는 '측은지심(Compassion)'이었다. 측은지심이라는 말은 인생의 현자들이 내게 했던 말들을 완벽하게 함축하고 있다. 이 말은 타인을 측은하게 여기는 착한 심성을 의미하며 영어의 'Compassion'은 라틴어 파티(pati, 고통)와 쿰(cum, 함께)에서 파생된 말로 '함께 괴로워하다.' 라는 의미다. 즉 "무엇이든지 남에게 대접을 받고자 하는 대로 너희도 남을 대접하라."는 말은 타인과 공감하고, 타인의 관점을 이해하고, 타인의 감정을 느끼고, 타인을 힘겨운 삶의 여정을 걷고 있는 여행자처럼 생각하라는 뜻이다. 타인에 대한 연민과 공감이 있으면 자연스럽게 타인을 내가 대접받고 싶은 만큼 대접하게 된다.

많은 인생의 현자들은 삶의 수많은 장애물, 비극, 위로 등을 통해 타인과의 공감이 얼마나 중요한지를 배웠다. 그들은 그 경험을 단순하게 이렇게 말했을 뿐이다. "다른 사람을 친절하게 대하라.", "친구가 되어주고 도움을 주어라.", "다른 사람을 존중해라."

마벨 로츠(91세)는 이 삶의 교훈을 짤막한 한 단어로 표현했다. 바로 '사랑'이다. 다른 인생의 현자들과 마찬가지로 마벨도 '사랑'을 베풀 기회가 생긴 것을 매우 감사하게 여기고 있었다. 또 그렇게 하지 못한 시간들을 후회했다.

"가장 중요한 건 사랑이야. 아이들에게, 손주들에게, 가족들에게 내가 사랑한다는 사실을 알게 해주어야 해. 내 삶을 바꿀 수 있는 부분이 있다면 사람들에게 더욱 인정을 베풀고 살고 싶어. 자네도 알겠지만 유난히 비판적으로 대하게 되는 사람들도 있잖아. 하지만 지금에 와서야 이런 생각이 들어. 그 사람의 삶을 더이해했다면 훨씬 더 인정을 많이 베풀어주었을 텐데. 그 사람의 좋은 점을 더 많이 알았더라면 그렇게 비판적으로 굴지 않았을 텐데, 하는 생각 말이야. 이제 타인들의 삶의 가치를 더욱 귀하게 여기게 되는 것 같아."

끝으로 조슈아 베이트먼의 말로 이 장을 마치려 한다. 그는 근본적으로 삶을 충만하게 만드는 것은 타인과의 유대감과 그들에게 쏟는 관심이라고 했다.

"당신이 도와준 사람이 있습니까? 어떤 삶의 위기를 겪었습니까? 당신을 좋아하는 사람은 누구입니까? 내가 아는 어떤 사람들은 한 번도 다른 사람을 도와준 적이 없더군요. 아무 도움도 주지 않았지요. 평생 단 한 번도요. 그들은 오직 자신만을 위해 살고 있습니다. 그런데 혹시 알고 있습니까? 그들의 장례식장에는 아무도 올 사람이 없다는 사실을. 마치 그들이 이 지구상에 한 번도 존재하지 않았던 사람들처럼 말이죠. 그들은 삶에 어떤 물결도 만들지 않았지요. 그들은 타인과 관계를 쌓기 위해 어떤 일도 하지 않았습니다. 긍정적인 이야기도 해볼까요. 나는 아주 훌륭한 할머니 한 분을 알게 되었습니다. 그분의 장례식에는 1000명이 넘는 사람들이 왔지요. 내가 정신이 나가서 나만 생각하게 된다면 좋은 일을 하려고 노력하지도 않을 것이고, 다른 사람과 교류하려고 하지도 않을 것이며, 누군가를 돕기 위해 머리를 쓰지도 않겠지요. 그러면 아무도 내 장례식장에 오지 않을 테고요. 인과응보이니까요."

인생의 현자처럼 살기 위한 5가지 조언

인생의 현자들처럼 평온하고 행복이 넘치는 인생을 살아가려면 어떤 마음가짐이 필요한 것일까. 역사적으로 굵직한 사건들을 직접 경험했고 오랜 세월 여러 가지 어려움과 장애물을 넘어온 인생의 현자들에게는 삶을 바라보는 그들만의 시각과 중요하게 여기는 가치가 있다. 그들이 들려주는 조언에 귀 기울이면 삶을 행복하게 바꿀 수 있는 생각과 핵심적인 가치들을 만날 수 있다. 그들의 조언을 5가지로 정리했다.

8장

당신의 삶에서 가장
중요한 것은 무엇입니까

나는 한 사람이라도 더 알게 되는 것, 한 번도 생각하지 못했던 교훈을 듣게 되는 것, 노인들의 삶의 관점에 대해 뭔가 새롭고 특별한 통찰력을 발견할 때의 흥분과 기쁨을 그리워하게 될 것이다. 우아하고 교양 있는 90대 할머니가 노년의 삶에서 누리는 성적인 충만함에 대해 충고해주었을 때 놀랐던 순간도, 여전히 식지 않은 사랑으로 다정스레 애정표현을 하던 결혼 50년차 이상 부부들과의 인터뷰들도 그리울 것이다. 제1차 세계대전의 종전을 축하하며 축제행렬에서 환호했던 사람들 이야기를 들었을 때는 마치 타임머신을 탄 듯한 기분이 들기도 했다. 그 순간들 역시 그리워질 것이다.

인생의 현자들은 우리에게 말한다. 모든 것들이 머지않아 마지막 순간을 맞게 된다고. 이 책도 어느덧 마지막 장에 접어들었다. 5년 이상의 시간을 들인 이 프로젝트를 마무리해야 할 단계에 다다랐다. 인생의 현자들이 시간이 얼마나 빨리 가는지 말해준 것처럼 나 역시 그런 말을 할 수 있게 되었다. 지난 5년의 시간은 어디로 갔는가? 무엇을 찾는지조차 알지 못한 채 이 프로젝트에 뛰어들 때의 나는 어디에 있는가? 인생의 현자들이 세상을 떠나기 전 그들의 육성을 들어야 한다는 마음에 몹시 다급한 마음으로 시작했지만, 처음에는 그들에게서 과연 무엇을 듣고자 하는 것인지, 그들이 무슨 이야기를 들려줄 수 있는지조차 불분명했다. 하지만 5년의 과정은 나를 바꿔놓았다.

이 연구를 하면서 나는 비록 짧은 시간이지만 수많은 타인의 삶 속으로 들어가 보는 특별한 경험을 했다. 그리고 그들에게 가장 근본적이고 깊숙한 존재론적 질문들을 했다. '삶을 통해 당신이 얻은 가장 분명한 해답들은 무엇입니까?', '살면서 지키려고 한 가장 중요한 가치나 원칙들은 무엇입니까?', '죽음에 대해 많이 생각하십니까? 그렇다면 어떤 느낌입니까?', '결혼, 직업, 양육, 건강, 영적인 삶 등에 관해 젊은 사람들에게 해주고 싶은 충고는 무엇입니까?' 놀랍게도 1000명 이상의 노인들이 이 질문에 응했고 기꺼이 마음을 열고 진심을 다해 대답해주었다.

때론 그들의 말 때문에 배를 잡고 웃기도 했다.

"난 대학을 졸업하기 전까지만 해도 가난하고, 부끄럼 많고, 소심한 아이였지. 나는 내게 질 높은 삶을 가르쳐준 여자와 결혼을 했어. 사람들 앞에서 코를 후비지 말라든지, 매일 속옷을 갈아입으라든지, 규칙적으로 씻으라든지, 매일 양치질을 하라든지 하는 것들을 가르쳐준 사람과 말이야. 내 충고는 누군가 세련되게 버릇을 고쳐주고 가르쳐줄 사람하고 결혼하라는 거야."

"내 답은 문제를 피하라는 거야. 아내 외 다른 여자는 멀리 하고."

"68세가 되면 미니스커트는 입지 말라는 걸세."

때론 이야기를 하며 눈물을 흘리는 이들도 있었고, 내가 눈물을 흘린 적도 있다. 이 이야기를 들었을 때 나는 눈물을 흘렸다.

"음, 내 딸이 몇 년 전에 죽었어. 나는 그 애를 생각하지. 그 애가 다섯 살일 때, 열 살일 때로 되돌아가 함께했던 날들을 생각해. 그리고 지금 그 애가 이곳에 있다면 어떤 모습일까도 생각하지. 자식은 절대 잊지 못해. 가슴속에서 대화를 나누며 그렇게 가슴에 묻어두는 거지. 우리집은 크고 오래된 빅토리아풍이야. 현관 둘레에 아늑한 공간도 있고. 여름에 날씨가 좋으면 거기에 앉아 마음이 흘러가는 대로 그냥 둬. 그 애가 생각 날 때도 있지. 함께했던 재미있는 일들을 생각하면서 마구 웃기도 하고. 그때 누군가 우리 집 앞을 지나다 나를 봤다면 '저 여자 드디어 정신이 나갔네.' 했을 거야. 시간이 흐르면 그 애가 없이 살아야 한다는 사실을 깨닫게 되겠지. 아침에 일어나고, 하루를 보내고 그러다 얼마 지나지 않아 아침에 일찍 일어나게 되고 그 애가 없는 날들을 점점 더 많이 살게 되겠지. 다른 사람들이 사는 것처럼 그렇게……."

이 프로젝트가 막바지에 다다르면서 나는 한 사람이라도 더 알게 되는 것, 한 번도 생각하지 못했던 교훈을 듣게 되는 것, 노인들의 삶의 관점에 대해 뭔가 새롭고 특별한 통찰력을 발견할 때의 흥분과 기쁨을, 그리워하게 되리라는 것을 깨달았다.

우아하고 교양 있는 90대 할머니가 노년의 삶에서 누리는 성적인 충만함에 대해 충고해주었을 때 놀랐던 순간도 잊기 힘들 것이다. "젊은 남자를 찾아!(정말 그렇게 말했다)" 혹은 마리화나를 피워도 좋은지 양해를 구하던 70대 어른도 기억날 것이다(그렇게 하지는 못했다). 여전히 식지 않은 사랑으로 다정스레 애정표현을 하던 결혼 50년차 이상 부부들의 모습도 그리울 것이다(정말 열정적인 부부들도 있었다). 미국 남북전쟁에 참전했던 노병에게 전쟁이야기를 들었던 사람들과 나눈 대화나, 제1차 세계대전의 종전을 축하하며 축제행렬에서 환호했던 사람들 이야기를 들었을 때는 마치 타임머신을 탄 듯한 기분이 들기도 했다. 그 순간들 역시 그리워질 것이다.

그 외에도 저마다 다른 삶의 이력과 목소리를 지녔던 많은 인생의 현자들도 그리워질 것이다. 그들은 전국 각지에서 살고 있으며, 개중에는 더 나은 삶을 찾아 이민을 온 이들도 있었고 정치적 박해나 탄압을 피해 도망친 이들도 있었다. 그들이 사용하던 지역 특유의 사투리에도 정이 들었다.

무엇보다도 나는 '인생의 현자들'이 그리울 것이다. 인터뷰를 했던 이들 중에는 나이가 평균 수명인 78세보다 더 많은 이들도 있었고 더 적은 이들도 있었다. 이 프로젝트가 채 마무리되기도 전 이미 세상을 떠난 이도 있다. 지금으로부터 10년 후(내가 연구에 보낸 시간의 두 배)면 이 프로젝트에 참여했던 노인 중 살아 있는 이들이 4분의 1도 채 되지 않아 그들의 지혜가 얼마나 소중한지 또 얼마나 빨리 사라지는지 실감할 것이다. 그럼에도 불구하고 세상은 여전히 돌아가겠지만 이들 세대 없는 세상이 훨씬 덜 재미있을 것 같다. 그러나 다행히도 우리가 할 수 있는 것이 하나 있다. 바로 그들의 이야기를 듣는 것이다. 이 시대 인생의 현자들의 이야기를 듣는 것은 젊은 사람들에게도 또 노인들에게도 이로운 일이다. 내가 만난 인생의 현자들은 누군가 자신의 이야기에 관심을 가져준다는 사실에 무척이나 좋아하며 고맙다는 인사를 몇 번이나 했다. 한 유쾌한 노인은 이렇게 말했다. "삶에 대해 내 의견을 물어봐주어서 정말 고마우이. 아내와 애들한테 체면 좀 세우겠구먼!"

그들은 자신들의 지혜가, 더러는 엄청난 대가를 치르고 얻은 교훈이, 젊은 사람들에게 도움이 될지도 모른다는 사실에 매우 뿌듯해했다.

인생의 현자들을 만나 그들이 살아온 이야기를 듣다 보면 많은 것을 얻게 된다. 세월이 안겨준 경험과, 현대의 '상식'에 반하는 관점과, 상상도 할 수 없이 고통스럽고 힘겨운 상황에서 얻은 경험적 지식까지. 이런 것들은 오직 인생의 현자들에게서만 얻을 수 있는 매우 실질적인 삶의 지혜이자 지침이기도 하다. 내가 그들을 '인생의 현자'라고 부르기로 한 것도 그런 이유다.

나는 지금도 그들을 자주 찾는다. 그들이야말로 삶에서 기쁨을 퍼올리게 해주는 원천이기 때문이다. 최근에는 93세 어르신과 점심을 먹었다. 25년 전에 은퇴를 한 그는 고등교육을 받고 경영관리 경험이 매우 풍부한 저명한 학자다. 나는 그에게 지금 내가 하고 있는 일들에 관해 이야기하며 그에게 조언을 구했다. 그리고 큰 맥락 안에서 내 문제를 보는 지혜와 변화를 만들 수 있는 구체적인 아이디어까지 얻을 수 있었다. 점심값으로 매우 귀중한 것을 얻은 셈이다.

솔직히 말하자면 내가 만난 인생의 현자들 대부분은 이 책의 출간에 회의적이었다. 자신들의 조언이 가치가 없을 것이라고 생각했던 것은 아니다. 오히려 정반대다. 그들은 젊은 사람들이 자신들의 특별한 삶의 경험으로부터 도움을 얻을 것이라고 확신하며 과거에 존재했던 현명하고 어진 지도자나 현자들처럼 자신들 역시 그런 사람으로 보일 수 있기를 매우 간절히 바랐다. 그러나 한편으로 그들은 자신의 조언과 인생관이 너무 구식으로 보일 것이라고 걱정했다.

그것은 그야말로 기우다. 최근의 어려운 경제사정에 처한 우리가 대공황을 겪은 이들로부터 잘사는 방법에 대한 조언을 왜 듣고 싶어 하지 않겠는가? 자녀를 군대에 보냈거나 가족 중 누군가가 군대에 있는 가정이 많은 현대사회에서, 현자들이 제2차 세계대전을 겪으면서 가족 구성원들이 어떻게 대처했는지를 몰라야 할 이유가 무엇이겠는가? 모든 것이 빠르게 변화하는 현대사회에서 안정적인 결혼과 육아를 했던 인생의 현자들의 조언보다 더 귀중한 것이 있을까?

우리가 인생의 현자들에게 조언과 지혜를 구하지 않는 한 가지 이유는 그들을 자주 만날 수 없기 때문이다. 요즘에는 다양한 세대가 한집에 살거나 친족들이 가까운 곳에 모여 사는 경우는 드물다. 오늘날 다수의 노인들은 혼자 살고 자녀들은 지리적으로 멀리 떨어져 있는 편이다. 사회에서도 30대 젊은이가 70대 노인을 초대해 함께 음식을 먹거나 TV로 함께 축구를 보거나 하는 일은 아주 드물다. 연구에 의하면 사람들이 친구를 맺는 나이 차이는 거의 열 살 내외이며 그중에서도 대다수는 다섯 살 내외 사람들과 친구가 된다. 다른 인종과 친구가 되는 경우는 흔해도 20년 이상 나이 차이가 나는 사람과 친구가 되는 경우는 드물다.

나이의 장벽을 무너뜨리기 위한 첫 단계는 서로 대화하는 것이다. 그리고 대화를 풀어나가는 데 가장 좋은 방법은 들려줄 이야기가 많은 사람들에게 물어보는 것이다.

에필로그에서는 그때 참고할 수 있는 질문 목록들을 제시해놓았다. 이 목록을 기초로 하면 분명 알차고 훌륭한 대화를 나눌 수 있으리라 확신한다. 혹은 이 책을 좋아하는 연장자에게 가져가서 앞서 다른 인생의 현자들이 귀띔했던 삶의 해답에 동의하는지 물어봐도 좋다. 즉, 비슷한 사람과 결혼하는 것이 좋은지 아닌지 말이다. 또 아이 훈육에 대해서 어떻게 생각하는지를 물어봐도 좋다. 혹은 편애에 대해 물어봐도 좋다. 인생이 생각보다 훨씬 짧다던데 정말 그런지, 행복한 삶을 위한 사항이 맞는지 아 닌지, 걱정은 그만해야 하는지 등을 모두 물어봐도 좋다. 내 꿈 은 사람들이 식탁에 둘러앉아 이런 대화를 나누는 광경을 흔히 마주치게 되는 것이다.

이러한 대화가 얼마나 효과적인지 나는 줄곧 지켜봐왔다. 내 가 이 책을 쓰는 동안 내 딸 한나와 사위 마이클은 내 질문 목록 을 가지고 94세인 마이클의 고모 조에게 가서 이야기를 나눴다. 그들은 양육, 배우자, 유명인사에게 옷을 만들어주는 그녀의 직 업, 사랑에 대한 견해, 상실, 삶의 의미 등 그녀가 하는 모든 말 한 마디 한 마디에 귀를 기울였다. 마이클은 고모를 35년 동안 알아왔지만 그렇게 깊은 대화를 나눈 것은 처음이었다. 따라서 그 시간은 그에게 아주 특별하고 의미 있는 경험이었다. 우리가 인생의 현자들이 자신의 삶을 통해 길어올린 지혜, 해답을 듣고 자 귀를 기울일 때 그들과 훨씬 더 깊이 있고 의미 있는 대화를 나눌 수 있다.

모든 사람의 삶에는 시작과 끝이 있다. 사람은 잃는다 해도 그 사람의 정신적 유산까지 잃을 필요는 없다. 오랜 옛날로부터 먼 미래로까지 이어질 길의 중간에 우리가 서 있다는 것은 참으로 다행이다. 내가 인터뷰를 한 노인 중에 1908년에 태어나 인터뷰 당시 102세였던 분이 있다. 그녀의 할아버지는 1850년대에 태어났고 그녀에게 남북전쟁과 그 후유증에 대해 몸소 체험한 이야기를 들려주었다고 한다. 한걸음만 물러서서 생각해보자. 그녀의 할아버지가 어린 시절 만난 노인은 1700년대 후반에 있었던 미국 독립전쟁을 경험했을 테고 그는 그것을 공유했다는 말 아닌가!

바로 이것이 삶의 지혜가 계승되는 방식이다. 세대에서 세대로 면면히 이어지는 삶의 지혜가 오랜 시간을 살아온 현자들의 이야기 속에 생생하게 담겨 있다. 이 지혜와 해답은 바로 지금, 우리 곁에 있는 노인들에게도 있다. 그들에게 그것을 물어보는 것은 우리들의 몫이다.

에필로그

인생의 현자들에게 검증된 지혜를 얻고 싶다면
다음 10가지 질문을 던지십시오

1 평생을 살아오면서 얻은
가장 중요한 교훈은 무엇입니까?

2 서른 즈음을 보내면서
제가 무엇을 배워야 할까요?

3 하고 싶은 일을 찾고,
거기서 성공할 수 있는 비결이
과연 있을까요?

4 어떤 이들은 힘겹고 고통스러운 일을 경험하면서
중요한 교훈을 배웠다고 하던데, 정말 그런가요?
만약 그렇다면 거기서 배운 점을 한 가지만
말씀해주시겠습니까?

5 반드시 지키고자 하는
삶의 가치나 원칙들이 있습니까?

6 백년해로의 비결은 무엇인가요?

7 결혼을 하고 생활을 하면서 어떤 점을
조심해야 합니까?

8 아이를 키우면서
반드시 피해야 할 것이 있다면 어떤 것일까요?

9 인생에 특별한 전환점이 있었나요?
그렇다면 삶의 궤도를 완전히
다른 방향으로 바꾼 사건은 무엇입니까?

10 건강에 관해 깨달은 교훈들이 있나요?
나이가 들어가는 사람들에게
어떤 조언을 해주시겠습니까?

옮긴이 **박여진**

한국에서 독일어를 전공하고 호주에서 비즈니스를 전공했다. 기업경영컨설팅 회사를
운영했고 영어 관련 일들을 하다가 영미 문학에 이끌려 번역가가 되었다. 현재 문학 및
인문학 전문 번역가로 활동하고 있다.

내가 알고 있는 걸 당신도 알게 된다면

1판 1쇄 발행 2012년 5월 12일
3판 2쇄 발행 2024년 11월 8일

지은이 칼 필레머
옮긴이 박여진
발행인 오영진 김진갑
발행처 토네이도미디어그룹(주)

기획편집 박수진 박민희 유인경 박은화
디자인팀 안윤민 김현주 강재준
본문사진 강재준
마케팅팀 박시현 박준서 김예은 김수연
경영지원 이혜선

출판등록 2006년 1월 11일 제313-2006-15호
주소 서울시 마포구 월드컵북로5가길 12 서교빌딩 2층
원고 투고 및 독자 문의 midnightbookstore@naver.com
전화 02-332-3310 팩스 02-332-7741
블로그 blog.naver.com/midnightbookstore
페이스북 www.facebook.com/tornadobook

ISBN 979-11-5851-143-2 (03190)

토네이도는 토네이도미디어그룹(주)의 자기계발/경제경영 브랜드입니다.